Heibonsha Library

［増補］闘うレヴィ＝ストロース

Claude Lévi-Strauss

平凡社ライブラリー

Heibonsha Library

［増補］闘うレヴィ＝ストロース

Claude Lévi-Strauss

渡辺公三

平凡社

本書は二〇〇九年一一月に刊行された平凡社新書版に以下を増補したものです。

「フィールド　レヴィ＝ストロースからさかのぼる――自然・都市・協同組合」、モース研究会『マルセル・モースの世界』平凡社新書、二〇一一年、第Ⅱ部第1章。「メトロー、レヴィ＝ストロース、クラストル――訳者あとがきにかえて」、ピエール・クラストル『国家に抗する社会――政治人類学研究』水声社／書誌風の薔薇、一九八七年、一部改変。

目次

付論

はじめに――異なるものへの態度

現代の思想に大きな影響を与えた人類学者クロード・レヴィ＝ストロースについて語るにあたって、一枚の写真から始めよう。

著者レヴィ＝ストロースが八六歳のとき、一九九四年に刊行された『ブラジルへの郷愁』という写真集には、六〇年ほど前のサンパウロの街やブラジル奥地の情景が映し出されていた。その、時のへだたりと映像の瑞々しさの対比を、郷愁（Saudades）という言葉がしめしている。そうした写真のなかでもとりわけ印象的なのは、裏表紙を飾る若いレヴィ＝ストロースのセルフ・ポートレートだった。この「一九三八年、ブラジルでのクロード・レヴィ＝ストロース」の肖像にはレヴィ＝ストロースの、異なった世界との接し方がある凝縮されたかたちであらわれているように思える。

ほぼ真上からさす南中した太陽の日ざしのために、眼鏡が頬に太い隈のように影を落とし、シャツの細かな皺に繊細な陰影を与えている。いかにも調査旅行中らしく、顎は両耳の高さまで密な鬚におおわれ、上くちびるも髭がおおっている。眼鏡の奥の眼は眼窩の影のなかでしずかにカメラに向けられている。無表情だけれど冷たくはない距離感をたたえた冷静な眼。見る者の眼はレヴィ＝ストロースの左の手が支える見慣れないものが、小さな猿だと気づく。

人の親指ほどのミニチュア細工のような猿の手が、シャツの襟の下をしっかりとつかんで放射状の皺と影を作り出している。静謐な眼に比して猿を支えるレヴィ＝ストロースの指には微妙な表情があるように思える。掌は猿の柔らかな毛におおわれた小さな背にあてがわれて、甲を見せる手の小指と薬指は力を抜いて猿の肩に添えられ、湾曲した中指が背を支えている。まっすぐに伸ばされた人差し指は中指に隠されて指先だけが見える。親指は小さな猿の脇腹に添えられているのだろう。力ずくでおさえるのではない、子猿の存在に優しく添えられた手。

本文を読んだ（見た）読者には、それがナンビクワラの少女から物々交換でもらい受け、ルシンダと名づけられて調査旅行の伴侶となった、雌のウーリーモンキーだということが知らされている。またこのポートレートが、一九三八年末、ブラジル奥地のトゥピ＝カワヒブ族の小さな集団と別れたレヴィ＝ストロースが、アマゾンの支流の支流マシャド川のほとりで、二週間ほどひとりで帰りの船を待ってキャンプしたときに撮られたものだということが知られる。

動物つまり自分とは遠い生き物と接するときのレヴィ＝ストロースの作法が、この手の表情にあらわれているように思える。レヴィ＝ストロースにおける、離れたものを見る（ここでは自分を写し取るカメラを見ている）冷静なまなざしと、触れるものへの親密な接触の対比、あるいは自らへの醒めたまなざしと、異なるものとの親密な触れあいの対比がこの写真におのずから写し取られているように思えるのである。

「1938年、ブラジルでのクロード・レヴィ＝ストロース」（『ブラジルへの郷愁』裏表紙）

写真集の刊行からほぼ一〇年後に出版されたレヴィ＝ストロースの長寿を祝う論文集の表紙は、そうしたわたしのささやかな印象を補強してくれた。セルフ・ポートレートから半世紀ほど経て、ちょっと気難しげに眉間に溝をきざみながらも、くつろいだ雰囲気のジャケットを着た老人の肩には鳥がとまっている。その鉤爪が肩をつかむ野生の力は、痛いほどではないにしても、肩に優しく添えられた手とは異質のものだろう。キャプテン・フックのオウムを連想させるこのやや大きめの鳥を、老いたレヴィ＝ストロースはけっして遠ざけようとは

『エルヌ』誌（2004年）の「レヴィ＝ストロース特集号」表紙

していない。

　野生の生き物との接し方にあらわれた、こうしたレヴィ＝ストロースの「世界との接し方」と、構造主義と呼ばれる「ものの見方」とのあいだには関係があるのだろうか。

　たしかに関係がある。あるどころか、そこには構造主義と呼ばれるレヴィ＝ストロースの思考の、ある本質的な方向あるいは資質が秘められていることを、この本では主題のひとつとして考えてゆきたい。そして「構造」の探究が、そうした資質を他者に受容させるための「闘い」という一面をもっていたことをたしかめたい。

序章　ひとつの長く豊かな生

一〇〇歳を迎えた探究者

本書の主題であるクロード・レヴィ＝ストロースは、二〇世紀後半の人類学を一貫してリードしてきた。そして二一世紀に入った今もその業績は輝きを失っていない。

一九七一年に完成した四巻のライフワーク『神話論理』は、ようやく日本語訳ができあがろうとしている〔二〇一〇年三月に完結＝編集部〕。人々が「科学技術」の威力とともに、それがカタストロフィーももたらすことに気づきはじめ、戦争と革命と植民地独立の激動の「歴史」を経験し、さまざまな「宗教」の対立を目の当たりにした二〇世紀後半、久しく振り返られなかった「神話」というもののもつ意味を、並みはずれた知力を傾けて徹底的に探究しようとしたレヴィ＝ストロースの業績は、これからいっそう真剣に問い直されることになるだろう。「神話」がくりひろげる世界は、限られた「哲学」や「思想」で切れるほど単純ではない豊かさに満ちていることをレヴィ＝ストロースはしめしたのである。

それは何もようやく翻訳が完成しようとしている日本だけの話ではない。おそらくレヴィ＝ストロースの生地フランスでも、そして世界中で、あまり事情は変わらないのではないだろうか。数年前、来日した著名なフランスの哲学者に京都案内をしながら、問わず語りに「私は最近やっと『神話論理』を読みおえたのだけれど、たいへんおもしろかった、まだ読んだことはなかったのだ」と聞かされて、少々驚きながらも妙に納得したことを思い出す。二〇〇〇ページを超すこの大著は、語られることは多くても、わたしたちにとって知的な財産としてはまだ十分に消化吸収されてはいない。

一九〇八年生まれのレヴィ＝ストロースは、二〇〇八年一一月、一〇〇歳の誕生日を迎えた。二〇世紀の思想に大きな影響を与えてきたこの偉大な探究者の生誕一〇〇年を記念して、パリではさまざまな記念行事がおこなわれた。長いあいだ教授を務め一九八二年に定年退官したコレージュ・ド・フランスでは記念シンポジウムが開催され、誕生日の一一月二八日、レヴィ＝ストロース記念ホールのある、「未開美術」を収めたケ・ブランリ美術館では全日入場無料となり、多くの人が詰めかけたという。国立図書館でもインタヴュー映画の上映などがあったらしい。独立系のテレビ局アルテは半日をレヴィ＝ストロース特集プログラムにあてた。夜にはサルコジ大統領がレヴィ＝ストロースの私邸に表敬訪問したと報じられた。『ル・モンド』『フランス・ソワール』『リベラシオン』といった日刊紙も特集を組んで、その業績と長寿を讃えた。

持続する速度と集中力

たぐいまれな長寿のレヴィ＝ストロースは、また、抜きんでた知力と集中力のもち主でもある。最初の主著『親族の基本構造』を一九四九年に刊行して以来、五五年の『悲しき熱帯』、五八年の『構造人類学』、六二年の『今日のトーテミスム』と『野生の思考』、六四年の『生のものと火にかけたもの』から始まり、六六年の『蜜から灰へ』、六八年の『食卓作法の起源』を経て、七一年の『裸の人』で完結した四巻の大著『神話論理』の完成まで、新しい著作の刊行ごとに、人類学だけにとどまらない人文社会科学の諸分野に大きなインパクトを与え続けてきた。神話研究はさらに、著者自身が「小神話論理」と呼ぶ『仮面の道』（一九七五）、『やきもち焼きの土器つくり』（一九八五）、『大山猫の物語』（一九九一）の三冊の本によって補完された。その後に、芸術をめぐるエッセイ集『みる きく よむ』を一九九三年に刊行して人々を驚かせたのも束の間、九四年には、ほぼ六〇年前にブラジルで撮影した写真を編集した『ブラジルへの郷愁』という鮮烈な写真集で、さらに人々を賛嘆させた。その間に、一九七三年の『構造人類学2』と八三年の『はるかなる視線』の二冊の論文集と講義要録集『パロール・ドネ（贈られた言葉）』（一九八四）、対談『遠近の回想』（一九八八）が出されている。論文集や対談、それに既刊の文章と書き下ろしを見事にコラージュした『悲しき熱帯』を別にしてほとんどが書き下ろしの作品であることを考えれば、驚くべき速度と集中力の持続である。

二〇〇八年には一〇〇歳の記念として『神話論理』を除く主著がまとめられ、プレイヤード版『著作集』として刊行された。プレイヤードの元の意味である星座「すばる」は、南アメリカの神話にも登場し、『神話論理』でも詳細に論じられているのはおもしろい偶然ではある。プレイヤード版というシリーズは、フランスではいわば作家の殿堂のようなもので、フランスの大作家たちやマルクスなどの思想家、日本の谷崎潤一郎などの作品群が、聖書にも用いられる薄手の紙で、小さな活字でびっしりと二〇〇〇ページほどの部厚い本に収められ、詳細な校訂と注が施され、読書家にとっても研究者にとっても権威あるスタンダードの地位をしめている。老舗のガリマール社の社長がレヴィ＝ストロースに、プレイヤード版に「入りますか」と打診したのだそうだ。生前にこのシリーズに「入る」著作家は数少ないという。『著作集』には、短文だが二〇〇六年、九八歳で書かれた、画家エドゥアール・マネ（一八三二―一八三）が不思議な存在感をたたえたモデルを描いた《オランピア》をめぐる文章も初出で収められており、その翻訳は二〇〇八年一二月『思想』の生誕一〇〇周年記念特集号に掲載された。

人類学分野での最初の論文は一九三六年、二八歳のときに、フランスの『アメリカ学会誌』に掲載された「ボロロ・インディアンの社会組織研究への寄与」という専門的な論文である。この論文は同じ年に、まずポルトガル語でブラジルで刊行された。しかし、本文で詳しく検討するように、人類学者になる以前、学生時代のレヴィ＝ストロースはフランス社会党の学生活動家として、二〇歳そこそこですでに活発な活動を展開していた。多くは短文ながら鋭く、時には辛辣な書評や時評を『社会主義学生』という社会党の学生部門の機関紙に掲載している。

最初の刊行物は、人類学の専門論文に一〇年先立つ一九二六年、一八歳で書いた『グラックス・バブーフと共産主義』という小冊子である。グラックス・バブーフ（一七六〇―九七）とは、フランス革命の末期に、ラディカルな社会主義革命を主張して、老練な政治家ラザール・カルノー（一七五三―一八二三）が放ったスパイの働きによって逮捕され、ギロチンにかけられて挫折した革命家である。この冊子については後にふれよう。

一九二六年に始まり二〇〇六年まで、一八歳から九八歳まで、八〇年にのぼるその精力的な執筆活動は、人類学を太い軸としながら、多彩な主題をめぐって、「豊かな学殖」などという月並みな形容では収まりきらない知識を背景に、犀利な知性を動員して展開されてきた。レヴィ＝ストロースが生きてきた時代は、第一次大戦から大恐慌、二度目の世界大戦、戦後の復興、植民地の独立から社会主義と冷戦体制の崩壊、そして現在にいたる困難な時代とぴたりと重なりあっている。「構造主義」と呼ばれたレヴィ＝ストロースの思考は、そうした時代のどのような問題に、どのように応えようとして形成されたのだろうか。

分野を超える問い

この膨大な業績を、ひとりの探究者の知的な作業の軌跡として受け止め、わたしなりの理解を読者に提供するというミッションには、正直なところ、少しばかりたじろがないではいられない。しかしそれはやってみるに値する冒険でもある。また人類学の分野でその仕事から多くのことを学んできた者として、大げさにいえば責務でもあるだろう。レヴィ＝ストロースの仕事が、思想や人文社会科学の諸分野に、深く、広くインパクトを与えてきたのは、その探究が、現代世界のかかえたさまざまな問題に真剣に取り組み、できあいの回答ではなく、時には誤解も恐れない大胆で率直な言葉で表明され、人々に鋭い問題提起をおこなってきたからである。その一端は一九八六年、四度目の来日の際におこなわれた「現代世界と人類学」という講演（『レヴィ＝ストロース講義』として平凡社ライブラリーで刊行されている）にもうかがうことができる。

レヴィ＝ストロースは、二〇代後半だった一九三三年、当時のアメリカ人類学の代表者であったロバート・ローウィ（一八八三―一九五七）の『原始社会』を読んだことがきっかけで、理論とフィールドワークの実践を密接に結びつけようとする人類学の魅力に目覚めたと、自伝と旅行記と民族誌的記録が混然一体となった魅力的な作品『悲しき熱帯』で語っている。しかし人類学というディシプリン（学問分野）を選んでおこなわれることになったその探究には、常に、ひとつの分野の垣根を超え出てゆく問いかけのラディカルさがある。人類学の問題設定と言葉を借りながら、その探究は時には人類学の枠をやすやすと超えてしまう。自らが立てた問いに満足のゆく答えを見出すために、同時代のあらゆる学問分野の成果をとりいれ、その有効性を試そうとでもいうような、知的な貪欲さも感じられる。

そうした知的な道具のなかでも、もっとも有効に使われたのが言語学で開発された「構造」というコンセプトだった。もっと限定していえば、現代言語学をリードしたロシア出身の言語学者ロマン・ヤコブソン（一八九六―一九八二）の音韻論が、さまざまな発想の源泉の中心となった。音韻論は言葉が意味をもつ基底に、人が聞きわける音の対立を発見し、それが個別の言語の違いを超えた普遍的な構造と呼べるものを形成しているという。言葉の音を聞きわける人間の鋭敏な耳が人間の探究の起点となる。もっともレヴィ＝ストロースは、亡命先のニューヨークでやはり亡命してきたヤコブソンに出会って構造言語学の手ほどきを受ける数年前に、第二次大戦で動員されていた独仏国境のマジノ線で、ある日、野の花のシンメトリックな形を見ながら構造の直観を得たとも回想している。それはおそらく一九三九年のことだろう。聴覚にかかわる構造と立体的な視覚的形態の構造という、構造の発想のふたつの源泉があったということになる。

聴覚や視覚そしてさまざまな感覚と「構造」の探究はレヴィ＝ストロース自身の生涯の主題となる。いずれにせよ、『親族の基本構造』と『構造人類学』という二冊の著作によってレヴィ＝ストロースの探究が、「構造主義」という二〇世紀後半の新たな人間理解の思考の流儀を代表するものとみなされることになったのである。

人類学の枠のなかで、レヴィ＝ストロースが、その業績の大きさと議論の精緻さと大胆さに敬意をはらわれたことは、数々の賞を受賞し、世界中の多くの大学から名誉博士号を授与されていることにもあらわれている。そのいっぽうで、しばしば、飛躍が大きすぎて理解に苦しむとか、「時には平然と矛盾したことを言う」といった困惑したコメントも与えられている。

一見すると辻褄の合わない矛盾とも見える人々の言動の底に、理解のための論理を探究し見出すのが人類学者の務めであるとすれば、こうしたコメントは人類学者としての無力さの告白にほかならないのではないだろうか。いずれにせよ、レヴィ＝ストロースに相対するとき、わたしたちは、自分たちの問いの拠りどころとする限られた問題意識と、レヴィ＝ストロースの提示する回答の背後にある、射程の深い問いの広がりのあいだにあるかもしれない「ずれ」に注意深くなる必要があると思う。

逆説を豊かに生きる

調停が不可能になって思考が停止する「矛盾」ではなく、一見克服しがたい「逆説《パラドクス》」をつきつめてゆき、その過程を豊かな経験に転換する思考の流儀といったものがレヴィ＝ストロースにはあるように思える。

レヴィ＝ストロースにとって『神話論理』の基本的なモチーフのひとつは、人間にとっての

「感覚的なもの」と「理性的なもの」の対立を克服する方法はあるのか、「神話」はその答えではないか、という問いにあるといえるだろう。そのことは後に詳しく見てゆくことになる本書の主題のひとつでもある。「神話」においては感覚と理性が密接に結びつき、表裏一体となって人間の生きる世界の意味を開示する。感覚にとらわれることから脱却することで理性的になるという、西欧の思想が主導して練り上げられた常識とも呼ぶべきものがある。この常識をくつがえす、感覚と理性の結合という逆説を、神話を生き生きと生きていた人々の経験を内側から生きなおし、現代の人間が見失った世界との接し方として再発見することに、レヴィ＝ストロースはとりわけ後半生を捧げてきた。

感覚と理性が未分化なのではない。神話が語る感覚を通じた世界とのかかわりあいのなかに、主観を超えた、人間に共通な生きることの条件を成り立たせている「論理」を探究することが重要なのだ。人が世界に暮らして、世界と他者と交渉をもつのは感覚を通してである。感覚はそれを脱却することで理性が目覚める、誕生以前の知性なのではない。感覚に内包された論理が、すでに知性をあらかじめ構造化している。

そうした感覚の論理をレヴィ＝ストロースは人間の五感すべて、そしてその相互の関係のなかに探っている。五感を動員した人間の創作活動のなかでも、とりわけ音楽をモデルとして考えようとしていることは、「音楽に捧げる」という献辞がかかげられた『神話論理』の最初の巻が「序曲」という章から始められ、最終巻の最後には、モーリス・ラヴェル（一八七五―一九三七）の「ボレロ」を分析した一節をふくむ「終曲」がおかれていることにもあらわれている。そこには、世界を音楽として聴きとったものが「神話」だという主張がしめされている。

こうした構成には、レヴィ＝ストロースの神話研究の構想において聴覚が優位におかれ、聴覚を他の感覚が追いかけ、追いつき、諸感覚のあいだに生じる複合的で豊かな共鳴作用を神話が語るというモチーフがあらわれている。「序曲」で始まる第一巻『生のものと火にかけたもの』は、楽曲になぞらえられた「主題と変奏」「平均律天文学」「三楽章からなる田舎風交響曲」といった標題にまじって「五感のフーガ」もある。諸感覚の共鳴体としての世界、それを解く鍵がレヴィ＝ストロースにとっての「構造」のコンセプトなのだ、とここでは先回りして予想を立てておこう。

とりわけ音楽と絵画への深い愛着と造詣の深さには、父や母方親族が画家であったことや、曾祖父がナポレオン三世時代、ジャック・オッフェンバック（一八一九―八〇）と仕事をしたヴァイオリニストだったという家族や親族から引き継いだものも大きいのだろう。青年時代のリヒャルト・ヴァーグナー（一八一三―八三）への熱中が変わらぬ敬意として持続されたことは、ヴァーグナーにならって『神話論理』を四部構成にした、という言葉にもあらわれている。

構造の逆説と歴史

こうした背景から生まれた構造のとらえ方を、一九七七年、はじめて日本を訪れたときの講演では次のように簡明に説いている。「「構造」とは、要素と要素間の関係とからなる全体であって、この関係は、一連の変形過程を通じて不変の特性を保持する。」さらに言葉を継いでこの構造の定義の三つの側面に注意を引いている。

第一は、この定義が要素と要素間の関係とを同一平面に置いている点です。別の言い方をすると、ある観点からは形式と見えるものが、別の観点では内容としてあらわれるし、内容と見えるものもやはり形式としてあらわれうる。〔……〕

第二は「不変」の概念で、これがすこぶる重要な概念なのです。というのも、わたしたちが探究しているのは、他の一切が変化するときに、なお変化せずにあるものだからであります。

第三は「変形（変換）」の概念であり、これによって、「構造」と呼ばれるものと「体系」と呼ばれるものの違いが理解できるように思います。というのは、体系もやはり、要素と要素間の関係からなる全体と定義できるのですが、体系には変形が可能でない。体系に手が加わると、ばらばらになり崩壊してしまう。これに対し、構造の特性は、その均衡状態になんらかの変化が加わった場合に、変形されて別の体系になる、そのような体系であることなのです。

この定義は、簡明ではあるがかえってわかりにくくなっているといえなくもない。ここで注目しておきたいのは「構造」とは、いわば「変われば変わるほど変わらないもの」という逆説的なものなのだという点である。それは、「変われば変わるほど変わるもの」、レヴィ＝ストロースの言葉を使えば、変化することで「崩壊」に向かう「歴史」とは対照的な何かなのだ。

第一次世界大戦から大恐慌を経て第二次世界大戦にいたる、二〇世紀前半の歴史の激動の時代に生まれ合わせて生き方を模索することになり、社会主義革命による社会の変革をめざした青年が、どのようにして「歴史」とは対照的な「構造」の探究者として自己形成することになったのか。そこには、自分にとって見慣れた歴史に呪縛された世界を脱却して、異なったものへと常に志向するレヴィ＝ストロースのある一貫した姿勢が見て取れるように思える。歴史に翻弄される自分の世界を離脱し、異なった世界をめざすこと、人類学にレヴィ＝ストロースが見出したものは、そういう姿勢をひとつの学問分野として洗練する可能性だったのではないだろうか。いずれにせよ「歴史」とは質の異なる変化としての「変換」というものを考える可能性を求めて、レヴィ＝ストロースは「構造」という着想にいたったのだということを確認しておこう。

時代とひとつの生

一九六四年に最初の巻が刊行され七一年に最終巻が刊行された『神話論理』の探究では、巻が進むにつれて、神話が教えるモラルを引き出そうという姿勢が前面にあらわれてくる。六八年に刊行された第三巻『食卓作法の起源』は次のような言葉でしめくくられている。

〔……〕さまざまな社会の豊かさと多様性という、記憶をこえた昔からの人類の遺産のもっとも素晴らしい部分を破壊し、さらには数え切れないほどの生命の形態を破壊することに没頭しているこの世紀においては、神話がしているように、正しい人間主義は、自分自身から始めるのではなく、人間のまえにまず生命を、生命のまえには世界を優先し、自己を愛する以前にまず他の存在に敬意を払う必要がある、というべきではないだろうか。人類であれ何であれひとつの生物種が、たとえ二百万ないし三百万年のあいだこの地上に生きることができたからといって、結局は死滅する時をいつか迎えるのであってみれば、この地上をひとつの物体のように恣いままにし、恥も慎みもなく振る舞うことが許される口実とはならない、ということが必要なのではないだろうか。

この文の後に記された「パリ、一九六六年二月—リニュロル、一九六七年九月」という執筆の時期からすれば、レヴィ＝ストロースがこうした神話のモラルを書き記したのは一九六七年の秋ということになる。リニュロルは森の残るブルゴーニュにあるレヴィ＝ストロースの別荘の所在地である。

本の刊行直前の一九六八年三月に、『ニューヨーク・タイムズ』にブラジルの先住民をブラジル政府の先住民を保護するはずの部局が虐待し、先住民に帰属する財を無断で売却し私腹を肥やしていたというスキャンダルがセンセーショナルに報じられ、世界に波紋を投げ、レヴィ＝ストロース自身もブラジル大統領に対する公開書簡を書いて真相の究明を求めたことは別の文章でもふれたことがあるのでここでは繰り返さない。そして、右に引いた言葉で閉じられる『食卓作法の起源』が刊行された六月初旬、パリの街路には「五月革命」の混乱の余塵がまだそこここに漂っていた。一九六八年はまた中国の文化大革命の激動が高揚し、チェコでは「プラハの春」がソ連政府の方針によって戦車によっておしつぶされた年でもあった。

戦後の復興と高度経済成長がひとつの高揚期にさしかかり、大量消費社会の深まりのなかで人々が方向感覚を失った自失の状態で、「文明世界」を騒乱の興奮が襲っていたといえるのかもしれない。日本でも「反乱」した学生たちが街路のデモで機動隊と衝突を繰り返していた。

そして現代思想のニュー・ウェーヴとして「構造主義」が賑々しく紹介され、瞬く間に「流行思想」の首位の座を獲得したのもこの年だった。

「文明世界」において環境の破壊や汚染が話題となり公害という言葉が頻繁に耳にされるようになったのはそれから数年の後である。

『食卓作法の起源』のしめくくりの言葉は『遠近の回想』でブルゴーニュの森について語る次のような言葉と響きあっている。

そこでは、いわば過去に向かって時間を巻き戻したような風景があります。おおきな農地はかなり以前から放棄されて、まるで野生に帰ったようなのです。行き当たりばったりに、道なき道に分け入って、時にはアマゾン流域の密林のなかを歩くように難渋するのですが、アマゾンのよりも慎ましい木々の間を進んでゆく。〔……〕
さらに焦点距離を望遠に替えますと、自然の平原の中に、遠い異国の土地に見るような神秘と異国情緒をたっぷりと見つけることができます。すべての樹木、すべての野草がそれぞれに謎をかけてきて〔……〕何時間ものわくわくするような時間を過ごすのです。
先ほどあなたがおっしゃったように、私は茸狩の趣味があります。茸を食べるというのが楽しみではないのです。〔……〕あれこれ探究した後で、対象をそれと認知し、時には同定することができたときの喜び、とくにその素晴らしさを自分の目で鑑賞できる喜び、これが大事なのです。なぜなら、地面の上に生えているままの茸は、見るだに素晴らしいもので、どの茸も、芸術作品がそうであるように、それぞれ固有の様式をもっているのですからね。

「退屈することはありません」

身近なものを離脱して異なった人々へ、人間以外の生命へ向かい、さらには自己への愛ではない世界への敬意を説くレヴィ＝ストロースは、こうした境地を、時代に背を向けることで自分の周囲に確保したというわけではない。退官後の八〇代に行われたこのインタヴューには、世の喧騒から遠く離れて悠々自適を楽しむ老人の雰囲気が漂っているとも思われるかもしれない。しかし、レヴィ＝ストロースが九〇代に達した後も、実に生き生きとした関心をもって同時代の研究の動向を追い、世界の人間との関係のありようについて思考しつづけていることは、人類学の専門誌に寄せられた数々の書評を見ても納得できる。そのことは後にふれよう。一〇〇歳に達するその人生は、常に時代との生き生きとした交流から思考の糧を獲得しているのだ。

そうした点で、レヴィ＝ストロースの長い生涯をたどるにあたって、逆説とまではいえないにせよ注意すべき特徴があると思われる。波瀾に富んだ前半生の屈曲点ごとに開かれた地平で獲得された新たな展望が、時が熟するとともに共鳴し交差しあって何年か後の業績の豊饒な展開の母胎となっている。そのいっぽう、とりわけ一見平穏な学究の人生と見える後半生も、波瀾に富んだ前半生と響きあい、ある独特の集中的な密度の分布ともいうべきものをしめしている。一〇〇年を超えたひとつの生は、常に予感と回顧という双方向のヴェクトルによって豊かに増幅されていることを考慮しなければならない。

レヴィ＝ストロースの人類学の出発点が一九三〇年代後半のブラジル滞在と調査にあることはたしかだろう。しかしその経験がレヴィ＝ストロースにとってどのような意味をもったのかは、その二〇年ほど後に書かれた『悲しき熱帯』でしめされた。さらにその経験に読者を直接立ち会わせるかのような写真集は、六〇年ほど後の『ブラジルへの郷愁』によってはじめて啓示された。したがってブラジルの経験に、レヴィ＝ストロース自身が長い時間をおいて幾度もたちもどり経験しなおしている。

そして一〇代から二〇代の社会主義活動家としての青年期の活動は、ようやく近年になって人々の関心の対象となり、ほぼ八〇年のへだたりをおいて記憶から呼びもどされてきているのだ。過去をめぐって多くのインタヴュアーが驚きをもって指摘しているように、過去についてのレヴィ＝ストロースの記憶は、多くの場合きわめて鮮明で正確であるという。つまり、レヴィ＝ストロースの生涯をたどりなおそうとするとき、わたしたちは、一世紀ほどの時間を自在に往還しつつ、その屈折する点で、思いがけない展望が開けながら、そのなかに持続し幾度も回帰する経験を参照しつつその人生の軌跡をたどることを求められるのである。

もうひとつ、たぐいまれなその人生をたどるとき気づかされるのは、レヴィ＝ストロースが社会主義の運動にかかわっていた青年期から、驚くべき活動力で、いわば二足の草鞋で二つの人生を常に並行して生きてきたことである。これからたどってゆくとおり青年レヴィ＝ストロースは、学者としての修業をするかたわら、日々勤勉な活動家としての生活を続けていた。それはたとえば少し年長のジャン＝ポール・サルトル（一九〇五―八〇）が、サンジェルマンのカフェの常席で原稿を書き、束縛を逃れるためにホテル暮らしをしたという、擬似ボヘミアン的な生き方とはまったく異なったものだった。ヨーロッパの戦火を逃れて亡命したニューヨークでのヤコブソンとの出会いについて語る言葉もその意味で興味深い。

二人は学問的に近いとすぐに感じ合いました。これはもう友達になるしかないと。最初は互いに行き違いがあったかもしれません。ヤコブソンの話では、彼は私を見て「やっと一晩でも飲み明かせる人間に出会った」と考えたそうです。ところが、私は酒と夜更かしは我慢できないし、きらいだ。それはともかく、これが兄弟的な友情の始まりでした。兄弟といっても彼は私より一二も上でしたがね。

一九四〇年代、ニューヨークでは、亡命知識人が拠点とした教育研究機関で研究と講義にあたった後、戦後は『親族の基本構造』をニューヨーク公共図書館の資料を使って完成するために大使館付きのニューヨーク駐在文化アタッシェを務めている。さらに後にたしかめるように一九五〇年代の一〇年間、高等研究院での研究生活と並行して、国際機関ユネスコでの研究部門の事務局長の職務を全うしている。一九六〇年以後、フランスの最高研究機関ともいえるコレージュ・ド・フランスでの研究生活に専念しているとはいえ、着任と同時に『人間（*L'Homme*）』という人類学の専門誌を定期刊行物化し（同じタイトルで不定期刊行のモノグラフィーのシリーズがすでに一九五〇年代から出され、レヴィ＝ストロースも編集を担当していた）、その編集と運営に、有能な助け手を得ていたとはいえ中心的に携わっていた。実務と研究の二重生活からもっとも自由だったのは、おそらくブラジル滞在中の数年間だけだったのではないだろうか。研究と実務という両面から、時代の動向に密接にかかわったレヴィ＝ストロースの思考を、時代とひとつの生との関係の相のもとにたどりなおすこともまた、本書の狙いである。インタヴューでも言うとおり、レヴィ＝ストロースが、人生で「退屈することはありません」と歯切れよく言いきることができる理由も、並行して複数の生を生きることに慣れていた、その生き方に裏打ちされているのだろう。

研究と実務にくわえて、青年時代から一九五〇年代までのあいだの二度の離婚と三度の結婚を経験しているという事実もある。現在のモニック夫人との結婚の際には、ニューヨーク時代もっとも親しかったマックス・エルンスト（一八九一―一九七六）から買ったアメリカ・インディアン美術の逸品を数多く手放し、副収入としてユネスコに勤務し、原稿料のためにきわめて短時間で『悲しき熱帯』を書き上げて生活の資に当てたことを、控え目ながらインタヴューでも語っていることからすれば、このこともレヴィ＝ストロースの人生ではけっして小さな出来事ではなかったはずだが、推測以上のことがいえるわけではない。

また、青年期にはいわゆるエスタブリッシュメントに意図的に背を向けていたように見えるレヴィ＝ストロースが中年期を過ぎて、研究者としてもっともエスタブリッシュされたコレージュ・ド・フランスで重鎮の地位を獲得し、さらには、アカデミー・フランセーズに立候補し選出されたことも、ひとつの逆説とみなすことができるかもしれない。いずれにせよレヴィ＝ストロースという傑出した人が、研究と実務と社会的地位と感情生活のすべての面で十二分に充実した生を生きてきたことはたしかであろう。

本書の構成

ここまでは、レヴィ＝ストロースの人生の断片を少々ランダムな仕方で拾い集めて、時代の動きに対応して変わっていったその人生において変わらなかったものの輪郭のスケッチを試みてみた。以下の本文では、青年レヴィ＝ストロースの書き残した文章から始めて、年代を追ってその探究の軌跡を跡づけてみたい。

「第一章　学生活動家レヴィ＝ストロース——社会主義のモラルを求めて」では、一九二六年から三四年のブラジルへの出発までを追う。厳しい時代のなかでレヴィ＝ストロースはどのような方向を選び、人類学者の道を発見したのかをたしかめる。人類学者として名を成す以前、二〇代のレヴィ＝ストロースについては比較的知られていないこともあり詳しく叙述したい。1節ではレヴィ＝ストロースが若き活動家として、どのように西欧における社会主義を追究したか、2節ではやがて同志とやや距離をおいて西欧の外へ行くことを志向する過程をたどる。

「第二章　批判的人類学の誕生——修業時代」では、一九三六—三七年のブラジルでのフィールドワークの経験の後、第二次世界大戦の戦線の間近にあるいは遠くに身をおいて同時代の動向を見据えながら、もうひとつ別の世界のあり方を探究し、批判的な人類学を構築していった過程をたしかめる。1節はブラジルでの経験を中心に、2節ではニューヨークでの探究をたどる。

「第三章　野生の思考へ向かって——模索の時代」では、一九五〇年代、『親族の基本構造』から神話研究へと探究のフィールドを広げる方法を探りながら、ユネスコでの活動を持続し、六〇年代、研究職としてフランスで頂点ともいえるコレージュ・ド・フランス教授に選任され、南北アメリカ・インディアン世界の神話研究に打ち込むことで、歴史に呪縛された同時代世界のなかで自らを「内なる野蛮人」として形成した過程をたどる。1節では多産な神話研究への助走の時期を、2節ではユネスコでの活動と『野生の思考』への道筋をたどる。

「第四章　もうひとつの豊かさの思考――神話論理の森」では、神話研究の掉尾を飾る『大山猫の物語』を軸に、1節では四巻の『神話論理』において神話研究が開示してみせた神話の森という「もうひとつの豊かさの思考」のあり方を、2節ではその探査から引き出されたモラルを、レヴィ＝ストロースに導かれてたしかめる。

「おわりに――自然・歴史・芸術」では、レヴィ＝ストロースという二〇世紀でもっとも傑出した知性のひとりが、生涯をかけて追究し探究し、そのために闘ったものが何だったのかを再確認したい。

第一章　学生活動家レヴィ＝ストロース——社会主義のモラルを求めて

1　「社会主義学生集団」事務局長

一八歳のポートレート

神話研究のしめくくりとなった『大山猫の物語』刊行に寄せた一九九一年のインタヴューの末尾に、レヴィ゠ストロースは、神話研究が完成した今、折にふれて書きためたノートをもとに芸術をめぐる新しい著作の準備を始めた、と問わず語りに語っている。新しい著作は、一九九三年に『みる きく よむ』として刊行された。

四〇年ほど前に芸術をめぐる著作を構想したことがあります。『芸術よ、滅びよ』という題をつけようと考えていました。それはバブーフの「あらゆる芸術は必要なら滅びるがよい、われわれが真に平等でいるなら」という言葉で、もちろん私はこの言葉に賛成ではありません。〔……〕

前置きもなしにふと漏らされたようにも見えるこの言葉は、さまざまなことを考えさせる。なぜなら、レヴィ＝ストロースがここで、一九二六年、弱冠一八歳で、はじめて出版した冊子『グラックス・バブーフと共産主義』を念頭においていることは明らかだからである。四〇年ほど前というのが一九五〇年代であるとすれば、一八歳の処女作の主人公へのレヴィ＝ストロースの思いは、二〇年経っても持続し、八〇歳を超えたこのインタヴューのころにもけっして消えてはいなかったことになる。ただ、引用された言葉そのものには、思い違いとまではいえないにしてもニュアンスが弱められた部分もふくまれている。この言葉自体は革命家バブーフの盟友であった詩人シルヴァン・マレシャル（一七五〇―一八〇三）が起草したものであり、その過激さにバブーフ自身も全面的な賛同を控えたとされているからである。そのことはじつは、レヴィ＝ストロースの『グラックス・バブーフと共産主義』の結論の部分では示唆されている。「芸術（Arts）」を「工業」と訳すべきだという重要な異見もあるが、ここではしたがわない。

ベルギー労働党の出版局から刊行された冊子『グラックス・バブーフと共産主義』（1926年）の表紙。L'office universitaire de recherche socialiste（OURS）所蔵、写真：著者

芸術に関しては、「あらゆる芸術はそれが必要なら滅びるがよい、われわれに真の平等があるなら」という言葉がふくまれていたために、いわゆる「平等派の宣言」を認めなかったと、括弧つきながらいえるバブーフは、共産主義社会では集団的な芸術が出現し、それがすべての芸術家をひとつの社会的な労働に結びつけることをしめした。「うわついた詩、けちくさい建築、何の意味もない絵画には、崇高な寺院と競技場と柱廊がとってかわるであろう。」

われわれは、この新しい社会の輝かしいヴィジョンによって、最初の社会主義者の理説の分析を終えることにしたい。

この理説は彼とともに滅びることなく、バブーフに直接鼓舞されたブオナロッティからフーリエ、ブランキに生きて引き継がれた。すでに多くを予見したように、牢獄からフェリックス・ルペルティエに書いた手紙で彼が予見していたのもそのことであった。

われわれが人類に提起した幸福を獲得させる手段を、もう一度夢見ようと考えることがあるなら、君は平等のすべての信奉者に、この紙切れのなかに、今日の腐敗した者たちが私の夢と呼ぶものを含む最後の断章の集成を見出すことができるでしょう。〔……〕

このしめくくりの言葉にもあらわれているとおり、一八歳のレヴィ＝ストロースが「社会主義の先駆者バブーフ」に捧げた小冊子は、留保なしの称賛に貫かれている。バブーフ、フィリップ・ブオナロッティ（一七六一—一八三七）からシャルル・フーリエ（一七七二—一八三七）、オーギュスト・ブランキ（一八〇五—八一）への革命的蜂起への系譜が自らの方へたぐりよせられてもいる。出版から約八〇年の後、二〇〇八年に刊行された『著作集』に収められたレヴィ＝ストロース自身が校訂した年譜では、これは青年時代に「無邪気に」書かれた小冊子と形容されている。日本語なら「若気の至り」というものだろうか。

『グラックス・バブーフと共産主義』から『社会主義学生』へ

本文三七ページのこの冊子は、社会主義の先駆者のコンパクトな紹介というかたちをとって、

Ⅰ　バブーフの先駆者と同時代人における社会主義と共産主義
Ⅱ　バブーフの生——「平等主義者の陰謀」
Ⅲ　バブーフ主義の理説　A　批判的部分　(1) 市民社会の批判　(2) フランス革命の批判
　B　新しい社会　(1) 農業法　(2) 全的共産主義

という三部構成になっている。

冊子は、一七九六年四月九日、フォーブール・サンタントワーヌ通りの民衆街に張り出され

た「バブーフの理説の分析」というビラに群がり読む人々の描写から始まる。そこに説かれたバブーフの主張は、歴史上はじめて、社会主義の思想を実践に結合したものだったと位置づけられる。一八世紀にも社会主義あるいは共産主義をひとつの夢想として語る思想家たちはけっして少なくはなかった。「「善良な野蛮人」が聴衆に向かってパラグアイの友愛の共同体を讃えていた。」「パラグアイの共同体」はおそらくイエズス会のレドゥクシオンと呼ばれる理想郷を指すのだろうが、レヴィ＝ストロースは一九三三年に書かれた書評で再びこれに言及することは後に見る。

権力の中枢にいた者でさえ共産主義の夢想を語りえたのだ。しかし、ジャン＝ジャック・ルソー（一七一二—七八）によって明確に主張された私的所有の否定を基礎とするその夢想を、真に実践しようとして、蜂起のための組織を構築した者はバブーフがはじめてだった。

IIではバブーフの蜂起委員会の構築の過程と綱領の概略が検討され、スパイの通報によって一七九六年五月初旬、蜂起が未然に阻止されてバブーフとその仲間たちが逮捕され、杜撰な裁判にかけられ、あわただしく死刑に処せられた過程が描かれる。

もっとも力を注いで書かれたと思われるIIIでは、土地にかかわる代書人の仕事をしていたバブーフが、経験にもとづいて、持たざる人々の貧困の原因は教育が資力ある者だけに偏っているからだと考え、市民社会を批判し、「農業法」案によって土地の均等な分割を主張したことが述べられる。しかし土地の均等分割による小所有の一般化という方針はほどなく放棄され、一七九六年四月一三日に配布されたビラにはバブーフの最終的な「全的共産主義」の思想がしめされていたことが指摘される。人々は能力に応じて労働し、生産物は集中され公正に分配される。平等思想に対する批判を予想し、バブーフはこのビラで反批判を展開している。レヴィ＝ストロースはその反批判の結びを引用して、先に引いた文章で小冊子を閉じている。

一八歳の青年によって「無邪気に」書かれたこの革命家の簡潔なポートレートに、過大な意味を読み取ることは、たしかに穏当ではないかもしれない。また、今日、バブーフの思想が社会主義という内実を備えたものかどうか、議論があることも当然であろう。

それでもなお、青年レヴィ＝ストロースが、フランス国民にとって神話的な英雄時代であるフランス革命に強い関心を寄せ、しかも、ラディカルな社会主義の先駆者と位置づけた者を自分のヒーローとして選ぶという個性的な選択をしていたことは十分に注目に値する。さらに、そのヒーローへの賛歌を、芸術の問題によってしめくくっていることは興味深い。平等のための蜂起の理説と、自由な表現としての芸術との関係という課題を、一八歳のレヴィ＝ストロースは、バブーフに託して自らの課題として受け止めていた、ということができるからである。精神の蜂起と芸術の自由はレヴィ＝ストロースの思考の底流をなしてゆくといえるだろう。

このラディカルな意志のスタイルを標榜した青年が、どのようにしてブラジルへと旅立ち人類学を志すのか、青年期のわずか一〇年足らずではあるが、年代記風に検討してみたい。

自らの知的経歴を語ったインタヴュー『遠近の回想』や最近の研究を参考にしながら、一九二七年以降に『社会主義学生（*L'Étudiant socialiste*）』誌に活字となって公刊されたレヴィ＝ストロース自身の文章を中心に、思考の跡をたどってみよう。なかでも注目される一九三一年のポール・ニザン『アデン・アラビア』への書評と、三三年のジャック・ヴィオ『白人の降架』への書評は、全文を訳してしめすことにしたい。短文ながら、二〇世紀前半の両大戦間期という時代に、人類学へいたる青年の思考の軌跡が、同時代の尖鋭な作家への批評のかたちでくっきりと描かれているからである。

バブーフに捧げられた小冊子でレヴィ＝ストロースが、バブーフからブランキへと、ラディカルな共同体と武装蜂起と政府の転覆を唱えた革命家の系譜をたどっていたことにはふれた。しかしだからといって青年レヴィ＝ストロースが暴力を称揚するタイプのラディカリストだったと考えるのは誤りである。ロシア革命で政権を奪取したボルシェビキに対しても、すでに同時代の空気を変えていたナチズムやファシズムの粗暴な暴力の発動に対しても、『社会主義学生』誌は明確な反対を表明していた。戦争の回避と徹底した反戦主義の論陣の先頭にレヴィ＝ストロースの姿が見られることは後にたしかめよう。当時の政治的な態度をめぐって、『遠近の回想』では次のように総括している。

そこ〔『社会主義学生』〕に寄稿した文章で私が言いたかったのは、あらゆるかたちの前衛はそれぞれの分野で革命的であるべきだという命題を擁護しよう、ということでした。たとえば私たちが政治において前衛であるように、というわけです。そのことによって、当時左翼の活動家に多かったのですが、キュビスムやシュルレアリスムなどはブルジョワ的退廃の表現であると考える人たちと、私は一線を画したのです。

それぞれの分野の独自性を認めつつ（これはある種の文化相対主義ともいえよう）、それぞれの分野で前衛であることを求める（これはある種、前衛であることへの絶対的要請である）というレヴィ＝ストロースの思考のあり方が、ここでは巧みに要約されている。

一九二七―三〇年――学生活動家のデビュー

知的な野心に満ちた多くのフランスの青年と同じように、レヴィ＝ストロースは一九二五年、フランスにおけるエリート・コース、高等師範学校《エコール・ノルマル》受験のための準備課程のある高校に入った。かつてマルセル・プルースト（一八七一―一九二二）やジャン・コクトー（一八八九―一九六三）も学んだリセ・コンドルセである。その授業で出された課題へのレポートが『グラックス・バブーフと共産主義』だった。両親のベルギーの友人から紹介されたベルギー労働党（POB）の若い活動家に見込まれ、「しばらくのあいだ、彼は私を、ベルギー労働党の保護孤児のようなものにした」という。その活動家の紹介でPOB出版局の「野薔薇」と名づけられた冊子のシリーズの一冊として『グラックス・バブーフと共産主義』は刊行された。

やがて高等師範学校の受験はあきらめるものの、高等師範の学生（ノルマリアンと呼ばれる）の社会主義活動家たちとのつきあいから、五つの高等師範学校の「社会主義学生集団（Groupe d'étudiants socialistes）」（GES）の事務局長をまかされ、早熟な政治活動に入ることになる。ベルギー人活動家に手ほどきされてすでに読んでいたマルクスの著作に、新鮮な世界のとらえ方を見出していたレヴィ＝ストロースは、一九二六年四月には社会党系の若い活動家たちが主催する勉強会で、ベルギー労働党の現状について報告している。おそらくその内容は、翌年、ベルギー労働党の若手が数年前に創刊した『新社会主義評論』に掲載された「ベルギー労働党の新たな潮流」という論文とも関連しているのであろう。そこでレヴィ＝ストロースは、自分を手ほどきしてくれた「若い活動家」アルチュール・ウォテルスの「改良主義の改良」という論文を全面的に支持する論陣を張っている。

そこでも述べられているとおり、一九二〇年代半ばを過ぎて、西欧の政治思想の潮流は錯綜した状況にあった。第一次世界大戦の終結とロシアのボルシェビキによる権力奪取、そして西欧諸国の社会主義陣営からの共産党の分裂ばかりでなく、保守主義の側でも古い自由主義の破綻、カトリックの潮流の右翼と左翼の分裂、ナチスとファシズムの台頭が、政治の場にそれまでにない緊張をもたらしていた。一九二七年八月には、アメリカの無政府主義弾圧の冤罪による「サッコとバンゼッティ」の処刑が、アメリカだけでなく世界中から糾弾の声を呼び覚ましていた。レヴィ＝ストロースにとっては、身近なベルギー労働党の新たな潮流の代表的理論家で、社会主義の新世代の希望の星だったヘンドリック（アンリ）・ド・マン（一八八五―一九五三）の『社会主義の心理学について』（ドイツ語原題）のフランス語訳（『マルクス主義を超えて』）が一九二七年初頭に刊行されたことも、ひとつの重要な出来事だったに違いない。フランスの若い社会主義者たちの招聘でド・マンが一九二八年一月、パリで講演したときにも、その開催準備にあたったのはレヴィ＝ストロースだったと、ド・マンのアーカイヴに残る手紙から推測されている。

一九二七年から二九年にかけて、レヴィ＝ストロースはパリ大学法学部と文学部で学士号を取得する。そのいっぽうで社会党の若手代議士ジョルジュ・モネ（一八九八―一九八〇）の政策秘書を務め、当時、生産過剰と輸入のために値崩れの傾向にあった小麦価格を政府が管理維持する政策を立案したという。この政策案は、社会党にとっては政敵だったレイモン・ポアンカレ（一八六〇―一九三四）にも褒められ、後に一九三六年に成立した人民戦線内閣で農業相となったモネによって実施される。また、美術にも造詣のあったモネの名で、ジョルジュ・バタイユ（一八九七―一九六二）が主宰していた『ドキュマン』誌に「ピカソ論」を代筆したのもこのころだった。学士号取得後は、当時高等師範学校校長でインドのカースト制度を研究した社会学者のセレスタン・ブーグレ（一八七〇―一九四〇）の指導のもとで、修士論文に相当する「史的唯物論の前提」（『著作集』の年譜には「主にカール・マルクスにおける史的唯物論の理論的前提」という標題がしめされている）という論文を提出したともいう。この論文の所在は残念ながら確認されていないらしい。

おそらく生活費を得るためでもあった代議士秘書の仕事と、学生としての論文作成と並行して、一九二八年からは発刊間もない『社会主義学生』誌の編集に携わることになる。原則月二回刊行で、もともとベルギー労働党の若い活動家が発行していたところに、フランスの学生社会主義者が連携して発行することになったこの雑誌を担ったのが、高等師範学校の若いエリートたちだった。同誌の巻頭ページには編集局連絡先として、当時のレヴィ＝ストロースの自宅住所が掲示されている。

ロシア・ボルシェビキに与する共産党とも、カトリック左派とも一線を画し、社会党系の古い潮流へも批判的な立場をとろうとする、この若手社会主義者集団の紙面には、論争的な覇気がみなぎっている。と同時に、社会主義の新潮流の形成をめざすド・マンや、ド・マンの思考に学ぼうとする社会党の若手幹部で、当時頭角をあらわしはじめていたマルセル・デア（一八九四—一九五五）という議員の主張に対しては、好意的ではあるが微妙な評価がしめされている。最近相次いで公刊されたレヴィ＝ストロースの青年期の研究が、ド・マンやデアとレヴィ＝ストロースが思想的に近かったという仮説から出発しているだけに、これらのリーダーと「社会主義学生」の集団との関係、後者のなかでのレヴィ＝ストロース独自の位置は注意深く検討しなければならない。

レヴィ＝ストロースは一九二八年の『社会主義学生』第七号に「プロレタリア文学」という評論を掲載し、『世界《モンド》』という月刊誌上で共産党シンパの大御所作家アンリ・バルビュス（一八七三—一九三五）が広く求めた「芸術のプロレタリア的概念は存在するか、プロレタリア芸術は存在するか」というアンケートに応えている。一面のこの評論の隣には「大学は夏季休暇？『社会主義学生』は休まない！」というタイトルの無署名だが明らかにレヴィ＝ストロースが書いた記事もある。そこに書かれた「あきあきするような個別の宣伝活動をとりわけないがしろにしてはいけない——説得のための長い時間、手のかかる手紙のやりとり、塵も積もって大きな結果に成長する、細かな、とるにたらない任務」という言葉は後の『アデン・アラビア』評の文章にも響きあっている。

おそらくこの「プロレタリア文学」についての評論が、レヴィ＝ストロースの署名で論争的な文章が誌上に登場した最初であろう。資本主義社会のただなかでは「プロレタリア文学」は成立しえず、「革命的文学」のみが成立しうる。「いまだに生まれていない文明の美的表現であると仮説されたプロレタリア芸術をどのように定義できるというのか」と反問したうえで、「社会革命は、芸術の革命と同様、革命そのものである。／未来の革命者たちは、その〔革命の〕不十分さによってのみ、それを「プロレタリア」革命と判断するであろう」という挑発的

『社会主義学生』1928年7－8月号のトップページ。左の欄にレヴィ＝ストロースの「プロレタリア文学」という標題の記事、上段中央に「大学は夏季休暇？『社会主義学生』は休まない！」という記事がある。標題の下に、「運営および編集にかんする連絡は連盟本部、プッサン通り26番地、パリ16区まで」とレヴィ＝ストロースの自宅住所がかかげられている

な言葉で結ばれたこの評論は、『世界』誌からの批判を呼び、次号でレヴィ＝ストロースが反論している。この反論はその後、この誌上でひときわ精彩を放つことになる、レヴィ＝ストロースの文章に特徴的な、嬉々とした思考の躍動感と、挑発的な辛辣さの兆しがすでに予感できる。この辛辣な批判が、フランスにおけるプロレタリア芸術をめぐる論争の発火点になったとされる。

一九二八年一一月の号では、「警告！」と題した文章で、開設されたばかりの社会党本部の建物の保守的な趣味を批判し、革命的なデザインをしめすことで革命的意識をもった支持層を獲得すべきだという主張を展開している。文頭には「ブルジョワ社会の基礎にはブルジョワ文明がある」というド・マンの『マルクス主義を超えて』の一節がおかれている。評論は、その年の夏にスイスで開催された近代建築国際会議で、当時は新進の建築家ル・コルビュジエ（一八八七―一九六五）らが、建築における前衛たることを表明した決議文の引用とセットで組まれている。その論旨はバブーフ論の結びの言葉を思い出させずにはいない。

一九二九年一〇月には「社会主義と植民地化」という標題の評論が掲載される。そこにしめされた植民地への関心は、ニザンの『アデン・アラビア』、ヴィオの『白人の降架』の評論に引き継がれ、さらには四二年のメモランダムや、六一年のユネスコ円卓会議での報告まで引き継がれることになる。その思考の軌跡は後にたどることにしよう。

一九三〇年の前半は、おそらく「史的唯物論の前提」論文執筆に専念したためか、レヴィ＝ストロースの寄稿はない。しかし一一月の号から「本と雑誌」という書評欄が設けられ、その冒頭に「今後、この欄はわれわれの友人レヴィ＝ストロースが担当する。遅れを生じないよう、雑誌はレヴィ＝ストロースに宛てて、プッサン通り二六番地〔一六区〕に直接送付されたい」と注記されている。この後、短い中断の時期を除いて、一九三三年一一月の号で担当の交代が告知されるまでほぼ三年間、レヴィ＝ストロースは、同時代の本と雑誌にあらわれた錯綜した

現在のプッサン通り26番地。「Q：あなたが大学入学資格試験を受験されるまで住んでおられたプッサン街のお宅を見てきました。あれは要するに、端正なブルジョワ的邸宅、と言っていいですか。／ L.-S.：そうです。切り石造りの建物で、階段はよくあることですが、絨毯敷きでした。階段室の明り取りには当世風のステンドグラスの窓という趣向でしたね……。私の記憶では第一次世界大戦のあとでもまだ、この種の建物には一階に電話器が一台あるきりでした。管理人が電話を受け、専用の特殊な呼び鈴で住人に知らせるのです。私たちは六階に住んでいたので、〔……〕階段を転がるように走り下りたものです。通話が終わると、また同じ階段をかけ上らなければならないのですがね。二、三年後に、政界絡みがうわさされていた業者が一儲けしようと、その建物を買い取りました。家賃を上げ、エレベーターを取り付けました。そして私たちも電話をもつ時代になりました。」（『遠近の回想』竹内信夫訳、329頁）写真：Thomas Ballarini/MN

思想潮流のなかで、若い社会主義者にとっての水先案内の役割を果たすことになる。

そこでレヴィ＝ストロースが担当した書評は、(1)左翼系雑誌へのコメント、(2)社会党（正式には国際労働者同盟フランス支部［ＳＦＩＯ］）党員による著作へのコメント、(3)直接に政治的な主題をとりあげた評論、(4)作家の文学作品の評論、(5)精神分析関係の著作へのコメント、に大別できる。コメントされた雑誌論文の主題は、社会主義の潮流にかかわるものが多い（カトリック左翼の刊行物には系統的な注意がはらわれている）のは当然としても、反戦主義の主張を展開する契機となるもの、芸術にかかわるものが眼を引く（映画への言及も多い）。たとえば、バルビュス一派とさかんに論争をくりひろげていた『謙虚な者（*Les Humbles*）』という左翼の雑誌への一九三〇年の論評では、論文へのコメントのかたちをとって、ロシアの前衛演劇のリーダー、フセヴォロド・メイエルホリド（一八七四―一九四〇？）と前衛詩人ウラジーミル・マヤコフスキー（一八九三―一九三〇）を讃えている。

一九三一年1――『社会主義の展望』

一九三一年は、一一月に二三歳になろうとするレヴィ＝ストロースにとっては多忙かつ多事な、それなりに充実した一年だったのではないだろうか。この年の五月から一一月まで、パリ郊外のヴァンセンヌ公園で開催された「植民地博覧会」のマダガスカル館の大壁画を、画家である父が制作するのをレヴィ＝ストロースは手伝ったという。七月には哲学教授資格試験《アグレガシオン》にその年度では最年少で、三位で合格している。この試験の一、二位は高等師範学校生に与えられるのが慣例だった、とどこかで読んだ記憶がもし正しいとすれば、レヴィ＝ストロースは事実上、トップだったことになる。

合格を知らせにタクシーで急ぎ家に着くと「家には暗い空気が立ちこめていました」とインタヴューで語っている。「父の兄弟で一人だけ生き残っていた人が〔……〕株で大儲けをして裕福な生活をしていたので〔……〕苦しいときには私の両親を援助したりもしてくれていたのです。〔……〕ちょうどその叔父が、経済危機で破産したことを両親に話しているところでした。職にありつけることがわかったのと相前後して、これからは両親の面倒をみなければならないのだ、ということを私は知ったというわけです。」

植民地博覧会と経済の破綻、そして『社会主義学生』での評論活動、これらがレヴィ＝ストロースの生活で重なりあっていることに、始まったばかりの厳しく暗い一九三〇年代という時代の予兆が凝縮されている。前世紀から引き継がれながら減衰していった豊かなブルジョワ文化の時代、ベル・エポックが終わり、一九二〇年代の狂乱《デザネ・フオル》の年から暗転しようとする時代だった。

年の始めの二月から三月にかけて、刊行されたばかりのマルセル・デアの『社会主義の展望』についてレヴィ＝ストロースは長文の評論を掲載している。このレヴィ＝ストロースの文章に言及しながら、同じ三月の号で社会党の年長の指導者ジャン・ジロムスキー（一八九〇―一九七五）にも特に長文の論評の執筆を依頼していることに『社会主義学生』がこの著作を重視したことがあらわれている。労働者階級だけに依拠するのではなく中産階級もふくめた「反資本主義」の勢力を結集して、国家権力を利用した漸進的な改革を主張するデアの改良主義の路線は、ボルシェビズムとファシズムと伝統的社会主義が優越する政治言論の場では、斬新なものと受け止められた。予期される戦争を何としても回避することもデアの重要な目標のひとつだった。この改良主義の潮流は、社会党のその後の動向に大きな影響を及ぼしてゆく。後にデアは社会党から除名され、ネオ社会党を結成し、反共産党色を強め、ナチスによる占領下では対独協力のヴィシー政府に参加することになった。それはベルギーでド・マンの描いた軌跡とも似ていた。

ジロムスキーの論調が、党の重鎮として、当時としてはセンセーショナルなデアの著作が原則主義から逸脱していることを重々しくたしなめ、社会主義の原則を再確認する風であるのに比べて、レヴィ＝ストロースは原則からの逸脱といったことにはほとんどこだわっていないことは、いかにも特徴的である。

一回目掲載分ではデアの議論をかなり詳細に紹介している。ただ内容に立ち入る前にレヴィ＝ストロースがデアの躍動的な思考と文体にとりわけ惹かれると強調していることは興味深い。その評論の多くは、著者と評者レヴィ＝ストロースの「波長」が合ったかどうかが不思議なくらい手に取るようにわかるように書かれているのである。そしてレヴィ＝ストロースにとって思考の躍動感があるかないかは、きわめて重要な評価基準だったことがうかがわれる。本文に入る前に次のような断りを入れていることも、デアとレヴィ＝ストロースの関係や『社会主義学生』における後者のプレゼンスを推測させる点で興味深い。

私は『社会主義の展望』を要約するだけで満足することもできただろう。同志のためにも私自身にとってもそれ以上に興味あることはない。しかし、デアが私の性格について明確な考え――それはどれほど不当な考えであることか！――をもっていることを私は知りすぎている。私が彼の本について欠点を指摘しなければ、彼は、私は読まなかったのだと結論するに決まっている。だから私はこの紹介文で、あえて批判することを道義的に義務づけられているのだ。

一回目の忠実な要約の後、二回目の文章は一変してデアの思考の核心に鋭いメスを入れる感じがある。そして、その言葉づかいは、デアの思考以上にレヴィ＝ストロースの思考そのものの特徴を語ってもいる。

〔……〕彼〔デア〕は本書で一貫して、史的唯物論に反対する者、すなわち今日、マルクスの発想を正当化する経済的発展のすべての形態に反対する者が惹起した誤解に注意を喚起している。そのことを指摘したうえで、私は彼がマルクス主義に与える社会学的解釈があらゆる点で受け入れがたいものであることを心おきなく述べることができる。まず、デアは経済的要素の抽象的な理念を具体的な心理学的現実に還元し〔それはまさにフランスの若い社会主義者たちがド・マンから学んでいたことだった〕、歴史的唯物論の形而上的な理論を革命的論争の方法に還元する。次いで、こうして構想されたマルクス主義が現代フランス社会学にまったく対立しないことをしめそうとする。

〔……〕彼はマルクスには史的唯物論の二つの理論があることを見逃している。彼は、そのうちのひとつ、しかもより重要度の劣る方しか理解しておらず、もういっぽうの価値判断の問題を定義し解決するのに用いられた方を理解していない。そしてこの無視は、二つの理論がまったく完全に逆転した言表となるだけにきわめて重大である。形而上的な理論が、価値判断が客観的な関係の表現からそのリアリティを引き出すことを主張するのに対して、論争の方法の方は、まさにブルジョワ的諸価値が、こうした要請には応えないことをしめすことに用いられる。したがって私は、デアが言うように、真の史的唯物論は資本主義体制とともに終焉するとは考えない。まったく逆に、社会主義文明だけがそれを創始しうるのである。（強調原文）

「史的唯物論の形而上学」は、おそらくすでにふれたブーグレの指導下で書かれた修士論文で展開されたものであろうが、詳細は残念ながら不明である。また真の史的唯物論が発露する「社会主義文明」という用語も独特なものではないだろうか。ただそこにはすでにふれた「警告！」の評論で巻頭におかれた、ド・マンの「ブルジョワ文明」という用語への応答を見ることができるかもしれない。右の一節に引き続いてエミール・デュルケーム（一八五八―一九一七）の社会学（とそれを受容するデア）への批判が開陳される。

第二の点はもっと重大である。私はマルクスとデュルケーム社会学を一致させることができるということには絶対反対だ。後者が、マルクスの時代にはまだなかった、そして今日のマルクス主義が利用すべき、民族学のような多産な学問分野を使いこなすことができたのはたしかである。しかしふたつの学派の理論的基礎は相互に背反する。デュルケーム社会学は実際、古典経済学が犯した誤り、そしてその除去こそがマルクス主義の歴史的存在意義である誤りを、社会の平面で再現している。古典経済学は、偶然的なカテゴリーである「社会（la société）」を普遍的カテゴリーにかさ上げした。〔……〕「社会」に資本主義社会を見たマルクスはそれを歴史のなかに位置づけなおすことで、「社会」がそれ以外のすべてを説明するのではなく、社会以外のすべてが「社会」を説明するということを証明した。〔……〕『社会分業論』において、彼〔デュルケーム〕がふたつの研究分野の重要性と性格を逆転し、静態学から動態学を引き出そうとしたことは容易に見て取ることができるが、マルクスにとってはまさにその反対こそが真だったのだ。しかし、争点はこうした抽象的な平面にはとどまらない。なぜなら保守的で反動的ですらある社会学のモラル、つまり価値の性質の無視は、デュルケームの思考においては偶然ではなく、反対に初発の誤りからの必然的な帰結なのである。

レヴィ＝ストロースが一九三一年、二二歳の春にすでに、カール・マルクス（一八一八―八三）を読むことで、独力で、分業・市場・資本主義の歴史的位置づけをめぐる「大転換」を遂行していたといえば誇張だろうか。ベルギーの年長の友人の影響もあってマルクスを読みはじめたのは一〇代半ばだったと語っている。いずれにせよレヴィ＝ストロースの思考の核心に「価値」の主題が「価値判断」という独自の用語で位置づけられ、モラルの次元までを包含してマルクスの価値論を読み込んでいることは少なくとも了解される。そこに、マルクスと、後にふれるイマヌエル・カント（一七二四―一八〇四）の意表をつく結合を見ることができるのかもしれない。

これに続く一節では、国有化や国家権力の利用による改革の路線をめぐる、より戦術的なレヴェルでの評価を試みているが、紙数の制約でここでは割愛せざるをえない。ただ次のような文章だけは注目しておきたい。

〔……〕これから一〇年のうちに革命を遂行できるだろうか？　否である。したがって社会主義が権力を獲得した場合には厳しいジレンマが課されよう。何もしないか、それともデアのプランを実施するか、というジレンマだ。第二の選択肢を選ぶなら、その政府は〔……〕デアが選んだ道をとるしかない。〔……〕

そして結論の一節にも、レヴィ＝ストロースが「社会主義文明」という用語を用いる背景となる独自の歴史のスパンの測り方が表明されている。

結論として『社会主義の展望』は、党に今後三〇年ないし四〇年の素晴らしい行動計画を提供しているということができる。それ以上のものを――デアの論敵がしばしばしているように――見出そうと望むことはおそらく危険であろう。デアが理論構築をめざしたというなら、デアは社会主義理論を今後五〇年の行動を正当化するためだけのものに還元してしまう危険を冒すことになる。〔……〕

そして半世紀を展望した社会主義的変革を高い山に登る経験にたとえ、デアがそうした経験にとって新たな展望と視野を切り開き、役に立つ知的な装備を案出したことを讃えて、厳しい指摘とは裏腹に、礼儀正しく評論を閉じている。

先にふれた文章で強調された、日々の社会主義活動の実践と、半世紀以上の時間のスパンを内包した「社会主義文明」の構築への展望、これらの両極のあいだでレヴィ＝ストロースは「史的唯物論の前提」をどのように構想したのだろうか。それは社会主義理論を今後五〇年（しかし半世紀という長さは十分に長くはないというのだろうか）の単なる行動計画には終わらせない射程をもった構想でなければならないとされる。レヴィ＝ストロースの人類学がそこからまっすぐに成長したのではないにしても、ここにすでに人類学が果たすべき役割が方向づけられていたことはたしかだろう。

一九三一年からちょうど五〇年の後、第二次世界大戦前夜とは状況はまったく変わったとはいえ、フランスではフランソワ・ミッテラン（一九一六―九六）が大統領に選ばれ社会党政権が成立していた。それはレヴィ＝ストロースの歴史的な展望の予想の範囲内だったのだろうか。

2　西欧の外へ

一九三一年2――『アデン・アラビア』

同じ年の五月には、刊行されて間もないポール・ニザン（一九〇五―四〇）の『アデン・アラビア』の書評が掲載される。遠縁の従姉妹と結婚していたニザンに、レヴィ＝ストロースが距離をおきながらも好意を抱き、「そのニザンが私に、自分は民族学に関心をもっている、という話をしたことがありました。励まされる思いでしたね」とインタヴューでも語っている。評論にしめされた、単純な称賛一辺倒ではないニュアンスに富んだ賛辞は、人類学にいたる軌跡をたしかめるための重要な里程標のひとつであることは間違いない。

バブーフを論じながら、レヴィ＝ストロースが一八世紀の「善良な野蛮人」のイメージに注意を向けていたことはすでに見た。しかしそれは多くの知識人の共有する常識の域を超えるものではなかったかもしれない。一九二九年の末には「社会主義と植民地化」という評論を『社会主義学生』に掲載していることもすでにふれた。ある研究者のいうように、その内容がまったく古典的な視点であるかどうかは、結論を保留しておこう。「彼〔レヴィ＝ストロース〕は資本主義が構想する限りでの植民地化を告発する。しかし進歩は教育を通じてなされうる。植民者の本国への帰還は提起されない。社会主義は封建制とカーストから住民を解放しなければならない――ブーグレ（『カースト体制への試論』一九〇八）の影響は見え見えである。植民地化された人々の解放を準備しなければならない。」これがレヴィ＝ストロースの主張の要約なら、いかにも単純な話ではある。

植民地化を論じた評論でレヴィ＝ストロースは、これまでの社会主義派をふくむ議論が、植民地の経営経費の得失をめぐって展開してきたことを指摘したうえで、国際連盟が成立した今、国家の成員間の関係と、上位の国家と成員の関係が質を異にするのと同様、国際共同体の一成員にすぎない国家が、別の同レヴェルの成員である共同体を支配し植民地化することの不合理性を指摘する。国民国家を超えた国際秩序の論理として、植民地化の批判を設定しようとしているのである。しかも植民地化は資本主義的な私利私欲の原理で実行される限りで、社会の福祉をけっして向上させせない。そうした傾向を制限するものとして国際連盟の委任統治の制度に注目すべきであるというのが、その主張の骨子である。

こうした議論が今日有効であるか、当時も有効であったかは問わない。またこれが当時の社会党の標準的な綱領を反映しているのか否かも今、わたしには評価する手段はない（すでにふれたように社会党は国際労働者同盟フランス支部［ＳＦＩＯ］が正式名称で国際連盟の理念とは異なっていたとしても国際主義を標榜はしていた）。ただ第二次大戦後一九五〇年代に、レヴィ＝ストロースがユネスコという国際機関にコミットするひとつの素地をここに確認できるのではないだろうか。

いずれにせよ、レヴィ＝ストロースの植民地体制への関心は、国際秩序の制度への関心という水準を離れて、世界のリアリティとしての「異なった世界」への関心に急速に変貌したように見える。そのきっかけが、ニザンの言葉に励まされた民族学への関心であり、おそらくニザンが描いてみせたアデン・アラビアの現実だったのではないだろうか。それもニザンがネガティヴに語ったことをポジティヴに読み替えることを通じて。

社会主義活動家である自分と、エリートのノルマリアンであるニザン、日常活動に従事する者と植民地を遊歩する者、社会党とニザンが与することになった共産党、旅立った者と留まった者、自然を軽視することと自然への愛着など、さまざまな対比が重層的に書き込まれた書評は以下のようなものだった。

有力な新聞は、ポール・ニザンの本に、あれほどの関心を寄せる理由や、書評欄で重要な位置づけを与える理由を説明するために、また、おそらく自分自身で納得するために、著者の文才をもちだしている。それはおおむね正しい見方であろう。多かれ少なかれ公的な批評家たちの意見がどのようなものであれ、じっさいには、彼らは、この力強い、鞭打つような言葉、「イメージ」ではなく「思考」を生み出す――そういえばよいのだろうか――隠喩のこれほどまでに徹底して古典的な用法に無関心でいることはできない。そうではあれ、これほどまでに首尾一貫して攻撃的で傷つけることに徹した本に対する、細心の配慮には、別の理由があることが感じられる。それはすなわち、戦争〔第一次大戦〕以来出現した、世代間の闘争に決定的な解決を与えるというだけの結果にはとどまらない、ひとつの断絶のもっとも重要な証言のひとつを、この本に認めないではいられないということなのだ。

なぜならこの自伝は、こうした種類の作品が普通もっている限界を早々と超えてしまうからだ。戦争直後に青年期を迎え、哲学教授資格試験の準備にとりかかったポール・ニザンは、文明の、そして取り返しのつかないまでに損なわれた精神の形の、その当時の居心地の悪さ、不安、嫌悪を描き出している。倦怠と不安は急速に高まり、ある日、彼自身にもはっきりとした理由もなく、偶然提示された勤め口を受け入れて、フランスを離れるというほどまでになるのだ。アデンへの旅である。しかし、この大地の新しい地方で、彼は離れてきたもの以外の何物にも出会わない。こうして彼は世界の呪いが、誰か特定の人間や、特定の文化的遺産や、特定の空に由来するのではなく、パリでは一度も気がつかなかったが、アフリカの海岸では突然あらわになる何かに由来することを理解する――なぜならそれはまさにあちらとこちらで似通ったものだから。すなわち、体制、資本主義こそが責められるべきなのだ。彼はフランスを去ったときの、不安で倦怠にみちたインテリとしてではなく、彼と人々との絆を再建する義務と使命を意識した革命家としてフランスに帰還する。

この精神的な冒険がどれほど偉大なものであれ、その主人公の高慢な自尊心と侮蔑的な確信を正当化するものとは考えがたいであろう。この偉大さはすべて、その帰結から引き出される。他の多くの人々が、これほど営々とした迂回を経ることもなく発見することのできたひとつの目的から、ポール・ニザンを特別に引き離していた運命があったわけではない。アデンとは、つまるところ、ニザンが「社会党の支部の汚い水のなかを……老いた魚の巧みさで泳ぐ」と描いている、いかにも師範学校的な者の道なのだ。老いた魚はより讃えるべき仕方で道を見出していた。彼が異国の都市の特別区域で世紀の病を引きずっていたころ、老いた魚たちは、夜を手工業的な革命の慎ましい任務にあてていた。支持者の忍耐強い獲得、手間をかけて封帯をつけた新聞、孤立した人々を結集するための数知れぬ手紙……このような対比を知れば、人はより謙虚になろう。しかし、また、この本の価値はこのような議論に時間を費やすにはあまりにも大きい。

ポール・ニザンが熱心に追求した「自然の感覚」への厳しい糾弾を留保なしに受け入れることもわれわれはしない。「空間は人間にとって善なるものを一切含まない。」この本にこうした思考が展開されていることも何ら驚くべきことではない。今日の思想のあらゆる問題にとって自然の問題は共通の場なのだ。ポール・ニザンが提起するラディカルな人間主義という解決が、他の問題と他の解決をきわめて重大な仕方で制約するように私には思われる。というのも革命のための闘争だけでは不十分なのだ。そこに完全な救済を見出すことは、単なる態度のあり方に要求を限定することであり、革命の具体的な実現への見通しを空っぽなものにしてしまうことなのだ。なぜなら、救われるためには革命を欲するだけで十分であり、革命を成就することなど必要ではなくなるのだから。しかし、救済が新しい社会を樹立することにあるのであれば、われわれの危機を解決するのに理解することだけでは不十分なのだ。実践理性は思弁的理性からの贈り物だけで満足することはできない。このアンチノミーへの解決をもたらす限りで、自然を呼び出すことは、現代の思想の一部においてそれが得た位置づけを正当化するように思える。少なくとも、自然を呼び出すことを人間主義の意味に統合するという条件のもとで——この点については私はニザンに同意する——。自然との接触は、唯一の永遠の人間の経験であり、人間の真の経験であるとわれわれが確信できるものであり、未来の組織の絶対的価値を存在のために召喚するための安全を確保するのに使える唯一の絶対的価値なのである。

その意味でアラビアの冒険は、私の眼には、まさに著者にとってその価値を下げてしまうと見えそうな側面でこそ、深い価値を獲得するものと見える。

私はそこに、似たものの発見以上に異なったものの発見を、人間との出会い以上に世界との出会いを見るのである。ポール・ニザンの経験の価値は、アデンから帰還したことではなく、そこに行ったことにある。（『社会主義学生』一九三一年五月）

「ポール・ニザンの経験の価値は、アデンから帰還したことではなく、そこに行ったことにある。」この自らの言葉に忠実であろうとするかのように、数年後レヴィ＝ストロースはフランスでの政治活動も教育者としての仕事も中断してブラジルへと向かう。

一九三二年1——兵役と「建設的革命」

一九三一年の秋以降、レヴィ＝ストロースは兵役義務につき、『社会主義学生』での評論も雑多な書評が中心で少しペースダウンしている感じはある。そのいっぽうで、一〇人の若い社会主義者のノルマリアンたちがレヴィ＝ストロースも有力メンバーに加えて一九三〇年から三一年にかけて結成した党内の若手集団は、リーダー格のジョルジュ・ルフラン（一九〇四—八五、長じて現代社会運動史の専門家となり『フランス人民戦線』などを著す）を中心に社会主義運動を刷新する党内理論グループとして、いよいよ名乗りをあげようとしていた。これからの社会主義の指針をしめす、『建設的革命』という綱領的な論文集を刊行するというのがその具体的な計画だった。

最近の研究では、一九三一年の秋から、『建設的革命』の刊行された三二年の六月まで、ルフランとレヴィ＝ストロースがやりとりした手紙や、編集の打ち合わせのメモにもとづいて、その過程が詳細にたどりなおされている。その細部にまで立ち入って検討することは専門家にまかせて、ここでは主なポイントだけを見ておくことにしたい。

議論を経て最終的に『建設的革命（*Révolution constructive*）』という標題になったこの論文集が、基本的な理論書であるべきか、中長期的な党内論議を提起すべき論争書なのか、大衆も視野に入れた啓蒙をめざすものなのかという性格づけについても、一一人の若い社会主義知識人のあいだでは真剣な議論があった。また一九三二年五月の総選挙に先立って出版を急ぐべきか、選挙とは独立に内容を洗練すべきかも争点だったという。教師として赴任したり、兵役に服したりして全国に散らばっていたメンバーを、倦むことなく手紙のやりとりをして叱咤激励しとりまとめていたのがルフランだった。

いずれにしても、哲学教授資格試験直後で、田舎でなかば休養中で、秋からは兵役についたレヴィ＝ストロースが、ルフランの期待にそって理論的に中心的な役割を果たすことはなかった。当初は序論と結論、そしてグループが大いに重視していた「社会主義と芸術」の章を共同で執筆するという役割を、レヴィ＝ストロースは全うすることはなかった。そこには単なる外的な状況の制約ばかりではなく、レヴィ＝ストロース自身の関心のゆるやかな変遷というものもあったと考えられる。

グループの思考の大枠がド・マンやデアの改革の方向にそったものだったことは、最近の研究が指摘するとおりであろう。研究者たちが仮定するように、ド・マンやデアと思想的に親和性のあるレヴィ＝ストロースが、それにもかかわらず、グループと距離をおくようになっていったのか、ド・マンやデアに親和的な同僚たちとの一定の違和感をレヴィ＝ストロースが感じはじめていたのか、わたし自身は後者の理解に傾くが、決定的な判断の材料があるわけではない。ただ、「社会主義と芸術」の主な執筆者となった同僚へコメントした手紙の次のような言葉には、おそらくグループのなかでも突出したレヴィ＝ストロースの独自な問題意識があらわれているように思える。

つまるところ、未来の文明の内容を洗練することを可能にする方法を明らかにすることがこの章の目的だが、だとすれば論の展開をもっと拡張する必要があると僕には思える。僕にとっては、中心的な理念は、まさに『実践理性批判』の中心的理念がカントにとってもっていたのと同じ重要性をもっている。どちらの場合も一見して解決不能な二律背反がある。われわれにとって、二律背反は、次の事実にある。社会主義の原理から演繹された道徳、美学、哲学的原理が常に立ち遅れた失効したものである。そして、それ自体で自足した発見、つまりカントにとっての実践理性による自由の絶対的な要請、がある。われわれにとって哲学、絵画、文学等々の深い要請を〔……〕個別に考察し、それ自体として、その弁証法的生成においてとらえたとき、それらは社会主義がみずからの要請として認めるまさにそのような要請なのだ。（強調原文）

理解しにくい文章であることはたしかだが、社会主義の原理から理論的に引き出される芸術論が、芸術の創造の実践に常に追いつくことができない、というレヴィ＝ストロースの主題の表明がここにある。こうした主題意識からは、『建設的革命』の「社会主義と芸術」の章の草稿は「社会党の議員に、選挙区で社会党祭りを組織するときのアドヴァイスのようなもの」にしか見えないとまで、同じ手紙でレヴィ＝ストロースは辛辣に評している。

紆余曲折を経て一九三二年六月に刊行された『建設的革命』は、当事者たちが期待したほどの反響を党内外に呼ばなかったようだ。党首レオン・ブルム（一八七二—一九五〇）からも完全に無視された。レヴィ＝ストロースはこの論集に結局関与しなかったものの、その刊行に合わせて「建設的革命」の一一人のメンバーは、それぞれ社会党系の地方紙に記事を掲載してグループの存在をアピールするという約束は果たし、一九三二年一二月二五日の『ムーズ県の覚醒（*Eveil de la Meuse*）』という地方紙に「社会民主党に関する考察」を掲載してドイツ情勢を論じている。その内容は同年三月に『社会主義学生』に掲載したファシズムの分析ともかかわるので、時間的には前後するが後にふれよう。

論集の反響は期待したほどではなかったにせよ、ルフランたちは当初の計画にそって冊子のシリーズ「建設的革命」の刊行の準備にとりかかった。一九三二年九月半ば、兵役で首都勤務になっていたレヴィ＝ストロースも参加した、シリーズの構成を検討するパリのカフェでおこなわれた会議のメモによって、シリーズ第四冊にレヴィ＝ストロースの担当する『革命のための形而上学素描』の名があげられていることが明らかにされている。

この冊子も陽の目を見ることはなかった。「形而上学」と革命という意表をつく組み合わせばかりでなく、「革命のための」と訳される « au service de la révolution » が一九三〇年に名称を変えて再び刊行されはじめたシュルレアリスムの雑誌と通じあっていることは興味深い。シュルレアリスムの動向が『社会主義学生』誌上でとりあげられたことはおそらくないが、レヴィ＝ストロースの視野に入っていなかったとは考えられない。そのことは先に引いた、「キュビスムやシュルレアリスムなどはブルジョワ的退廃の表現であると考える人たちと、私は一線を画した」という言葉にもたしかめられる。

じっさい、一九三二年に刊行され、翌年四月に書評されたジャック・ヴィオ（一八九八—一九七三）の『白人の降架』の抜粋が三〇年の『革命のためのシュルレアリスム』第一号に掲載されている。レヴィ＝ストロースがその初出のときからこの本に注目していたのか否かはわからないにしても、好奇心をそそる事実ではある。この本の書評にふれる前に、一九三二年にとりあげられた

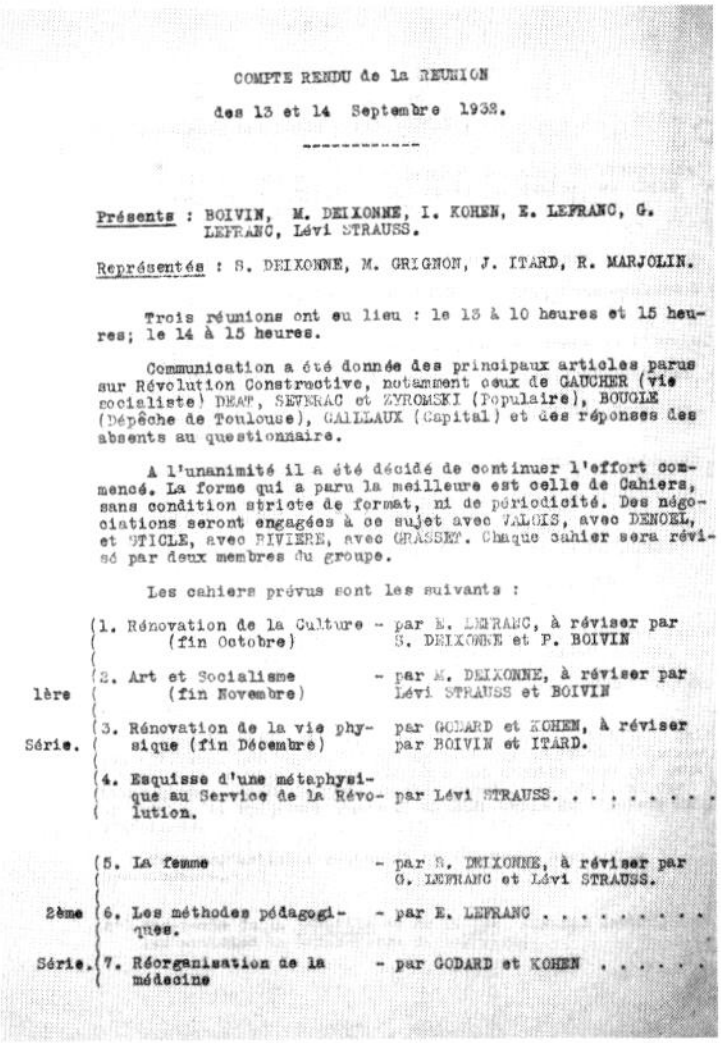

COMPTE RENDU de la REUNION

des 13 et 14 Septembre 1932.

Présents : BOIVIN, M. DEIXONNE, I. KOHEN, E. LEFRANC, G. LEFRANC, Lévi STRAUSS.

Représentés : S. DEIXONNE, M. GRIGNON, J. ITARD, R. MARJOLIN.

Trois réunions ont eu lieu : le 13 à 10 heures et 15 heures; le 14 à 15 heures.

Communication a été donnée des principaux articles parus sur Révolution Constructive, notamment ceux de GAUCHER (vie socialiste) DEAT, SEVERAC et ZYROMSKI (Populaire), BOUGLE (Dépêche de Toulouse), CAILLAUX (Capital) et des réponses des absents au questionnaire.

A l'unanimité il a été décidé de continuer l'effort commencé. La forme qui a paru la meilleure est celle de Cahiers, sans condition stricte de format, ni de périodicité. Des négociations seront engagées à ce sujet avec VALOIS, avec DENOEL, et STICLE, avec RIVIERE, avec GRASSET. Chaque cahier sera révisé par deux membres du groupe.

Les cahiers prévus sont les suivants :

1ère Série.	1. Rénovation de la Culture (fin Octobre)	- par E. LEFRANC, à réviser par S. DEIXONNE et P. BOIVIN
	2. Art et Socialisme (fin Novembre)	- par M. DEIXONNE, à réviser par Lévi STRAUSS et BOIVIN
	3. Rénovation de la vie physique (fin Décembre)	par GODARD et KOHEN, à réviser par BOIVIN et ITARD.
	4. Esquisse d'une métaphysique au Service de la Révolution.	par Lévi STRAUSS. . . . .
2ème Série.	5. La femme	- par S. DEIXONNE, à réviser par G. LEFRANC et Lévi STRAUSS.
	6. Les méthodes pédagogiques.	- par E. LEFRANC . . . .
	7. Réorganisation de la médecine	- par GODARD et KOHEN . . . . . .

1932年９月13、14日にパリでおこなわれた「建設的革命」グループのルフラン作成の会議メモ（OURS 所蔵）。第１シリーズの第４冊として『革命のための形而上学素描』というレヴィ＝ストロース担当の巻の標題が書かれている。写真：著者

ふたつのジャンルの本と評論について検討しておこう。

一九三二年2――精神分析と政治

兵役につく直前の一月と、兵役が解除になり、数か月外れていた書評担当に復帰した一一月の号にレヴィ＝ストロースは、精神分析の分野にかかわる書評を掲載している。政治的な分野が中心であった紙面のなかではこうした選択は際立っている。一月は『犯罪心理学および一般病理学における神経症者と精神病者の自己処罰の過程』（エナールおよびラフォルグ共著）、一一月は『ドン・ジュアン』および『分身《ドッペルゲンガー》の研究』（ともにオットー・ランク著）である。

ふたつの書評は、後継者たちの研究業績を、精神分析の創始者としてのフロイトの到達点と比較し、「哲学者」であったフロイトの根本的な視点が弱まって事例に埋没するいっぽう、めりはりのない一般化の悪しき傾向に陥っていることを批判するという共通点がある。

ここでは自己処罰という主題に立ち入る余裕はないが、一月の書評では、「デュヴァル夫人の症例」の分析の緻密さ、同時代の心理学批判から心理生物学への接近を二人の著者が共有していること、情動表現の研究が「未開社会」を対象とした社会学の分野でいち早く着手されたことなどを指摘し、次のように付け加えていることに注目しておきたい。「フロイトは『トーテムとタブー』で、この〔情動表現の〕問題について精神分析が、満足できる回答を出しえたというよりは、新たな光をあてうることを主張した。」フロイトは同時代的な問題提起は正確に受け止めたが、まだ適切な回答を提起してはいない、ということであろう。
その後、一九八〇年代に書かれた『やきもち焼きの土器つくり』におけるコメントにいたるまで、レヴィ＝ストロースが一貫してフロイトへの批判を堅持してゆくだけに、この二五歳のときの文章での冷静なスタンスは興味深い。さらにフロイトについて次のように述べて評をしめくくっている。

〔……〕しばしばフロイトにおいては思考が経験の枠を超えてはみ出し、学理的な構築が忍耐強い基礎データの収集に先行している。そこからこの師の「綺想」へのたびたびの根拠ない非難が生まれる。逆に今日の精神分析家では反対の現象に立ち会わされる。すなわち医学的な実践に対する抽象的思考と理論的洗練の立ち遅れである。〔……〕近年医師たちによって蓄積された大量の記録と成果について、検討を深め、射程と意味を明らかにし、総合をおこなわなければならない。精神分析は再びひとりの哲学者を必要としている。

一一月のオットー・ランク（一八八四―一九三九）の著作への評は簡潔だがより尖鋭な言葉

づかいがある。当時はこの著者がフロイトに続く世代の分析家として大いに注目されていただけに、その批判は注目に値する。同じ書評欄でとりあげているドイツ系アメリカ人作家リュドヴィック・レウィゾーン（一八八二―一九五五）がランクの英語への翻訳をおこなっていることも、おそらく偶然ではないだろう。ちなみに、とりあげられた作品は、結婚の破綻を描いて「アメリカのモラルへの審問、とりわけアメリカの社会と法が女性に与える特権的な立場への審問」となっているとされる。その文体は、登場人物の描写が感覚や記憶一般へと拡散するプルーストとは対照的なものであり、「プルーストがベルクソンの同時代人だとすれば、後者〔レウィゾーン〕は精神分析の同時代人なのだ」という。

そしてランクの評では、資料の渉猟にもとづいたドン・ジュアン論を評価しつつ、レヴィ＝ストロースは、次のような興味深い言葉で精神分析の動向の評価に接続し、評を結んでいる。

これらの著作家〔最近の精神分析家〕たちは、〔……〕もっとも重要で本質的な概念、すなわち心理学的な分析における基本的要素としての「個体」と「症例」の概念を裏切っている。古典心理学と同様、ベルクソンの心理学にとっても、行動のある形式の分析は、あらゆる意識にあてはまるのである。

反対に、精神分析はふたつとして同じ解釈が存在することを認めない。深化されていない状況について、何にでも通用する説明枠組みを適用して何をしようというのだろうか。心理学を抽象的な一般性に引き戻そうというのだろうか。ところが、フロイトは天才的な仕方で心理学をそこから引き剝がしたのではなかったのか。

精神分析に「個体」の唯一無二の症例分析の可能性を求めるいっぽう、すでに同時代の現実的な脅威となっていたファシズムについて、同じ年の三月にレヴィ＝ストロースは「国家社会主義」という長めの評論で、このイデオロギーの担い手たちに関する生き生きとした集団動態分析のスケッチともいうべきものを提示している。

とりわけ組織されたプロレタリアの力の差からくるドイツとイタリアの状況の違いに注意をはらいながら、没落の脅威にさらされた中産階級に浸透したエリート主義、イデオロギーの神話的な正当化、暴力への依拠という点にファシズムの共通点を求め、そこに人種主義的なエリートによる、世界の帝国的支配の願望と領土拡張への意志を見る、という趣旨である。ドイツにおいてはファシズムの有力な母体として在郷軍人会（戦争で鍛えられた軍人エリート集団）がヒトラーのナチスの親衛隊と結びつき、ゲッベルス（一八九七―一九四五）のナチスの宣伝と、エルネスト・ユンガー（一八九五―一九九八）の若者に向けた戦争賛美が呼応する。イタリアではヴィルフレド・パレート（一八四八―一九二三）のエリート理論がファシズムの理論的武器を提供する。同時代的な診断としては、レヴィ＝ストロースの視野は透徹していたといえるのではないだろうか。

それでもなお、この時点ではレヴィ＝ストロースは、ドイツの社会主義勢力によるファシズムの打倒を信じていた。しかし、すでにふれた状況で書かれた同じ年一二月の「社会民主党に関する考察」では、ドイツの同年七月と一一月の二回の選挙での社会民主党の大幅な後退の現実を見て、第一次大戦後、一貫して消極的で、ファシズムに対する弱腰の政策がもたらしたと判断されるその政治生命の衰弱を、やや突き放したように分析している。そこに、レヴィ＝ストロースが抱きはじめていた「政治」への、絶望とまではいかないにせよ「懐疑」が感じられるようにも思われる。第二次世界大戦の勃発後には、自らの楽観主義に対する深く苦い反省をメモランダムとして残したことは後にふれたい。

同じ年にレヴィ＝ストロースはごく簡潔な短評でド・マンについて二度ふれている。ひとつは『社会の未来』という社会党系の雑誌の前年の特集号に掲載されたド・マンのスペインにおける社会主義の動向に関する書簡である。そこでは「じっさいには、今日の世界における社会主義の行動の諸問題が論じられている。どうしてこの人がマルクス主義への戦いを宣言できたのだろう。彼がマルクス主義文化に養われ、形作られたことは一瞬ごとに感じとれる。その表現、思考の親密なリズムまでが、あらがいがたくマルクスを思い出させる。」そして四月にはド・マンの『計画経済について』を一〇行余りで論じ、「今われわれが生きている危機の分析にもとづく社会主義的な批判」と位置づけたうえで、次のようにしめくくっている。「われわれの宣伝部隊は貴重な活動手段を手に入れることができた、ただ、この力強い明快な研究が、少々混乱した不確実に思える結論で終わっていることは残念である。」『社会主義学生』が多くの紙面を割いてド・マンやデアの提起した「計画《プラン》」と「プラニスム」をさかんに喧伝していた時期としては、レヴィ＝ストロースのこうした言葉づかいは、突き放したといえば強すぎるにせよ、きわめて冷静なもののように思える。

一九三三年――『白人の降架』

翌一九三三年の一月には、七〇年ほどへだてて最近、今も新鮮さを失っていない鋭い批評精神によって再び注目された『夜の果ての旅』評が掲載される。

そして四月には兵役後、高校教師として赴任したモン・ド・マルサンでおこなった演説を掲載した「社会主義と世俗性」と『白人の降架』の書評が掲載される。「社会主義と世俗性」は小学校の開設の際、社会党代表としておこなった演説であり、この時期にもフランスの地方ではカトリックの権威のもとでの教育と、宗教から脱却した世俗教育との対立が政治的な争点だったことを理解させる。

ヴィオの書評の隣には、第一次大戦の研究を中心にした『戦争の歴史』という本のレヴィ＝ストロースによる書評が掲載され、開戦当初、フランス軍参謀本部が徴兵忌避の率を一四パーセントと見積もり戦争遂行を危ぶんでいたこと（実際には一・三パーセントにとどまった）が指摘され、「平和時には徴兵反対の運動を組織すること、いざ開戦の際には国際的支援の有無にかかわらず徴兵忌避を実施すること」によって戦争を回避できる、という実践的な教訓を引き出している。この書評は一九三二年三月に数冊の反戦平和の主張を展開した本をとりあげたことの延長線上にあるといえよう。

この号の評論と書評を最後に、レヴィ＝ストロースの『社会主義学生』への寄稿は終わった。そして同じ年の一二月号で、書評担当の交代が告知される。一年余り後の一九三五年二月にレヴィ＝ストロースはマルセイユからブラジルに向かう船上の人となる。

ヴィオの書評を、強いて社会主義活動への決別の言葉として受け止めることは、レヴィ＝ストロースの真意にそったものではないかもしれない。しかし、この書評には、レヴィ＝ストロースが「アデンから帰還したことではなく、そこに行ったことにある」とニザンの経験の価値を認めた自らの言葉にしたがって、旅に向かおうとする志向が表明されていると考えることはできる。

レヴィ＝ストロースとはまったくかかわりなしに（実際この書評以外に評者と著者のあいだに

関係があったとは考えられないが）書かれた最近の研究によって、ヴィオという人について最小限のことを確認しておこう。ヴィオはすでにふれた、再刊された運動の機関紙にも寄稿していたシュルレアリストだった。今日のわたしたちにとって、ヴィオが後に映画の世界に入ってシナリオライターとなり、とりわけ「黒いオルフェ」というブラジルのリオのカーニヴァルを舞台にした愛すべき作品を書いたことを知ると、人生でさまざまな軌跡が交差する不思議のようなものを感じずにはいない。

一九二五年、詩人を志していた二七歳のヴィオはまだ売り出し中の画家ホアン・ミロ（一八九三—一九八三）と親交を結び、ミロからアンドレ・マッソン（一八九六—一九八七）に紹介されシュルレアリストと交わることになった。モンマルトルの仕事場をミロにアトリエとして譲り、マックス・エルンストやルネ・マグリット（一八九八—一九六七）と接しつつ、ヴィオはモンマルトル界隈での書画骨董の取引にも手を染めていた。やがて有力な画商ピエール・レーブ（一八九七—一九六四）の後ろ盾で、定期航路の就航したニューギニアに「未開美術」の買い付けに赴くことになった。こうして一九三〇年代初頭、ヴィオはオランダ領ニューギニアから未開美術の作品を直接買い付けて、シュルレアリストとその周辺の愛好家にはじめてもたらした者として、限られた人々に知られることになったらしい。その旅の経験から『白人の降架』が生まれた。原題《Déposition du Blanc》の《déposition》を「降架」と訳すのはそれがキリストを十字架から降ろした事跡を踏まえた用語だと理解するからである。
研究論文にはこの作品が次のように評されている。

『白人の降架』は奇妙な作品だ。〔……〕というのも正確にはこれは紀行文ではない。著者はそのような企ての不毛さ、行き詰まりをよく知っており、そうしたジャンルの裏をかこうとする。だからそこには冒険譚も、スペクタクルな逸話も、魂の告白も、内的独白の記述も、観察された異人の風俗描写も、ましてや「自然人」との交流の物語のようなものもない。〔……〕旅するヴィオは姿を消す。冒頭の一行目から読者には予告される、「旅は不快なものだ……」と。〔……〕

この、観光客でも学者でもない、単なる通過者という、いくぶんかいつわりの位置から、ヴィオは観察する。帰還の後、よりよく証言するために観察する。『白人の降架』が東洋への賛美でもあるとすれば、それはまた植民地主義と宣教師への尋問でもあり、そして何よりも未開世界の擁護であり未来世界への呼びかけ、人間性が十全に生き生きと実現される素晴らしい世界への呼びかけなのだ。〔……〕

「旅は不快なものだ……」と始まる冒頭は、『悲しき熱帯』の「私は旅や冒険家が嫌いだ」という書き出しを思い出させないこともない。『悲しき熱帯』から旅するレヴィ＝ストロースの姿が消されてはいないことは、後にたしかめるとおりだとしても、ヴィオの作品が、古臭い、当時のレヴィ＝ストロースの用語を借りれば、ブルジョワ文明に毒された旅の作法とは異なった何かを模索するための手がかりを提供したことはたしかであろう。

そしてこの書評が、すでに見たニザンの『アデン・アラビア』の書評との密接な関係のなかで書かれたことは、結論部分で言及されている。しかもそれは、レヴィ＝ストロースにとって革命精神と人間と自然の関係をとりわけモラルの視点から考えるという、この時期のもっとも核心的な問題意識に直結していた。「われわれ革命派は、現在のところモラルの体系を欠いている。われわれは現行の諸価値を退ける。われわれが設立しようと主張している諸価値はいまだに現実の存在ではなく、社会主義社会になってはじめて具体的なものとなる。」ブラジルに赴く直前、こう断言していた二五歳の社会主義の活動家がいかにして「構造主義」人類学者になりえたのか。それが青年レヴィ＝ストロースの軌跡をここまでたどってきたわたしたちを、この後へ導く問いとなる。以下が書評の全文である。

ジャック・ヴィオ氏はきわめて魅力的な本を書いた。少なくとも、提起された重大な問題の重さにうちひしがれないならば、読者はそのような読後感をもつこともできよう。じっさいのところ、熱帯の植物と野蛮人とオウムの好きな、この、ものにこだわらない旅人がわれわれにもたらすのは、植民地主義への容赦ない糾弾であると同時に、ひとつの文明論なのである。物語は、村から村へ、ひとつの展望から別の展望へ、奇想天外な足取りでさまよってゆくが、それは、ひっきりなしにルソーと一八世紀のパラグアイを想起させながら賛美される「自然状態」への往来の足取りでもある。それでも、時折、無頓着な思考、観念の自由な連想、ひとつの花や一羽の鳥を眼にして立ち止まること、しばしばジロドゥーを思わせるこうした気楽でまた慎ましい魅力をもった放心は消え去り、辛辣で鞭打つような言葉にとってかわられる。それはニューギニアを野蛮にも植民地化したオランダ人への、何と言おうか、あらゆる植民地化への、熱のこもった、容赦のない死刑執行なのだ。さらには、植民者そのものへの、西欧文明への、その兵士への、その宣教師たちへの死刑執行なのだ。

ヴィオ氏の本を読めば、悲しいかな、著者の主張の裏づけには事欠かない。より積極的な部分は、より不明確だと私は言うべきだろうか。ヴィオ氏にとってプリミティヴィズムはわれわれの後ろにあるのではなく、われわれの前にある。そして彼にとって、革命闘争はこの自然状態への歩みと重なりあうのだ。私はすでに以前、この欄で、革命精神と自然の感覚が密接な関係にあることを、特別に強調したことがあるが、『白人の降架』に、その貴重な支えを見出すことはまことに喜ばしい。しかし、ヴィオ氏が彼のものの見方の基礎としている概念は、やや混乱しているように思われる。彼によれば、われわれ西欧の文明の大いなる悪は、精神的なものと物質的なものというふたつの領域を人工的に分けたことにある。未開人はこの重大な過ちを犯さなかった。彼らにとってはあらゆる物質的なものは、その根を神秘的なもののうちにもっている。だが、社会的な革命を飾るのに魔術に訴えることは、ほんとうに必要な望ましいことなのだろうか。ヴィオ氏の結びつけ方は正確であろうが、その説明は異なっている。われわれ革命派は、現在のところモラルの体系を欠いている。われわれは現行の諸価値を退ける。われわれが設立しようと主張している諸価値はいまだに現実の存在ではなく、社会主義社会になってはじめて具体的なものとなる。したがってわれわれの「当座のモラル」つまり、われわれに実践的な生の原理を与えるモラルについては、われわれは唯一正当な、唯一現実化された、それ自体で人間の価値を定義する「根本的な活動」に向かう以外にはない。それはすなわち、自然との支配的な接触である。少なくとも私は、これほどまでに深い、また、事実として確認せずにはすまない、革命精神と自然主義的ネオ・ロマン主義との親密な関係を、そのように解釈する。

（『社会主義学生』一九三三年四月）

『アデン・アラビア』への書評で「人間の真の経験」「絶対的価値」と形容されていた自然との接触は、この書評の末尾では「自然との支配的な接触」と言いあらわされている。それはまた、いまだにない、しかし来るべきモラルを定義する人間の「根本的な活動」の場ともみなされている。「自然との支配的な接触」と訳される « contact dominateur avec la nature » という言葉は、人間による自然の支配という意味であろうが、自然による人間の支配という主客の逆転の可能性をまったく排除するわけではない、両義的な表現をあえて採用しているようにも思える、といえば解釈のしすぎだろうか。

たしかにこの文章が書かれてからほぼ四〇年の後、ライフワークである『神話論理』の末尾近くには、神話研究の主題のひとつであった、人間はいかに火を獲得したかということをめぐって、フリードリヒ・エンゲルス（一八二〇—九五）の『自然の弁証法』から次のような言葉が引かれている。「〔……〕世界的な解放をひきだした効能としては、摩擦火が蒸気機関をはるかに凌駕していることは疑いえない。摩擦火は、自然力の支配をはじめて人間にもたらし、その点で人間を動物界から決定的に分離せしめたからである〔……〕。」ここで「自然力の支配」と訳された言葉は « l'empire sur la force de la nature » であり微妙な言葉づかいの違いがある。いずれにせよ、「自然」と人間の関係はいかにして来るべきモラルを基礎づけることができるかというレヴィ＝ストロースの設問への手がかりのひとつが、エンゲルスの『自然の弁証法』

に求められていたと考えてもおそらく間違いではないのだろう。
参考のために同時代のエスタブリッシュされた批評誌に掲載された書評を引いておこう。

パプアを、鳥を愛する、それがジャック・ヴィオの人生だ。彼には文才が幾分かはあるので、この異国趣味に感じるところなしとはしない。彼の不幸は革命を愛したこと、少なくとも革命について語ったことであり、そのことで最悪の精神の混乱に陥っているからだ。暴力的であろうと欲する夢想家、悪を正そうと望む感傷家がここにいる。現地人に対して犯された何らかの誤りを見出すことができたときだけ、彼は満足するが、いまだに保護下におかれた人間たちに白人がもたらした善行はいいかげんに見逃すのだ。〔……〕

こうした、当時のレヴィ＝ストロースなら「ブルジョワ的」と呼んだだろうしたり顔の評価と、レヴィ＝ストロースの書評が対極の位置にあることは見られるとおりである。ブラジルで見出されたものが、レヴィ＝ストロースにとって「保護下におかれた人間」や「白人がもたらした善行」とはいかに遠いものであったか、『悲しき熱帯』が証言することになるだろう。

第二章　批判的人類学の誕生

——修業時代

1　ブラジルへ

トランス・アトランティック・ノマド

『社会主義学生』の書評担当からはずれたレヴィ＝ストロースは、同時に「建設的革命」のグループとも距離をおくことになったのだろう。一九三四年の秋には、かつての指導教官ブーグレの仲立ちで、ブラジルのサンパウロに新設された大学の社会学講師として赴任することになった経緯は『悲しき熱帯』にも詳しく描かれている。

こうして、二〇代後半にさしかかったレヴィ＝ストロースは、一九三五年二月、未知のブラジルへと出発した。厳しい批判の対象としていたデュルケーム社会学を、サンパウロの富裕層に向けて若き社会主義者が啓蒙するという皮肉な役回りを演ずることになった、と自ら回想している。もっともブラジルでは、レヴィ＝ストロースは政治的な言動を一切封印することを自らに課したようである。

それは、早熟なレヴィ＝ストロースが一〇代後半から開始していた政治への参加、政治的な

「サンパウロの魅力、それがかき立てる興味は、なによりもまず街の多様性から来るものだった。家畜が路面電車の通行を邪魔している田舎じみた街路。豊かな住宅地にじかに接する荒廃した居住区。不意にひらける都市の茫漠とした眺望。こうした変化に満ちた街の輪郭と時間的位相のずれは、都市の建築学的様式を認知可能なものへと変え、日に日に新しいスペクタクルを創造するという結果をもたらした。」（『サンパウロへのサウダージ』今福龍太訳、65頁）

言論活動からの方向転換だったのか、あるいは小休止のつもりだったのだろうか。いずれにせよ、当時、まさに発展途上にあったサンパウロという都市のすみずみに、そして奥地に生きる人々に、レヴィ＝ストロースが、生き生きとした好奇心を向けていたことは、写真集『ブラジルへの郷愁』と、その姉妹篇ともいえる『サンパウロへの郷愁』の鮮烈な写真がしめしている。

しかし、ブラジルの地を踏んで以降、第二次世界大戦が終わって一九四七年の暮、三〇代の終わりに最終的にフランスに帰国するまでのほぼ一二年のあいだ、落ち着かない年月

「中央に走るのがサンタナ・ド・パライーゾ通り。写真では洗濯物が干されているイトロロの谷によってさえぎられている。奥にあるのがヴェルゲイロ通りで、煉瓦造りの大きなアーチ橋として見えている。背景の、カストロ・アルヴェス通りの角にある曲線の壁を持った建物の一部はいまもこのままで現存している。その右側にはパウリスターノ劇場（1928）の背面が見える。」（同、97頁）

「この一連の、公共の場に貼られたポスターやビラの写真は、この時代に特徴的な事実を伝えている。一つのポスターは日系人社会《コロニア》に向けられたもので、カンバラの町に近いパラナ州北部の土地の所有を確約する文句が掲げられている。」（同、98頁）

を送るようになることを、はたして予想していたのだろうか。その年月は、ブラジルでの調査を終えての帰国、最初の妻との離婚、一九三九年九月の戦争の勃発と動員、部隊の敗走、動員解除と疎開した南仏での無為の日々、そして四一年のニューヨークへの亡命と人類学研究の本格的な始動と親族関係の研究への没頭など、さまざまな出来事に彩られている。ブラジルへ向かう最初の航海から、亡命のためにすし詰めの船の旅（偶然にも最初のブラジル渡航のときと同じ船で、船長の好意で比較的恵まれた条件の旅となったという）でのシュルレアリスムの首領アンドレ・ブルトン（一八九六―一九六六）との出会い、ニューヨークでのその仲間たち、とりわけ画家エルンストとの交遊、戦争末期のアメリカの軍艦でのイギリスへの航海など、『悲しき熱帯』や『遠近の回想』に語られた、一二年のあいだに幾度も大西洋を往還した物語を読むと、この時期のレヴィ＝ストロースを「トランス・アトランティック・ノマド」とでも呼びたくなるのである。動員された独仏国境のマジノ線で、五月の初め、花を見ていて「構造」の直観を得たこと、刊行されたばかりの中国研究の泰斗マルセル・グラネ（一八八四―一九四〇）の『古代中国における結婚のカテゴリーと近親関係』を南仏滞在中に読んで、親族関係研究への興味をかきたてられたことも、何度か語られている。

一九四九年、四一歳で学位論文『親族の基本構造』を刊行し、人類学のものの見方を根底から組み替える業績として一躍脚光をあびるまでを、人類学者レヴィ＝ストロースの修業時代ということができるだろう。

その修業時代の後半をレヴィ＝ストロースは、学会の長老フランツ・ボアズ（一八五八―一九四二）や、第一人者ローウィがリードするアメリカ人類学の動向に直接ふれるだけでなく、技術開発競争の側面も備えていた戦争と密接に関連して、科学の諸分野でもっとも先端的な動向が展開されていたアメリカ合衆国で過ごし、ノーバート・ウィーナー（一八九四―一九六四）のサイバネティックスや、クロード・シャノン（一九一六―二〇〇一）の数理的な通信理論などの登場（ちなみに、シャノンはレヴィ＝ストロースと同じ建物に住んでいたというエピソードが語られている）、そして何よりもロシアから逃れニューヨークにたどりついたヤコブソンの構造言語学の完成に、間近に立ち会うことになった。レヴィ＝ストロース自身すでに予感していた「構造」の直観に、ヤコブソンの講義が言語研究の分野で、どれほど見事に科学としての体系性を与えていったか、そのことにレヴィ＝ストロースがどれほどの感銘を受けたかが『音と意味についての六章』の「序」に描かれている。

放浪しつつ知的探究の最前線にふれるという、いわば古典的な修業時代を、偶然とはいえ時代はレヴィ＝ストロースに課したということもできる。

政治へのスタンス

第一章でブラジルに赴くまでの青年期の政治への関与を詳しくたどっただけに、この放浪の修業時代、レヴィ＝ストロースの政治的信念がどのように維持され、あるいは凍結され、どのような自己点検がなされ、それが人類学の志向にどのように結びついていったのかが、第二章で検討すべき課題になる。しかしこれは答えるのがきわめてむずかしい問いでもある。

レヴィ＝ストロース自身は、第二次大戦中の「自由フランス」の軍事指導者から、後に大統領に転じてフランス政治を牛耳ることになったシャルル・ド・ゴール（一八九〇―一九七〇）との関係にかかわって、「〔一九五〇年代、台頭してきた〕ド・ゴールの誘惑を感じませんでしたか」というインタヴュアーの問いに、次のように答えている。

感じませんでした。私はまだ社会主義に染まっていましたから、とてもド・ゴール主義に鞍替えすることはできませんでした。と同時に、どんな政治的立場も矛盾をはらんでいるように私には思われました。ブラジル滞在の数年間、私は政治を離れてしまっていたのです。それはしかし私だけの責任でもないのです。アグレガシオンに先立つ何年間か、〔……〕私は社会党の代議士ジョルジュ・モネを手伝っていました。一九三六年、私はもうブラジルに行っていましたが、その年、彼は人民戦線政府の大臣になりました。彼が私を呼び戻してくれるものと私は期待していました。しかしどうやら私の昔の同志たちは、自分の勝利に酔って、私のことを忘れているようでした。それに、さまざまな出来事があり、私の人生も新しい方向に向かうというようなことがありました。〔……〕

かつて自分が立案した小麦価格政策が、農業大臣に着任したモネによって実施されただけに、政界に呼び戻されることへの期待も大きく、またその分、失望も大きかったであろうことは想像される。

自らの意思であれ、状況に強いられてであれ、そうした狭い意味での政治へのかかわりが失われたとき、レヴィ＝ストロースが青年時代、政治活動に託していた思想的課題はどのように変容したのだろうか。マルクスの社会分析とカントの実践理性の理説を結合し、フロイトの精神分析の「個体」の哲学を評価するラディカルな哲学的ヴィジョンは、人類学分野にどのように転調されたのか、あるいは人間と自然の根源的な関係を基礎に再構築されるべき革命派のモラルの探究は、レヴィ＝ストロースの人類学にどのような方向を与えたのだろうか。それが問われる。

この修業時代の集大成ともいえる『親族の基本構造』の終章でフロイトは厳しい批判にさらされているいっぽう、マルクスもカントもまったく言及されていない。だが、この同時代人類学の批判的総合ともいえる探究が、婚姻交換と女性の価値、交換の規則の生成と自由を主題としているかぎり、マルクスとカントは全巻に影を落としているとも考えられるのである。

国際的内戦の時代

こうした問いを導きの糸としてレヴィ＝ストロースの人類学修業の跡をたどる前に、人類学に参入したことでレヴィ＝ストロースが得たと思われるひとつの視点に注意を向けておきたい。それはニューヨークに亡命したレヴィ＝ストロースが教育にあたっていた「新社会研究院」の一九四三年の紀要に書かれたアメリカ・インディアン、ホピ族首長の自伝（一九四二年刊）への短い書評の末尾の数行である。そこでレヴィ＝ストロースは次のように述べている。

ドン〔ホピの首長の呼称〕は語りをしめくくるにあたって、インディアンのなかにはヒトラーが、悪者を罰し正しい者を救いに、ある日、地上に帰ってくるとされるホピの伝説の「選ばれた白い兄弟」だと信じている者がいると語っている。ちょうど二年前に、マルチニックの貧しい黒人たちへのインタヴューでも同じ信仰が記録されている。こうしたものが、全体主義が有色人のもとでおこなった巧みな宣伝活動によってもたらされたものか、白人支配に対する自然な憤りによって説明されるべき、注目すべき解釈の収斂なのか、興味深いものである。

このヒトラーへの見方をめぐる一見些細な設問は、最近の研究で確認された、レヴィ＝ストロースが一九四二年に記したメモランダムに照らすと意外に広い背景をもっていることがわかる。当時、亡命地でも、ヴィシー政府支配下のフランス国内でも、フランスが敗北した理由の診断書に類するものを書くことが知識人のあいだでさかんにおこなわれていたという。レヴィ＝ストロース自身もそうしたメモランダムを作成していた。タイプ原稿の八ページのメモが、当時アメリカに亡命していたド・ゴール派のカトリック系の哲学者で、新社会研究院で同僚でもあったジャック・マリタン（一八八二―一九七三）のアーカイヴから発見されたのである。現状ではこのメモのコピーを入手できないので、詳細な引用にもとづいて議論している研究書を手がかりに検討を進めよう。

そこでレヴィ＝ストロースは、ナチスに対するフランスの軍事的敗北が、ブルジョワとそれに同調し「知的に完全に責任放棄し」一九三六年に社会革命を捨て国家の防衛に加担した労働者階級の指導層の責任に帰せられると主張している。しかし、世界の現状はド・ゴール派などの主張する「自由とファシズム」「民主勢力と独裁」の闘争という次元に収まるものではなく、反ナチス勢力の内部の「持てる者対持たざる者、大衆対寡頭支配、新たな人間主義対利権がらみの伝統主義」の対立という第二の軸があり、そこから「ある種の国際的な内戦」が生起しているという。

全体主義の運動の歴史的展開は、時間的には二〇年足らず、空間的にはヨーロッパの舞台に縮小されたかたちで、ヨーロッパ自身が一世紀半のあいだ世界全体で演じてきた劇を再演したものである。ヨーロッパは世界を、原材料の供給者と工業製品の消費者に還元しようとした。そしてファシズムは、ヨーロッパが保持しようと欲した工業への独占権を奪取し、ドイツに対置されたヨーロッパを農業に専念させようとした。何倍もの力で凄惨さが増幅される、より狭苦しい劇場で、支配民族（Herrenvolk）は白人種に対して、後者が有色人種に対しておずおずとさせようとした役割を演じさせようとした。ドイツは東ヨーロッパで、かつてより大がかりに構築された植民地支配のモデルの夢を実現しようとしたのである。

この文章を引用した研究者はレヴィ＝ストロースの文章を要約して次のように続けている。「ドイツ労働者国家社会党に支配されたドイツは、ヨーロッパの他の地域に対して、ヨーロッパが世界に対して占めていた位置を占めている。ナチズムの誤りは、ヨーロッパの古い文明が植民地支配の拡張のなかで創出したモデルの誤りにほかならない。したがって、ナチズムは植民地主義と資本主義の体系を実質的に再生産するものであって、今ヨーロッパに下されている罰はヨーロッパ自身が作りだしたものなのだ〔……〕。」さらにレヴィ＝ストロースは、ナチズムに対する「民主主義勢力」の勝利をめぐって次のように述べている。

諸民族の独立、人民の解放、人種の平等、勝利の報酬として約束されているこれらのことは、現実には勝利のための前提条件なのだ。民主主義勢力は新しい世界の到来のために戦っていると主張することに甘んじるなら致命的な幻想に陥ることになろう。〔……〕なぜなら戦争に勝利するのは民主主義勢力ではなく、新しい社会なのだ。民主主義勢力はその存在そのものにおいて、新しい社会を先取りして出現させる可能性と義務をもっている〔……〕軍事的勝利は世界の変革の出発点ではなく、到達点なのである。

こうした同時代世界の把握は、一九三二年『社会主義学生』に掲載されたナチズムの動向への考察と、植民地の現実についての直観を、その後一〇年間のフィールドワークと民族誌の解読を通じたアメリカ先住民社会への理解の試みを触媒として、総合するなかで形成されていったと考えられる。そして先取りしていえば、戦後のユネスコにおける反人種差別主義の議論へのコミットメントと、人類学的研究を下支えする同時代の歴史への展望へとつながってゆくものである。そうした歴史的展望は、後に一九六一年の論文に即してたしかめよう。「構造主義」のリーダーとしてのレヴィ＝ストロースが、歴史の動態とは無縁な静態的な世界観に毒されているといったクリッシェとはいかに遠いところで思考していたか理解されよう。植民地主義的支配権への争奪戦に貫かれた西欧的秩序の外に立って同時代世界を見る、こうした視点の源のひとつに、はたして一九三〇年代後半のブラジルでのフィールドワークの経験があったのだろうか。

ブラジル――未知の世界へ

ブラジルへの渡航では、まだ読んで間もないアメリカの人類学者、ローウィの『原始社会』によってかきたてられた人類学への興味を満たすために、人類学的な調査を試みることが当初から計画されていた。

着任早々、まずサンパウロから遠くはない保留地でカインガン族の村を訪ね、年末から翌年にかけて南半球の夏休みを利用して、数百キロ内陸に住むカデュヴェオ族とボロロ族の短期の調査をおこなった。ボロロ族調査の成果は早くも一九三六年、ポルトガル語とフランス語で刊行された。それがレヴィ＝ストロースの最初の人類学論文であった。この調査で得られた「物質文化」を携えてパリに戻ったレヴィ＝ストロースは、一九三七年に「マット・グロッソのインディアン展」（南アメリカの先住民はスペイン語にしたがって「インディオ」と呼ぶことが多いが、本書では南北アメリカ先住民を共通の「インディアン」という呼称で呼ぶことにする）を開催し、この展覧会をきっかけに得られた支援とネットワークを基礎に、さらに大がかりな調査を企てた。

そして一九三八年五月、すでにサンパウロ大学講師の職も辞めていたレヴィ＝ストロースは、ブラジル内陸のサバンナ地帯マット・グロッソへの入口にあたるクイアバの町で一か月ほどの準備の後に、銃を携えた一五人の人夫、同数の騾馬、食糧運搬用の三〇頭の牛、数人のアシスタント、途中まで伴走するトラックという、探検隊とも呼ぶべき陣容を整え、ほぼ六か月にのぼる広域調査行に出発する。「私は奥地でまる一年過ごそうと考えていたが、その目標につい

「マット・グロッソのインディアン展」カタログ表紙。「当時、1937年の博覧会のために古いトロカデロ宮殿を改築中でした〔……〕ジョルジュ＝アンリ・リヴィエールが〔……〕フォブール＝サントノレ街とラ＝ボエシ街の角にあったヴィルデンシュタイン画廊と掛け合ってくれて、その場所を借りることができたのです。〔……〕36《〔ママ〕》年の展示会を開いたおかげで、私は人類博物館と、科学研究院、というよりその前身に当たるものから、研究費を得ることができたのです。その金でナンビクワラ族の調査を組織しました。」（『遠近の回想』45、46頁）

ては長いこと心が定まらなかった。ひとつの特殊例に基づいて人間の本性を探究することより、むしろアメリカというものを理解したい」と考え「クイアバからマデイラ川まで高地地帯の西部を横切ってブラジル民族学――そして地理学――の一種の断面図を作ってみよう」というのがその目的だったという。

「ひとつの特殊例に基づく探究」は、おそらく、ブラニスラフ・マリノフスキー（一八八四―一九四二）が一九二〇年代に、南太平洋のトロブリアンド諸島調査の輝かしい成果を刊行しはじめて以来、英国を中心に制度化されつつあった、ひとつの小さな社会（たとえば島、ただし島が広い交易ネットワークをなしているという発見がマリノフスキーの功績だった）を対象とした長期の集中的調査のモデルを念頭においているのだろう。レヴィ＝ストロースが構想しはじめていた人類学の探究には、それとは別の方法が必要だと感じられたと考えられる。

二週間ほどの滞在に終わったカデュヴェオの人々の優雅で精緻な顔の装飾は、文化の作るもうひとつの顔ともいえる仮面を主題とした、『仮面の道』にいたる、造形と社会構造をめぐるレヴィ＝ストロースの探究のひとつの主題群の起点となった。一九四五年に公刊された論文では、カデュヴェオの人々の顔の装飾は、白人との接触後に崩壊した、高度な封建的身分制社会における「社会的顔」の造形表現だったという推論がしめされている。またボロロの文化は後に『神話論理』の壮大な探究の劈頭の神話を用意することになる。

そして一九三八年の半年をかけた探検の主な調査対象は、サバンナ地域に住むナンビクワラの人々だった。

原初の人間

サレジオ会の宣教師たちが何冊もの『ボロロ事典』を編纂するほどに精緻な文化を作り出しているボロロとは対照的に（ボロロの人々は「学者の集まり」のようだ、とレヴィ＝ストロースは形容している）、ナンビクワラの人々は、当時はほぼ着衣なしの裸体で、籠ひとつに集約された家財を携えて遊動していた。レヴィ＝ストロースは、このきわめてシンプルな社会に、社会を成立させる最小限の必要条件とは何かを見極めようとしている。そしてミニマルな社会においても、いかにして首長のリーダーシップが成立するかという主題にとりわけ関心を寄せている。フィールドノートを記すレヴィ＝ストロースを模倣して紙に書き並べた波線を「読み上げて」自己を権威づけるかのような首長の振る舞いを見て、文字と権力の発生について考察した「文字の教訓」という『悲しき熱帯』の章は、後に哲学者ジャック・デリダ（一九三〇―二〇〇四）からの鋭利な批判を受け、また多くの議論を呼ぶことになった。

ブラジル調査旅行を中心とした哲学的紀行ともいえる『悲しき熱帯』のなかでも、ナンビクワラの人々を描く「家族生活」「文字の教訓」「男、女、首長」という三つの章は、民族誌の習作として公刊された論文からの巧みなコラージュであると同時に、ローウィの本から学んだ「社会組織」を中心とした人類学研究のスケッチという趣がある。

しかし、そのいっぽうで、そこにはこの荒野に生きる人々とレヴィ＝ストロースの、不思議に緊張をといた交渉を描く文章が、そこここに織り込まれている。

ナンビクワラの人たちと水浴びするレヴィ＝ストロース。「朝起き抜けと、日中に何度か、人々は水浴びをする。ここでは民族学者と一緒に。」（『ブラジルへの郷愁』川田順造訳、126頁）

〔……〕微妙な喰い違いが、インディオと私たちとのあいだに誤解を生じさせることもあった。〔……〕例えば、一人か二人の美しい娘が、芋虫のように裸で砂の中に寝転び、私のすぐ足許で嘲笑しながら体をくねらせているのを見て、無関心でいることはむずかしかった。川へ水浴びに行くと、私はよく、五、六人の若い女や年取った女が、彼女らの大好きな石鹼を私から奪い取ろうと、ただそのことに夢中になって私に飛びかかって来るので当惑させられた。こうした奔放な態度は、日常生活のあらゆる場面に及んでいた。〔……〕先住民の話し手に囲まれて地面に腰を下ろして仕事をしている時のことであった。私は、ときどき一つの手が、私のシャツの端を引っ張っているのを感じた。それは一人の女で、鼻をかむのに、普通は小枝をピンセットのように二つに折って使うのだが、この女は、小枝を拾いに行くより私のシャツで済ませる方が手取り早い、と思ったのである。

「この女」の行為を拒んだかどうか、レヴィ＝ストロースは書いてはいない。描かれた調査旅行がおこなわれたのは『悲しき熱帯』が書かれた一九五〇年代半ばからは、もう一昔半も前のことだった。記憶のなかで夾雑物が除かれ美化された部分もないわけではないだろう。

それでも、一九五〇年代にアメリカ人人類学者が刊行したナンビクワラの民族誌の次のような文章を読んで「私は動顛してしまった」というレヴィ＝ストロースの言葉には、誇張はないと思われる。その人類学者によれば「私がマト・グロッソで見たあらゆるインディオのうちで、これは最も惨めなインディオの集まりである。八人の男のうち、一人は梅毒に罹り、一人は脇腹が化膿して悪臭を放ち、一人は足に傷を負い、もう一人は皮膚病で全身が鱗に覆われていた。

「ナンビクワラの家族には、一夫多妻の家族もある。」（同、135頁）

「一夫多妻であろうと、一夫一婦であろうと、彼らは陽気に愛情を示し合う。」（同、136頁）

「別の女の子は、毛深い子猿を頭にのせて食用の根を掘っているが、この猿を、彼女が欲しがったものと引き換えに私に譲ってくれた。」（同、154頁）

「女はこの猿に口移しで食物を与え、昼も夜も彼女の髪に纏わり付かせて連れ歩いていたが、これは、子猿にとって母親の毛と背骨の代りをしていた。コンデンスミルクの哺乳が口移しの食事に取って代わったが、ウィスキーの哺乳は、この哀れな動物を眠気で打ち倒し、私は次第に夜は解放されるようになった。しかし日中は、ルシンダから一つの妥協を取り付けるのが精一杯だった。彼女は私の左の長靴と引き換えに私の髪を断念したのだが、朝から晩まで、足のすぐ上に四つ足でしっかりと取り付いているのだった。」（『悲しき熱帯II』川田順造訳、282頁）

聾唖者も一人いた。〔……〕彼らは腸に寄生虫をもっているようで、その証拠に、彼らの胃はひどく膨らみ、絶えずガスが溜まっている。狭い部屋の中に先住民と一緒に閉じ籠って調査をしながら、私は何度も、外の風に当たるために仕事を中断しなければならなかった。〔……〕」「〔……〕ナンビクワラ族の深い憎悪や不信や絶望の感情を知るために、彼らのところに長く留まる必要はない。これらの感情は、完全に同情を締め出しはしないにせよ、憂鬱な状態を観察者のうちに作り出すのだから。」

二〇年足らずのあいだにナンビクワラの人々の境遇が大きく悪化し、「憎悪や不信や絶望」が彼らの生きる意欲さえも殺してしまい、いっそう悲惨な状況を増幅する悪循環が生まれていたということは十分にありえる。それにしても、調査者のバイアスが人々との接触のありようと、何よりも人々の描き方を大きく左右することもたしかだろう。レヴィ＝ストロース自身も「多くの者が皮膚病に罹っていて、全身が紫色の斑点で覆われている」という観察を記している。また直接に接した「ウティアリティの群れは、それより五年前には、宣教師たちを殺した群れである。私に話をしてくれた男たちは、この襲撃の模様を楽しそうに語り、誰が一番見事なやつを喰わしたかで言い争っていた」（強調原文）のである。

にもかかわらずレヴィ＝ストロースのナンビクワラの人々への接し方の基調は、「或る夜、懐中電灯の光で私がメモ帖に走り書きした」という、次のような省察によって支えられたものだった。

暗い草原の中に幾つもの宿営の火が輝いている。〔……〕初めてインディオと共に荒野で野営する外来者は、これほどすべてを奪われた人間の有様を前にして、苦悩と憐みに捉えられるのを感じる。この人間たちは、何か恐ろしい大変動によって、敵意をもった大地の上に圧し潰されたようである。覚束なく燃えている火の傍らで、裸で震えているのだ。〔……〕しかしこの惨めさにも、囁きや笑いが生気を与えている。夫婦は、過ぎて行った結合の思い出に浸るかのように、抱き締め合う。愛撫は、外来者が通りかかっても中断されはしない。彼らみんなのうちに、限りない優しさ、深い無頓着、素朴で愛らしい、満たされた生き物の心があるのを、人は感じ取る。そして、これら様々な感情を合わせてみる時、人間の優しさの、最も感動的で最も真実な表現である何かを、人はそこに感じ取るのである。

こうした「素朴さ」を主調音として描かれるナンビクワラの人々が、けっして「人類の幼年期」の段階にあるものなどではないことをレヴィ＝ストロースは強調し、その主張は今にいたるまで一貫して変わっていない。アンデスの高地から、アマゾン川河口の、今は跡形もなく消えた大集落にいたる南アメリカに広く共有された文明の担い手の一部が、集団間の葛藤の結果、厳しいサバンナ地域に押し出され、生存の下限ともいえる簡便な生活を強いられたのがナンビクワラの人々であるという、ある種の「退歩史観」ともいえるものは、『ブラジルへの郷愁』でも、また、二〇〇五年パリで開催された「ブラジル展」カタログへの「序言」でも最新の考古学の成果を参照して再確認されている。

マラジョー島で発掘された人型の埋葬用壺。「アマゾン川の河口にある約五万平方キロのマラジョー島では、人造の多数の台地が見られるが、台地の各々は数ヘクタールにまで達していたかも知れない面積をもち、外敵に対する防衛と、水の氾濫から住居や耕地を守るために、人の手で築かれたものである。」（『ブラジルへの郷愁』12頁）近年の発掘で独特の文様を施した大きな埋葬用の壺が多数発見された（「ブラジル展」カタログ、2005年、149頁）

文明世界の戯画

いずれにしても、こうしたいわば「無垢」な存在としてナンビクワラの人々を描く描き方（「満たされた生き物の心」という言葉が注意を引く）と、ブラジルの奥地で見聞した白人入植者の人々の描き方のあいだには、対象に向かう姿勢のうえで大きなへだたりがある。それは「微妙な喰い違い」ではすまないコントラストである。

ナンビクワラの人々が居住するマット・グロッソ地方のサバンナにいたる探検は、一八九〇年代に軍人のロンドン将軍（一八六五―一九五八）が、ブラジル人にとっては未踏の地だった奥地を切り開いて敷設した、ブラジル奥地と沿岸の都市を結ぶ一本の電信線にそっておこなわれた。電信線にそって数十キロごとに家族、あるいは単身の通信員が、「野蛮人」が徘徊する荒野に、孤立無援で配置されていた。「架設されるや否や無用になった」この電信線にそって、かつてはダイヤモンド採取で一攫千金を狙った人々の群れが荒野をめざして移動した。「中央ブラジルの歴史の中で、あれほど頻繁に起こった移住の波は、一握りの一旗組や尻軽、素寒貧どもを巨大な熱狂のうねりにして奥地へ送り込み、直ぐに彼らをそこに置き去りにした。」そしてレヴィ＝ストロースが「探検」を試みたころには、打ち捨てられ、大部分は機能不全になった電信線が、荒涼としたサバンナの自然をいっそう荒涼としたものに見せるだけになっていた。

「文明の中心との一切の接触を断たれたこれらの不幸な人々は、それだけに一層激しい特異な狂おしさで、歩く以外連絡の方法もない、互いに八十キロも百キロも離れた藁葺の幾つかの小屋から成る電信局村の中で、孤立した生活に自らを適応させているのである。」先住民に対する過敏な警戒心から、川で水浴びをするたびに威嚇のためにライフルを「打っ放さず」にはいられず、銃弾を浪費して狩猟もできなくなり、家族を餓死させた局員や、リオ・デ・ジャネイロの学生だった伊達男が話し相手もなく、「ここでは何も言うことがないので、彼のお喋りは、身振りと、舌と指を鳴らすことと、表情たっぷりな目差しとになった」男。「これが無声映画なら、彼はまだリオっ子で通ったことであろう。」

狂気に憑かれたブラジル人だけではない。「ウティアリティからおよそ五十キロ離れたジュルエナの電信局の近くに住み付いていたイエズス会の神父たちが、こうした光景に、それとは趣を異にする、絵のような眺望を添えていた。」そして彼らの到着後間もなく来訪した老齢のフランス人の管区長は、「ルイ十四世の時代から脱け出して来たかと思われるような、喉に絡ませる喋り方をした。管区長が「野蛮人」——彼はインディオを指すのにこれ以外の呼び方を決してしなかった——について語る時の重々しさを聞いていると、まるで彼がカルティエかシャンプランと並んで、カナダのどこかに上陸でもしたように思われた。」

神父のひとり——悔い改めたハンガリー人だった——が狂気の発作で管区長を口汚くののし

り始めると、管区長はおもむろに悪魔祓いを挙行し、やがて鎮まったハンガリー人神父は、二週間、懲罰のために「パンと水」だけにしておかれたという。そしてレヴィ゠ストロースは次のように付け加える。「少なくとも象徴的に言えばの話で、というのも、ジュルエナにはパンはなかったからである。」

荒野のなかで、半ば狂気に苛まれた白人たちを描写するレヴィ゠ストロースの語り口は、毒を含んだ辛辣さや誇張した戯画化によるブラックなユーモアにあふれている。それは、ボロロやナンビクワラの人々を描くときの、真摯な共感にみちた語り口とは、見事なまでに対照的だとはいえないだろうか。入植者であれ宣教師であれ、文明世界から入り込んできた自分と同類である白人を描くときに発動される、距離をおいた、厳しいほどに辛辣な戯画化の装置が、自分とは異類の先住民たちを描くときにはあとかたもなくとりはずされ、まったく別の言語体系に置き換えられるかのようだ。

青年活動家時代、パリで受けていたジョルジュ・デュマ（一八六六―一九四六）の授業を回想するレヴィ゠ストロースの言葉も容赦ない。デュマは、ブラジル行きのきっかけとなった、サンパウロ大学創設に直接貢献したフランス心理学界の大家であった。

教壇の上にデュマはそのいかつい、荒削りの胴体を据える。胴体の上には、海の底に長いこと沈んでいたために白くなって皮の剝がれた、大きな木の根を想わせる凹凸の頭がついている。こんな形容をするのも、彼の蠟のような膚の色が、顔と、いが栗にそれも極めて短く刈っている白い髪と、やはり白くてあらゆる方向に伸びている顎髭との区別をつかなくしていたからである。〔……〕彼は決して講義を準備しなかったが、それというのも、自在な筋肉の動きに応じて形を変える唇の表情豊かな演技や、とりわけ彼の声、嗄れていてしかも歌うような声によって、聴衆に働きかける肉体的魅力の持ち主であることを自分で意識していた〔……〕声と表情という感知できる二つの側面が、鄙びていてしかも辛辣な一つのスタイル――十六世紀のあのユマニストたちのスタイルを想い起こさせた。彼は肉体においても精神においても、医者であり哲学者であった十六世紀のユマニストの種族を存続させているかのようであった。

近い存在を異化する辛辣な思考の特徴が、この一節にはよくあらわれている。肉体は崩壊のまぎわにある風化した自然物になぞらえられ、さらに、その存在の自意識が、自分のおかれた文脈と不協和を起こした時代錯誤として提示される。こうした異化から戯画化にまで進んだ文体は、レヴィ＝ストロースが物心ついたころに熱中し、ほとんど暗誦していたという『ドン・キホーテ』から学んだ感性に培われた思考の発露ではないだろうか。

野生への親密さ

こうした辛辣な異化の装置が、異人としての先住民にまで援用されることはない。ナンビクワラの人々を描く次のような一節にその片鱗がうかがえるように見えるかもしれないが、しかし、そこにはむしろ、先住民に向けられた異化の文体が、戯画化のレヴェルには達しないで抑制されることがよくあらわれていると受け止めるべきではないだろうか。

ナンビクワラ族の負い籠に入っているのは、原料が主で〔……〕彼らはそれで、必要に応じてものを拵えるのである。〔……〕それは、人間の製作物の集まりというより、むしろ拡大鏡を通して眺められた、巨大な蟻の活動の産物といった様相を示しているからである。実際、ナンビクワラ族が高く伸びた草のあいだを縫うように歩いて行く様は、蟻の縦隊を想わせる。女はめいめい、嵩ばる、目の粗い籠を運んで行くが、それはよく蟻が卵を運んで行く時に見られる光景に似ている。

先住民を昆虫になぞらえるレヴィ＝ストロースを、卑小な存在を見下ろす高みに自分をおくものと誤解してはならない。彼らを黙々と歩む蟻の群れとして描くこの文章をふくめ、異人た

「私はナンビクワラたちを説得して、友好関係や同盟関係にある他の群れと出会うために、冬の村の跡地まで私を連れていってもらうことにした。私たちは彼らの一行のあとを、贈りものを積んだ何頭かの牛を連れて、馬でついて行った。」（『ブラジルへの郷愁』156頁）

ちの描き方には自分の同類である白人を描くときにはない注目すべき特徴がある。レヴィ＝ストロースが自分の同類を戯画化する呼び水となる、文脈から逸脱した自意識が巧妙に払拭されているのだ。そう考えると何気ない比喩と思われるこうした一節も、その後のレヴィ＝ストロースの探究を予感させるものをふくんでいる。

フィールドにおける直接の接触ではいったんカッコに入れられた彼らの「自意識」、いいかえれば自己や世界との関係のあり方は、やがて、半生をかけた探究によって、「野生の思考」を経て「神話論理」を生きる存在として構築されることになる。それがレヴィ＝ストロースにおける人類学的探究そのものとなる。

いずれにせよ、同類に対する徹底した異化の作用と、異人に対するときの彼らの自意識をカッコに入れた共感の作用の対比、あるいは、異なった者への接近と近い者からの離脱の相反する方向のひとりの人間のなかでの交差、この独自の関係への感覚に、フィールドでたしかなものとなったレヴィ＝ストロースの人類学的思考のひとつのエッセンスがあると思われる。

ナンビクワラの人々の調査を終え、マシャド川のほとりでルシンダを肩にツーショットする前（前掲写真）、レヴィ＝ストロースはトゥピ＝カワヒブの小さな集団に遭遇したが、「私たちの一行のひとりが、猟の事故の犠牲になったために、私たちは早々に村を去らなければならなかった。」

それに先立って、当時、まだほとんど白人と接触のなかったムンデの小さな集団とも出会って、森の林間地に手間をかけて作られた半球状の藁ぶきの小屋の丹念な造りに注意を向け、「動物性、植物性の食物に豊かに恵まれたこの小社会では、からだの美容にとくに配慮しながら、閑暇のうちに生活が営まれているとでもいえそう」なことに注目し、「村自体も、森の中にはめこまれた宝石といってよかった」という感想が記されている。たしかにレヴィ＝ストロースの写した写真には、自らの生活に充足して、余分な緊張をもたない素直なまなざしを闖入者に向ける、ムンデの人々が写されている。その人たちは、我がものである世界で、くつろいでいるように見える。調査旅行の成果の主要な部分をなすナンビクワラの人々が、利用できる

「ムンデの村は、伐りひらいた土地にかこまれた、三軒の共同家屋から成っていた。木を伐り払うときには、椰子の木の株を大切にして、地面から一メートルくらいの高さで伐った。食物として珍重されている大型の白い芋虫が、そこにたくさんいるからだった。言ってみれば、鶏小屋のようなものだった。家屋は技巧を凝らして建造されていた。各家屋には、五、六家族が暮らしていた。」（同、171-72頁）

動植物の比較的とぼしいサバンナで、物質的な装備もあまりもたずに（「ナンビクワラ族の財産のすべては、遊動生活中、女たちが運ぶ負い籠の中に簡単に纏めて入ってしまう」）厳しい生活を強いられているのに比べれば、たしかに森の生活は豊かなものに見える。自分の世界でくつろぐ彼らの表情は、今日の世界では永遠に失われてしまったもののひとつではないだろうか。

森のなかの宝石のような村で、外界にわずらわされることなく身体を飾りながら生きる人々。こうした人々の生き方が、後にレヴィ＝ストロースが「まがいものの」コミュニケーション手段を介在させることなく、人々がお

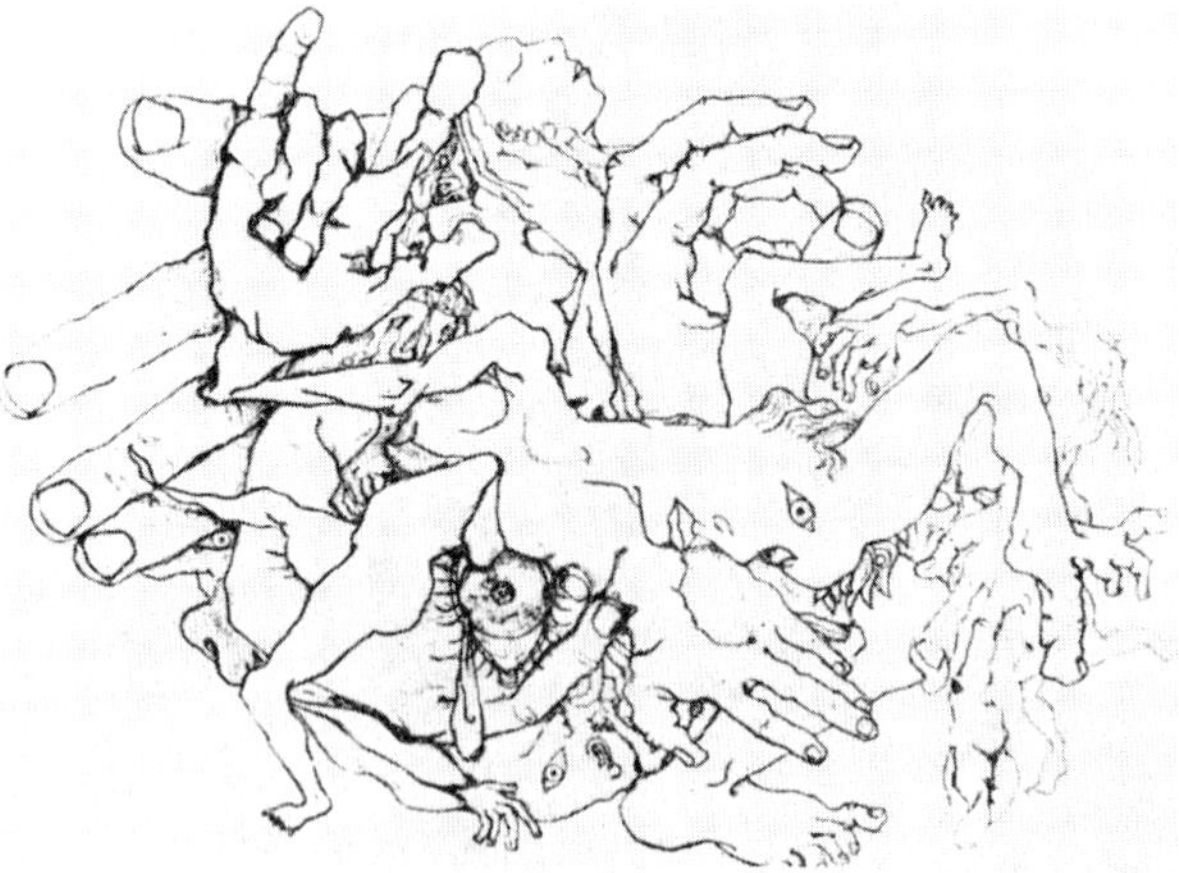

トゥピ＝カワヒブ族の人々と出会ったとき、同行していた若者のひとりが猟銃の事故で手に重傷を負ってしまった。「翌日の午後、私たちが宿営地に着いた時、彼の手が蛆虫で一杯になっているのに気付いたが、それが耐え難い苦痛の原因だったのだ。しかし三日後に彼が医者の手に渡された時、肉が腐るにつれて蛆虫がそれを食ったために、傷は壊疽からは免れていた。切断は不要になり、長い一連の細かい外科手術が一ヵ月近くものあいだ続けられ、〔……〕エミーディオにどうやら手と言えるものを返してやった。」（『悲しき熱帯Ⅱ』312頁）この事件の衝撃のなかでレヴィ＝ストロースが描いたという絵（パケス＝クレマン『レヴィ＝ストロース——構造と不幸』伊藤晃・松崎芳隆・中村弓子訳、大修館書店、1974年、口絵）

互いを熟知しあって顔見知りの世界で生きる「正真性の水準」と呼ぶ生き方のイメージの源泉になったのではないだろうか。

消滅した身分社会の面影を顔の装飾にとどめるカデュヴェオの人々、学者たちのようなボロロの人々、厳しいサバンナで遊動しつつミニマルな生き方を続けるナンビクワラの人々、森で自足した生活を送るムンデの人々。数年間のブラジル滞在でレヴィ＝ストロースが得たいわば野生のアメリカの断面には、こうした多様な人々の生き方がたしかめられた。

そこには歴史的変化が欠けているわけではないこと、そしてレヴィ＝ストロースが歴史的変化を度外視しているわけではないことは、眼前の人々の生き方を理解しようとしてさまざまに組み立てられる仮説を見てもわかる。しかし、こうした人々の多様な生き方が、歴史的変化の結果としてだけでは説明も理解もできないこと、ましてや彼らが何を考えて生きているか、いいかえれば世界のなかで自分たちをどう位置づけて生きているかは、歴史の視点からだけではわからない。

文明世界が自分以外の世界すなわち植民地を支配しようとして作り出した関係の構造が、文明世界そのもののなかに凝縮して反復されたのが世界大戦であり、それによってもたらされた「ある種の国際的内戦」の解決には、世界全体として支配の構造を解体せねばならない。これが、国際的内戦の時代にかろうじて世界の余白に自分たちの宇宙を維持し生活を営んでいた人々を見届け、そこに侵食するデフォルメされた文明世界の背後に、自分のよってきたる文明の退廃を透視するというレヴィ＝ストロースが獲得した同時代世界の遠近法だった。それでは「彼ら」はどのような「今」を生きているのか。それがレヴィ＝ストロースにとっての人類学の固有の問いとなった。

2　ニューヨークで

『親族の基本構造』の探究へ

ニューヨークに曲がりなりにも落ち着いたレヴィ＝ストロースは、一九四一年には早速、語学の習得もかねて『ナンビクワラの家族生活と社会生活』という民族誌を英語で書きはじめたという。これは後にフランス語で『アメリカ学会紀要』に掲載され博士学位の副論文となる。「新社会研究院」でおこなわれた人類学を批判的に再検討する手探りの講義を聴講したヤコブソンにそそのかされて、『親族の基本構造』執筆に本腰を入れて取り組みはじめたのが一九四三年であり、したがって「国際的内戦の時代」をめぐる考察は、ちょうどその間の時期に書かれたことになる。現在がどのような時代であるか見通しを立てたうえで、文明世界の余白とみなされてきた「もうひとつ別の同時代」を理解するための理論的探査にいよいよ乗り出した、と考えるのはうがちすぎだろうか。

この時期に書かれたいくつかの論文は『親族の基本構造』へ向けた予備的な習作という雰囲気が濃い。そこではナンビクワラの人々のもとでの見聞を手がかりに、とりわけローウィを議論の相手として、アメリカ人類学の父といわれるモーガン以来人類学独自の主題とみなされてきた親族関係の人類史にかかわる主題が検討されている。いわゆる交叉イトコ婚（親同士が異性のイトコである交叉イトコ――男から見てたとえば母の兄弟の娘、父の姉妹の娘が交叉イトコになる、「交叉」は親同士が異性という意味、これに対して親同士が同性のイトコは「平行」イトコと呼ぶ――という関係になる異性をもっとも適切な結婚相手とみなす社会が多く観察され、人類学者をその謎解きに駆り立ててきた）の制度や、南アメリカの多くの社会に見られる双分組織（社会が対となった単位の組み合わせからなると表象される社会のあり方。この主題は、神話論理の研究にいたるまで繰り返し問い直されるものともなる）や、社会の構成原理とみなされた父系や母系の系譜の意味などが人類学の作法にのっとりながら批判的に論じられている。まさに人類学見習い中といえるだろう。

通訳なしでは互いに理解できないほど方言の異なる二つのナンビクワラ集団が遭遇し、関係を築いてゆくきっかけとなる場面に立ち会った経験を、レヴィ＝ストロースはいくつかの論文で描いている。ふたつの集団は、それぞれの人口減少に対処するためもあって、互いに交叉イトコと呼びあい、やがては若い女性の交換によって通婚しあう対をなす集団として統合されることが予想された。つまり人類学者のいう双分組織の形をとることになるのである。

この時期に書かれた「南アメリカのインディアンにおける戦争と交易」（一九四三年、ニューヨークでフランス語の雑誌『ルネサンス』に公刊された。ポルトガル語ヴァージョンはその前年に公刊されている）の論文では、緊張に満ちたナンビクワラ集団間の交易の観察を起点に、南米の諸集団の分業と交易と戦争の関係が考察され、交易と戦争という両極のあいだに展開するコミュニケーションの諸相が、マルセル・モース（一八七二―一九五〇）の『贈与論』（一九二五）を思わせる筆致で描かれてもいる。

人類学的思考に根強く生き続ける進化論的な思い込みの矛盾は鋭く批判され、いくつかのインディアン社会の「後進性」は、ブラジル政府の軍事的な制圧と強制移住に原因が求められ（たとえば、まだ農耕を始めたばかりの段階とローウィがみなすボロロの人々は、じっさいには強制移住させられた先の荒れた土地で粗雑な農業をおこなうことを強いられていた）、イトコ婚と双分組織がこれまでの議論とは異なった仕方で結びつけられ、父系や母系の系譜を社会組織に直結させるあまりに機械的な理解は疑問に付されるなど、後のレヴィ＝ストロースの主張の萌芽は予感される。南アメリカに共通な文化の母胎から、サバンナに押し出されたナンビクワラや森に留まったボロロや、アンデスの「高文化」などが分化するという、白人の侵入以前の「先コロンブス」期（コロンブスが来る前の意）の社会の動態のヴィジョンもしめされている。とはいえ、そこには『親族の基本構造』の壮大な探究の片鱗はまだ感知されない。この段階ではまだ個別課題の慎重な検証に主眼がおかれていたということだろうか。こうした技術的な個別の問題を既存の進化論や伝播論の不適切な展望から切り出し、ひとつの問題系として相互に関連づけ、新たな統一的な視点から解決することがレヴィ＝ストロースの狙いであった。そのラディカルな枠組みが、それまでの人類学では前面に押し出されることがなかった親族関係の生成による「自然から文化への移行」という視点だった。おそらくこの視点こそ、かつてニザンやヴィオへの書評で提起された人間と自然の関係という問いにレヴィ＝ストロース自身が見出した答えだったのだと思われる。

「親族の基本構造」による自然から文化への移行

レヴィ＝ストロースは親族関係の生成こそ人間の生成すなわち、人間の自然状態から文化の状態への移行をしるしづけるものだったと考える。エンゲルスの「サルの人間化成にあたっての労働の役割」と題した議論をもじっていえば「サルの人間化成にあたっての親族関係の役割」こそが主題であるといえるだろう。

問題は、あれこれの親族現象を進化や伝播や社会の再生産の機能によって「説明」することではない。ふたつの異なった観念体系間で「翻訳」が可能かという問いでもない。ここで仮に「構造分析」と呼ぶ作業は、言語の無意識のレヴェルの構造を解明したヤコブソンの音韻論をモデルとして構想される。レヴィ＝ストロースは、問題を解決する以上の混乱をもたらすだけの進化論（結婚制度はどのように進化し変化したか）や伝播論（交叉イトコ婚や双分組織はどこで始まりどう広まったか）、あらかじめ現象を貧しくすることで解決らしく見える偽の回答を与える機能論（結婚制度はどのように社会の安定に資しているか）を、他者理解における幻想として克服する可能性を、異質な思考を分析するためのモデルとして音韻論を拡張することに見出したのである。

ヤコブソンが完成しようとしていた音韻論と自分の親族関係への視点がいかに共鳴するものであったかについて、すでにふれた『音と意味についての六章』の「序」には次のように述べられている。

固有の表意作用はもたないが、表意作用を形成する手段となる音素と同様、インセストの禁止は、別個のものと見なされる二つの領域のつなぎ目をなすとわたしには思われた。こうして、音と意味との分節に、他の平面で、自然と文化の分節が対応することになったのである。そして形式としての音素が、言語的コミュニケーションを打ち立てる普遍的手段として、あらゆる言語に与えられているのと同様、インセストの禁止は、その否定的表現だけに限るならば、普遍的に存在し、これもまたある空虚な形式を構成する。だが、空虚であってもこの形式は、生物集団の分節が可能になると同時に必須ともなって交換の網の目をつくりだし、これを通して集団相互のコミュニケーションが生じるためには不可欠なのである。そして最後に、音素の実在は、その音的個性のうちにあるのではなく、音素が互いに結ぶ対立的、消極的関連のうちにあるのと同様、婚姻規則の表意作用は、諸規則をばらばらに研究してもとらえられず、それらを互いに対立させないかぎり浮かびあがってこない。

レヴィ＝ストロースによれば、親族関係の生成は、さまざまな幻想の強力な源泉ともいえるインセストの禁止と表裏一体のものにほかならない。インセストの禁止は、男を中心にしていえば身近な女性親族を性関係（欲望の幻想的あるいは現実的な対象とすることから結婚の相手とすることまで幅がある）の対象とすることの禁止であり、それはすなわち女性親族を他の男の欲望の対象として自らは放棄して提供することにほかならない。禁止という否定的な命令はじつは他人に提供せよ、交換せよという肯定的な命令と表裏をなしている。

こうした親族関係の位置づけには、それまでの人類学的思考にはなかった、レヴィ＝ストロース独自の発想があることは右に引いた文章にも巧みに要約されている。すなわち、女性を「交換せよ」という命令であるインセストの禁止は、人間集団のカテゴリー化と表裏一体をなし、集団間のコミュニケーションを生成する。そして音素と同様、多様に見えるさまざまな

「婚姻規則」のあいだには対立と変換すなわち構造が見出される。親族関係はある意味では集団間の関係を生成する言語であり、この言語によって人間は自然の世界から文化へと移行するのである。こうした見方はまた、ナンビクワラの人々が遭遇した集団と婚姻関係をとり結ぶことでレヴィ＝ストロースの眼前で生きて見せた、今、そこで関係を創造する親族関係の意味を理解させるものでもあった。

ヤコブソンが言語の基礎に見出した音韻論が内包する可能性を、（おそらくヤコブソン自身感知していなかった）深く広い射程をそなえた人類学的直観として受け止め、そこに自然と人間の関係という一〇年来の設問へのもっとも的確な答えを見出したこと、それが『親族の基本構造』執筆のモチーフだったのではないだろうか。すなわち、自然に構造が刻印されることで文化が生成し、そうした構造のあいだには歴史的変化とは質を異にする「変換」関係が見出されるという直観である。レヴィ＝ストロースがこの直観を手放すことなく、神話研究の展開においても、いくたびもこうした音韻論の内包する可能性へと立ち返って自らの探究を定位していることは後にたしかめよう。自然から文化への移行を多岐にわたる位相で把握すること、それがレヴィ＝ストロースにとって人類学の基本主題となった。

インセストの禁止は人間社会に普遍的に見られる、と同時にそれは文化的な規則として、社会ごとに違った形をとる。インセストの禁止が普遍性と個別性の両面を同時にそなえていることに人類学者は惑わされ、その発生の理由をエドワード・ウェスターマーク（一八六二―一九三九）のように生物学的普遍性（たとえば近親は互いに慣れて性的興奮を感じなくなるという）に、すなわち「自然」に求めるか、デュルケームのように歴史的出来事の個別性（近親の女性の生理の血への恐れからインセストの禁止が生まれ伝播した）に、すなわち「文化」に求めるかという二者択一に陥った。しかし、レヴィ＝ストロースによればそれは択一の問題ではなく自然から文化への移行の問題なのだ。そしてそれは「交換せよ」という文化的規則の生成の問題なのだ。そこには二つの解決すべき問いがふくまれる。ひとつは、文化的規則が自然の必然性による支配が解除されて、すなわちある自由な選択の余地が生まれてはじめて可能となること。もうひとつは、交換せよという命令は、そのままでは「いかに」交換するかという回答を与えるわけではない（先の引用の「空虚な形式」という言葉はこのことを指している）ということである。

第一の問いについてレヴィ＝ストロースは次のように答えている。

自然は文化同様、受け取る－与えるの二重のリズムにしたがって働くが、自然の繰り返すこのリズムの二契機は、文化から見て同じものではない。第一の局面、生物学的親子関係をとおして表現される受け取るの局面には文化は介入する力をもたない。子の遺伝特性は親の担う遺伝子にすべて書き込まれている。この親にしてこの子あり。〔……〕自然によって配偶は親子関係同様、絶対に要求される。ただし〔……〕配偶の場合、ただそれがなされればよく、配偶者の選択は——種の範囲内であるならば——決定される必要はない。自然は各個体にその実際の両親となった個体の担う決定因子を付与するが、どの個体が両親になるかをまったく決定しないのである。〔……〕ゆえに自然のなかには——突然変異を別にすれば——非決定の原理が、ただひとつだけある。配偶の恣意性に現れる原理である。

この恣意性が社会ごとにどのように制限され規則を課されているか、そしてそれらの多様な規則のあいだにどのような変換の関係を見出すことができるかを知ることがそのまま第二の問いへの答えとなる。そしてそれが『親族の基本構造』の探究そのものなのだ。

交叉イトコ婚の大量の事例研究が蓄積されたオーストラリアのアボリジニー社会から始まり、グラネの研究した古代中国、タイ、ビルマ、インドからシベリアにいたる広範な民族誌を細部までゆるがせにせず読み込み分析した『親族の基本構造』を手短に要約することは容易ではない。それは次項で試みることにして、この大著の末尾におかれた「親族の原理」にしめされた注目すべき自著へのコメントを見ておきたい。膨大な民族誌の解読の結果引き出された成果は、次のような興味深い言葉で総括されている。

親族関係と婚姻規則は、歴史的にも地理的にも、多様な形態で現れるが、結局は可能なあらゆる方法を駆使して社会集団内への生物学的家族の統合を保証する。〔……〕複雑で恣意的に見える諸規則が、ゆえに少数の規則に帰着される。〔……〕親族の基本構造は三つしかない。三つの構造は二つの交換形式を使って構築される。二つの交換形式それ自体も、ただ一つの示差的性格によって決定される。すなわち、当該体系の性格が調和的か非調和的かによって。ならば規定と禁忌を課す装置の全体は、究極的には一つの問い、ただひとつの問いだけをもとにしてアプリオリに再構成されうると言っていい。問題にされる社会でどの居住規則とどの出自規則が組み合わされているか。じつにどの非調和体制も限定交換へ通じ、どの調和体制も全面交換〔一般交換のこと〕を予告する。

こうしたかたちで提起される自由と拘束の関係、すなわち規則の経験的多様性の基底にアプリオリな原理を見出すという思考のあり方もまた、二〇代のレヴィ＝ストロースがカントの『実践理性批判』の用語を使って問うた問題へのひとつの答えだったのではないだろうか。

だとすれば、マルクスから得た主題への答えはあったのだろうか。そうした設問も回答もレヴィ＝ストロースの著作のなかにはない。ただ、おそらく、人間における「交換」こそが女性の「価値」を生成させる、したがって「サルの人間化成にあたっての親族関係の役割」こそが「交換」と「価値」の源泉なのだ、という主題全体がその回答だったともいえる。

自由と規則と交換、あるいはインセストの禁止と交叉イトコ婚、さらには人類学的観察データとアプリオリな論理をめぐるレヴィ＝ストロースの考察が、二〇代の問題意識をどのように引き継いだのかについて、いくつかの仮説的検討を試みた。こうした大枠を念頭において、『親族の基本構造』という大著の概要を見ることにしよう。

この著作を書くために参照された大量の民族誌はニューヨーク公共図書館に集められていた。「〔……〕ニューヨーク公共図書館へ、毎日調べものをしに通ったときも、やはりおなじように時間を逆行する気分だった。擬古典式のアーケード、オーク材の羽目板張りの壁、そんな閲覧室で、私は羽根飾りをかぶりビーズ細工の皮の服を着たインディアンの隣で仕事をした。ただしインディアンは、パーカーの万年筆でノートを取っていたが〔……〕」という印象深いスケッチに描かれた場所で、レヴィ＝ストロースは集中的な数年間の作業の時を過ごしたのである。

『親族の基本構造』概要

まず『親族の基本構造』の狙いを確認しよう。この大著の主題は、序文の冒頭にきわめて簡潔にしめされている。「基本構造」とは親族のカテゴリーが結婚相手を指定する婚姻体系であり、「複合構造」とは経済機構や心理機構が結婚相手を選択するメカニズムを与える体系である。前者は人類学の研究対象となるいっぽう、後者は配偶者が「自由に」選ばれる「文明世界」での結婚制度であるともみなされよう。したがって主題は、一見きわめて拘束の度合いが強く思われる「基本構造」と、結婚相手の選択が当事者の自由にゆだねられているように見える「複合構造」の関係の解明をめざしつつ、婚姻規則、親族名称、インセストの禁止などの、ルイス・ヘンリー・モーガン（一八一八—八一）以来人類学が膨大な資料を蓄積してきた「親族関係」の諸現象が、互いに不可分に結びついたものであることを明らかにすることにある。だとすれば、このレヴィ＝ストロースのモチーフを、複合構造を生きる思考（西欧社会は複合構造とされている）は、基本構造を生きる思考をどのような条件のもとで了解できるのか、あるいは複合構造をひとつの変換形として構造に包摂できるか、という問いにいいかえることができる。複合構造は基本構造を了解できるのか。きわめて異質に見える両者を包摂しうる視点はどのように設定できるのだろうか。

専門的な博士学位論文であるこの著作は、人類学の親族関係研究の基本テーマをとりあげ、親族名称体系の解釈というモーガン以来の蓄積を参照しつつ、フランス社会学の成果であるモースの『贈与論』を起点にした「交換」という視点から体系的な理解を与えようという野心的な試みであった。「モーガンを記念して」という巻頭の献辞は、モーガンの体系を解体することに専心してきた、ボアズやローウィのリードするアメリカ人類学への敬意を込めた挑戦と受け止められる。

言葉が意味を伝えることはつとに知られているいわば自明の理である。しかし意味伝達という言葉の「機能」がいかになされるか（言葉の「体系」）は構造言語学によってはじめて解明された。それとは対照的に、モーガン以来親族関係が体系をなすことは知られていたがその機能は理解されていない、と一九四五年に発表された小論文でレヴィ＝ストロースは主張している。『親族の基本構造』は一群の現象の基底に、女性の交換によるコミュニケーションという機能を確認し、この機能の視点から一連の親族関係をめぐる問題、「近親婚の禁止」の起源、社会が対をなす二つの部分からなるという「双分組織」、一定種類のイトコとの結婚を望ましいとする「交叉イトコ婚」の論理的連関と体系的整合性を導き出そうという試みであった。

「基本構造」と「複合構造」がどのように定義され対比されるかはすでに見た。こうして定義される「基本構造」の複数のモデルを確定し、構造的特性を明らかにすることが論文の主要な目的であった。序論では、「近親婚の禁止」が、人類に普遍的に見られるという点では人間における自然の条件でありつつ、禁止の規則としては文化の領域に属することで、自然から文化への移行をしるしづけるものと位置づけられる。と同時にそれは身内の女性を諦め、外部の女性を獲得せよ、という女性の「交換」もしくは女性を媒体としたコミュニケーションの命令と位置づけられる。モーガンなどのように社会成立の後のある時点で近親婚の生物学的不利が気づかれて排除されたと解釈することも、すでにふれたようにデュルケームがトーテム信仰における同族の女性の血を見ることへの恐怖からこの禁止が派生したと解釈することも根拠がない。この禁止こそが交換を発動し、社会関係を生成するのだというのが、レヴィ＝ストロースの視点であった。

レヴィ＝ストロースによれば女性の交換は「限定交換」と「一般交換」というふたつの交換の体系を生み出し、これらが親族関係の基本構造と呼ばれる。

民族誌の細部をゆるがせにしない細心の分析を乱暴に要約すれば、限定交換とは社会を構成するふたつの下位集団のあいだで女性が交換される親族体系に相当する。下位集団を大文字であらわせばこの体系はA↕Bという図式になる。Aの集団の男はBの集団の女を妻にし逆にBの男はAの女を妻にする。もっとも小規模な関係であれば二人の男が互いに姉妹を交換することに相当する。その結果、次世代の子供たちは互いに交叉イトコ同士となる。あるいは交叉イトコ同士が結婚すれば社会全体として見ればA↕Bという図式となり、これは人類学者が関心を注いできた双分制にほかならない。双分制は複雑化していわば二倍体のように2の倍数の単位からなる社会を現出することもありうる。いずれにせよ、それまで議論されてきたように双分制から交叉イトコ婚の制度が生まれたか、あるいはその逆かという問いは意味をなさない。ともにひとつの交換のあり方の異なるレヴェルでのとらえ方の違いにすぎないからである。

いっぽう三つ以上の下位集団のあいだである方向に女性が与えられる一般交換は、A↓B↓C↓D……という図式であらわすことができる。これは父方、母方ふたつの交叉イトコとの結婚の可能性のうちどちらかだけを優先したときに発現する。AはBに女を与え、BはCに……という具合である。ただし、母方交叉イトコが結婚相手として選ばれる場合には世代を超えて女性の流れの方向は一定であり、比喩的にいえば電気の直流に似ているのに対して、父方交叉イトコが選ばれる場合には世代ごとに流れの方向は反転する、いわば交流のような状態が現出する。

限定交換であれ一般交換であれ、下位集団が世代間のつながりを父子関係を軸に考える父系を採用するか、母子関係を軸に考える母系を採用するかという、人類学でいう「出自規則」は以上の体系のあり方とは本質的な関係をもっていない。ただし、結婚後のカップルが夫方に住むか、妻方に住むかという人類学でいう「居住規則」との関係で「出自規則」は体系に影響する。先の引用文にあったとおり、ふたつの規則の一方が父方、他方が母方である「非調和体制」は限定交換に呼応し、ともに父方か、あるいは母方かという、「調和体制」の場合には安定的な一般交換の体系が成立しやすいのである。第一部ではオーストラリアの親族をめぐる民族誌的データが「限定交換」という概念によって、後半の第二部ではシベリアと南アジアを結ぶ軸を中心に中国とインドの膨大なデータが「一般交換」という概念によって分析される。

こうして「親族の基本構造」は母方父方双方の交叉イトコか、父方交叉イトコか、母方交叉イトコかが優先的に配偶者として選ばれる三つのあり方に整理される。こうした「親族のカテゴリー」が結婚相手を指定する婚姻体系」から「経済機構や心理機構が結婚相手を選択するメカニズムを与える」複合構造への移行はどのように考えることができるのか。『親族の基本構造』末尾の第二八章「複合構造への移行」では、いくつかの仮説がまだ十分な論理的検証をほどこされずに並行して検討されているという印象がある。ひとつはアフリカに見られる女性を獲得するための「花嫁代償」と呼ばれる対価のあり方の検討、ひとつは一般交換に内在する下位集団間の階層化つまり「妻の与え手」と「妻の受け取り手」のあいだに、ある必然性をもって生成する地位の格差（妻を与える集団が受け取る集団より上位になることが多いが逆もある）が体系にどのような影響を与えるかの検討である。いずれも女性の交換の体系に対して、財貨の交換と地位の格差という別種の体系がどのように影響しうるか（こうした影響をレヴィ＝ストロースは、エピクロスの言葉を借りて「社会学的クリナメン〔偏向〕」と呼んでいる）、という視点とまとめることができよう。そして、こうした「複合構造」への傾斜とともに「〔……〕――ウェールズの言い回しを再び借りるなら――「人目を忍ぶ、密かな」、ほとんど密輸に等しいやり方で」「現代ヨーロッパの婚姻のもつ三つの基本性格〔……〕すなわち、禁止親等の範囲外なら配偶者を選択できる自由、夫婦の誓いを前にした男女平等、最後に親族からの解放と契約の個人化」が侵入してくる、という言葉でこの章を結んでいる。基本構造と呼ばれる親族体系が優越する社会にあっても、それは常に異種の体系との干渉にさらされ、干渉の過程には常に影が形にそうように西欧的な結婚のあり方が揺曳している、とレヴィ＝ストロースは示唆しているのである。

『親族の基本構造』からの展開

一九五〇年代のレヴィ＝ストロースの「複合構造への移行」の研究は、次章で見るようにアメリカ・インディアンの「クロウ＝オマハ型」親族体系に焦点をあてることで始められながら、関心の中心は急速に神話研究へと傾斜してゆくように思われる。その理由がどこにあるのかを筆者なりに納得できるかたちで研究の展開過程のなかで跡づけてみたいということが次章の動機のひとつであることをあらかじめお断りしておきたい。

ただ、その詳細にふれる前に、『親族の基本構造』からの展開についてふたつの視点を提示しておきたい。

ひとつは、一九六五年の「ハックスレー記念講演」の「親族研究の未来」が、いったんは脇におかれたように見える「複合構造への移行」という主題への一つの回答をしめしていること（これは若干の修正をほどこして『親族の基本構造』の一九六七年の新版の「第二版序文」となった）、もうひとつはレヴィ＝ストロースの親族関係研究のもつ独自性である。

「複合構造への移行」の章では、親族体系への外部から「社会学的クリナメン」が作用して複合構造への傾斜が生じるということが議論されていた。しかし『親族の基本構造』では検討対象とされなかったアメリカ・インディアンの親族体系、とりわけ「クロウ＝オマハ型」をとりあげることで、レヴィ＝ストロースは、親族カテゴリーのあり方そのものから複合構造への移行の可能性をもう一度見直そうとしていると理解される。

複合構造とは一定の親族カテゴリーを禁止するだけで禁止範囲外では「経済機構や心理機構が結婚相手を選択する」自由を与える構造である。こうした親族関係のあり方を「構造」として分析するためにレヴィ＝ストロースはふたつの視点を導入する。ひとつはある親族カテゴリーのポジティヴな指定（交叉イトコと結婚するのが望ましい）と、ネガティヴな排除（近親を性的対象としてはならない、ただし近親以外なら指定はしない）のあいだに論理的な移行段階を案出すること、もうひとつは、これらふたつの規則のあいだに行為モデルとしての尺度の違いを設定すること、すなわち前者を行為者たちの経験的なレヴェルに近い構造の「機械モデル」と呼び、後者を行為者の経験的なレヴェルを超えた構造の「統計的モデル」としてとらえることである。

指定から排除への論理的移行は、「クロウ＝オマハ型」の民族誌データに即して次のように解決がはかられる。この型の親族体系では親あるいは祖父母あるいはさらに上の世代の姻族の子孫たちも広く結婚の対象から除かれる。こうして当事者の社会生活の圏内に見出される潜在的な結婚相手の多くが結婚可能な範囲から除外されてしまう。残された結婚可能なカテゴリーは結果的にそのカテゴリーだけが可能な範囲として「指定」されるのと同様の事態になる。つまり「クロウ＝オマハ型」では広範な近親の禁止の結果が一定カテゴリーの指定という基本構造と同等の意味をもつということになる。ただしこの種の体系では広範な禁止範囲は各当事者ごとにかなりの偏差があり、しかも世代ごとに移動する。

極度に単純化すれば、「基本構造」とは結婚できる相手のカテゴリーにスポットライトがあたっている状態、「複合構造」とは結婚できないカテゴリーだけが暗がりに残され社会の他の部分には光があてられ当事者がそれぞれの規準で選択できる状態にたとえることができる。この譬えでいえば、「クロウ＝オマハ型」では、個人ごと世代ごとにスポットライトのあたる位置も広がりも大幅に変化するために、結婚相手の選択はカテゴリーに即して「機械的モデル」で理解するよりも、社会全体における結婚相手の選択の分布という「統計モデル」で理解するのがふさわしい状況となる。それは複合構造が禁止範囲外で「自由な」選択がおこなわれることで個別の当事者ごとのランダムな配偶者選択に近い統計的な処理にふさわしい状態を現出することに似ているのである。

基本構造におけるカテゴリーのポジティヴな指定と複合構造におけるカテゴリーのネガティヴな排除のあいだにどのような論理的関係を見出し、双方を「構造」のもとに包摂できるかという主題を保持しつつ、レヴィ＝ストロースは以上のような視点を仮説的に提示してそれ以後の検討を次世代に委託したといえばいいだろうか。後に一九八二年、コレージュ・ド・フランス退官後、後を継いだフランソワーズ・エリチエ（一九三三―二〇一七）がこうした方向での研究を引き継ぐことになった。

もうひとつの視点は、レヴィ＝ストロースの「交換」の論理が、親族関係への「常識的」な見方とどう異なっているかという点である。

分析されたデータの量と分析の鋭利さ、親族体系の意味を探究することへの明晰な情熱がこの壮大な論証の書を読むことに、ある感動を与える。ただその「交換」の視点から親族関係を解釈しなおす透徹した論理が、過去そして同時代の人類学者の大多数に多かれ少なかれ共有された社会観に根底的な疑義を対置するものであったことは、今日なお十分に理解されていないように思われる。父系、母系の系譜意識に支えられた氏族への個人の帰属という原理こそが社会を構成するという、帰属すなわち「同一性」の論理である。そして、一夫一婦の「単婚」中心的な見方である。

同一性の論理が誇張ともいえるまでに徹底されたものとしてデュルケームに代表されるトーテミスム論がある。父系あるいはそれに先行する母系の系譜によって結びつく「神話的な」先祖としての動植物であるトーテムと氏族集団の「同一性」の観念、それに支えられた氏族成員間の同一性の観念。デュルケームにおいては氏族成員の「血」の同一性、同じ血を流すことの忌避こそが「近親婚の禁止」の基礎とみなされていた。また、フロイトにおいては、より劇的なイメージによってトーテム供犠を食べることで「父」と同一化することと「近親婚の禁止」の発生が結びつけられていた。

女性の「交換」に親族関係の生成を見るレヴィ＝ストロースは、系譜関係によるトーテム祖との同一化という垂直の関係ではなく、女性の交換と循環による水平方向への関係の展開と伸張に注目するということもできよう。

そうした視点はまた、「家族」という閉じた集団をも理念的に否定することが「家族」という題の小論で議論されている。ここではその結論にしめされた印象的な文言を拾い出しておくだけにとどめておこう。そこでは家族は以下のように位置づけられている。

社会が文化にもとづくものであってみれば、社会生活のなかで妥協せざるをえない自然の要請の発現が家族なのである。〔……〕技術・経済の発達の程度によって文化を配列する目盛の両端で、自然がもっとも尊重されているのも驚くにはあたらない。〔……〕便宜的に中間的と呼びうる段階においてよりも、きわめて原始的であるとされる社会と現代的社会において、比較的安定した単婚の小家族が、重要な位置を占める理由はこれで解明される。

しかし、自然と社会のあいだの均衡点のこのような移動は、全体図に影響を与えるものではない。ゆっくりと難渋しながら旅行する場合には、頻繁でしかも長い休憩が必要である。早くしかもたびたび旅行ができるとすれば、理由は異なるが、やはり息をつくために頻繁に止まらなければならない。〔……〕旅が一時中断される宿営地だけが旅ではないのと同じように、社会は家族によって成り立っているのではない。社会における家族は、旅行における一時休止と同じように、社会の条件であると同時にその否定であると言えよう。

第三章　野生の思考へ向かって——模索の時代

1 神話研究への助走

構造と幻想

一九五〇年代のレヴィ＝ストロースの模索には『親族の基本構造』の主題を、「複合構造」の研究へと発展させようという志向と、さらに新たな主題へと飛躍しようという意欲が共存する独特の緊張感がみなぎっている。

第二次世界大戦というカタストロフィーを、レヴィ＝ストロースはアメリカへの亡命によって切り抜けた。カタストロフィーを切り抜けるというその動機は、破局を切り抜けて別の世界に到達する意欲に支えられていたようにも思われる。カタストロフィーを生み出し、カタストロフィーに見舞われた西欧からはもっとも遠い他者の、もうひとつの豊かさの思考を我がものとする意欲……。『悲しき熱帯』に描かれた彼らとの出会いではいわばブラックボックスとして残されていた「彼ら」の思考に到達するための外枠は『親族の基本構造』によって描き出された。彼らは彼らをとりまく世界をどのようにとらえているのか、というブラックボックスのなかにどう接近するか。そうした課題こそ持続する営為を支えたものではなかったか。一九五〇年代のレヴィ＝ストロースの探究は、きわめて多方面にくりひろげられた。と同時に、後にふれるように、この一〇年間は国際機関ユネスコの人文社会科学部門にもかかわっていた。この一〇年間、持続する意欲を、『親族の基本構造』を起点にたどるにはどのような読解が必要なのだろうか。

先に引用した『音と意味についての六章』の「序」には、レヴィ＝ストロースが音韻論から得た霊感の構造、すなわち思考の形の共通性と、その思考が異なったリアリティへ適用され新たな展開を見せるありようが明晰にしめされている。空虚な形式の介在による音から意味への移行（言語の生成）と、禁止という形式の介在による自然から文化への移行（親族関係の生成）が同じ形のリアリティであること。音素間の関係の束と婚姻規則間の関係の束が対比できること。それらが異なったふたつの平面でのコミュニケーションの生成という出来事を指示すること。こうしたレヴィ＝ストロースの主題設定には、新たな人類学を設立する強固な決意とともに、言葉としては表明されていない直観が含まれていないだろうか。

言外にしめされた重要な点は、関係がいかに生成するかを明らかにするのに、音あるいは自然の形式化による意味への「移行」そのものを、移行の方向にそっていわば前進的にとらえる音韻論のみがある無意識のリアリティをとらえることを可能にするのであれば、生成した後の意味あるいは意識の側から意味の発生に遡行する方法（あらゆる人文科学は、人間の世界に意味があることを暗黙のうちに想定することで、こうした方法の有効性を無批判に前提してはいないだろうか）には常に幻想がまぎれこむ余地がある、と考えられる点である。レヴィ＝ストロースは音韻論が、既存の人文科学にはない、幻想を克服する方法論的な豊かな可能性をはらんでいると直観したと考えられる。

音韻論を拡張して親族関係研究に適用できるという見通しは、一九四五年の「言語学と人類学における構造分析」ではじめて明確にしめされた。そして数年の作業を経て、それまで蓄積されていたオーストラリアから北アジアにいたる親族関係研究の膨大な民族誌が、『親族の基本構造』において、女性の交換の三つの体系とその変換として解明された。そこでは「変換」はもっとも洗練された数学的な変換の概念まで動員して検証されている（数学者アンドレ・ヴェイユ［一九〇六―九八］に執筆を依頼した付録）。複合構造と基本構造はまさに構造の概念を共通分母としてはじめて相互に関係づけることが可能なものとなった。

それはまた、人類学的研究に、歴史とは異なった共時性のレヴェルで作動する構造という「不変項」を導入しなければならない、という主張でもあった。不変項は、新秩序の形成や秩序の崩壊という歴史的・通時的「変化」とは異なる多様な共時的「変換」の可能性をはらんでいる。しかし変換の側面を度外視された「不変項」の主張は、レヴィ＝ストロースの構造主義を、歴史を否定する静態的な視点であるとする誤解を誘うものでもあった。そして現在でもこうした誤解は減るどころかいっそう広がっているように見える。こうした誤解に対してレヴィ＝ストロースは一九五六年の文章で、ヤコブソンを引いてあらかじめ反論している。「静態と共時態を同義語と見なすのは重大な誤りである。静態的切断はフィクションである。それは科学上の非常手段にすぎず、存在の独自の様式ではない。映画の知覚は通時的ばかりでなく共時的にも考察できるが、ある映画の共時的側面はその映画からとり出された孤立した映像と同一のものではない。運動の知覚は共時的側面の中にも存在する。これは言語についても同様である。」フィクションとしての切断面あるいは孤立した映像ではなく、共時態のなかにある運動すなわち変換をとらえることこそレヴィ＝ストロースの構造分析が狙ったものだったといえよう。「自然に課される形式間の共時態レヴェルでの動的な変換可能性」、これが人間の現実を構成する基本的な条件とみなされた親族の基本構造の探究においてレヴィ＝ストロースが音韻論から触発された直観だった。そしてこの直観は神話研究という新しいフィールドでも堅持されることになる。

親族体系・言語体系・神話体系

レヴィ＝ストロースにとって、音から意味への移行という事態を解明する音韻論と同型の知として親族関係論を構築することが、それまでの人類学を支配していた進化論や伝播論や機能論の幻想を克服して、「複合構造」の側から「基本構造」を了解するための条件だったことは確認できた。インセストの禁止による交換の生成、すなわち自然から文化への移行が普遍的な無意識のリアリティをとらえる基礎となるとすれば、『親族の基本構造』の終章で論じているように、エディプス・コンプレックスの個体における臨床像から、原初の父殺しへと遡行するフロイトのインセスト禁止の解釈もまた幻想であり、フロイトが依拠したギリシャ神話と同列の神話の一ヴァリアントにすぎないことになる。おそらくこれが、一九三二年の書評で『トーテムとタブー』に与えたコメントへの自分自身による回答だったのだろう。

フロイトの理論が科学的言説ではなく神話的なものにほかならないことは、交換という必然性の克服を夢見る諸社会の神話と基本的には変わらない。「シュメール神話は、諸言語の混淆が語をすべての人の共有物に変えた瞬間に原初の幸福の終わりを置き、アンダマン神話は、女がもはや交換されなくなる天国として彼岸の至福を描く。」

音韻論に対比される親族論は、論理的な必然として、交換という現実（下部構造と呼べるかもしれない）に対する遡行的幻想としての神話（上部構造と呼べるかもしれない）とは何か、という第二主題を導き出すのではないだろうか。『親族の基本構造』の最終章「親族の原理」が、フロイトの『トーテムとタブー』を神話として批判し、交換に支配されない世界を描く諸神話に言及してしめくくられている事実は、そのことを裏づけているように思われる。そして後に、『今日のトーテミスム』と『野生の思考』において、より精緻で徹底したかたちで構造による幻想の解体が試みられる。前者ではフロイトの理論が、後者ではサルトルの歴史哲学が幻想として俎上に載せられることは後にたしかめよう。

しかし、『親族の基本構造』以後のレヴィ＝ストロースの探究では、神話という主題を再確認するのに、もうひとつ別の迂回路をたどっているように思われる。言語学の成果と親族構造論の対比をいっそう徹底する試みである。

プレイヤード版の年譜によれば一九五〇年前学期にコレージュ・ド・フランスのルバ基金講座で「社会構造の神話的表現」と題した六回の連続講義をおこなっている。その内容は不明で、これまでこの講義について言及された文献を眼にしたことはない。いずれにせよ、神話への取り組みは同年秋に高等研究院の「宗教研究」部門教授着任以前から始まっていたことになる。レヴィ＝ストロース自身、しばしば神話への関心の移動を「宗教研究」担当になったという偶然に帰しているが、それほど単純な経緯ではないのだろう。年譜にはその年の暮にコレージュ・ド・フランスに二度目の落選をした後に、高等研究院への着任が決まったと記されている。

一九五一年の論文「言語と社会」、五二年の学会報告「言語学と人類学」、そしてこれらの論文（『構造人類学』の第三章、第四章）への五六年の「後記」（五八年の『構造人類学』刊行時に初出）に、神話という主題にいたる行程をたどることができる。

一九五一年の論文（「後記」によれば四九年におこなわれたアメリカでの学会報告）では親族研究で成果をあげた余勢をかって、親族体系の類型をインド＝ヨーロッパ圏、シナ＝チベット圏、アフリカ圏、オセアニア圏、北アメリカ圏の五つに分類し、「ある社会の言語の構造と親族体系の構造のあいだに形式上の対応があるということを、公準として認め〔……〕親族体系と構造の面で類似した言語が存在するはず」だという仮説を検証しようという提起をおこなっている。そこで想定された親族体系と言語構造の関連とは、たとえば「北アメリカ圏」についていえば次のようなものである。

北アメリカのインディアンに固有な親族体系のひとつが「クロウ＝オマハ型」と呼ばれ、レヴィ＝ストロースの用語では「限定交換と一般交換という両立しないはずの交換の定式の区別を廃止したもの」ととらえられる。そしてこうした親族体系は、「要素の数が比較的多く、これらは結合して比較的単純な構造を作り出すのに適したものだが、その際、構造の方には何らかの不均斉を生じざるをえない」言語体系に対応するとされる。親族体系における不均衡が、言語体系における不均衡と対応するというわけである。

言語学と人類学の接近をはかり、音韻論を超えたより広範な構造のレヴェルで親族体系と言語が対応するという見通しをしめしたこの報告は、大がかりな構想のわりには緻密さに欠けており、さまざまな批判にさらされたようである。

個人的な記憶だが、人類学に関心をもちはじめたころ、「流行」の先端を追うために『構造人類学』を一読し、収められた他の論文に比してこの論文の論旨展開の肌理の粗さに驚かされたことがよみがえってくる。この驚きの記憶を手がかりに、アメリカの学会の冷淡な反応を想像できるように思う。「後記」には一九五二年の報告は四九年の報告に対して「アメリカの学会に起こった反論に答えたもの」だと位置づけられている。

言語相対主義への批判

こうした応酬と並行して、レヴィ＝ストロースが戦後、フランスとアメリカとの学問動向を並行して追いながら、ボアズ没後のアメリカ人類学の重要な一角を占めることになったエドワード・サーピア（一八八四―一九三九）とベンジャミン・リー・ウォーフ（一八九七―一九四一）の言語学的人類学をどう評価するかに注意を向けていることにも注目しておきたい。世界の切り分け方は言語ごとに異なるという、いわゆる言語相対主義に対しては慎重な留保をおこなっていることが、これらの論文にしめされているのである。

〔……〕ウォーフは言語と文化との相関関係を発見しようと努めたのですが、彼の説は必ずしも納得のゆくものとは私には思われません。〔……〕彼は言語には言語学者として接します。〔……〕ところが、それと比較される文化的実体はほとんど手を加えられていず、粗雑な観察が提供するままのものにすぎません。ウォーフは、対象のあいだに相関関係を発見しようとするのですが、それらの対象は、観察の性質からいっても、それらを得るための分析の精度からいってもまったくかけはなれた二つのレヴェルに属しているのです。

言語と文化の観察と分析の精度を同等にするためには、文化の分析において言語分析（その到達点に音韻論がおかれている）に匹敵するレヴェルの精度をいかに達成するかが問われる、とレヴィ＝ストロースは示唆しているように思われる。そしてこの要請に一九五六年の「後記」で印象的な解決が与えられることは後にふれる。

言語相対主義に対しては距離をおきつつ文化・社会と言語の関係論を独自の仕方で追究する一九五二年の「反論」には注目すべき展開がある。親族体系と言語体系の対応をより緻密に論じるためにレヴィ＝ストロースは、ふたつの体系の関係を、それぞれに含まれた時間性がどう対応するかという問題として定位しなおしているのである。「ホピ族の親族体系には三種類の時間が介入」し、年代記的な漸進的・連続的時間と、同一カテゴリーが反復する「空虚な」時間と、ふたつのカテゴリーが交替するいわば円環的時間という三次元が交差している。「反論」

においては、一九四九年の報告の大胆さとは打って変わってこうした時間性が言語体系にもそのものとして確認できるかは専門の言語学者に慎重にゆだね、言語体系と親族体系を媒介する第三の体系として神話体系を導入している。関心の中心が神話研究に移行しつつあることを予告しているともいえる興味深い一節を、長さをいとわず引いておこう。

これらの変換は、同一の神話がホピ族、ズニ、アコマにおいてそれぞれとる形態を比較する神話研究から明らかになる変換に対応しています。一例として出現の神話をとってみましょう。ホピ族はこの神話を系図の形で考えます。すなわち、神々は、古代ギリシャ人の万神殿のように、たがいに夫、妻、父、祖父、娘などの関係にあって一つの家族を形成しているのです。この系図的構造は、ズニではははるかに明瞭さを欠くものになり、対応する神話はここではむしろ歴史的・循環的な仕方で組織されています。別のいい方をすれば、歴史はいくつかの周期に下位区分され、それぞれの周期はほぼ前の周期の再現であって、各周期の立役者たちは相同性《ホモロジー》の関係に置かれているのです。最後にアコマでは、ホピ族およびズニでは個体として考えられていた立役者たちの大部分は対の形で二重化され、その対の両項は対照的な属性によって対立することになります。このようにホピ族およびズニの場合には前面におかれていた出現の光景が、アコマでは二つの力――上方の力と下方の力——の結合した作用による天地創造という別の光景の背後に消えてしまいます。神話は、連続的あるいは周期的な進行のかわりに、この集団における親族体系の構造に似た二極的構造の総体としてあらわれるのです。

音韻論の第二の啓示と神話の構造

こうして一九五二年には、親族体系の内包する複数の時間性を神話体系において再確認するかたちで人類学的関心の移動がはかられていた。そこではホピ、ズニ、アコマという、いわゆるプエブロ諸集団の神話ヴァージョン間での「変換」という概念もすでに素描されていることは右の引用に見られるとおりである。

親族関係の形成メカニズムの母体としての交換の重要性は、おそらく一九三〇年代後半、すでにふれたようにブラジルでのフィールドでモースの『贈与論』の理論的射程を再発見したことにさかのぼるが、そのことは基本構造としてのオーストラリアの親族体系で検証され、北アメリカの「クロウ＝オマハ型」に複合構造への移行を示唆するその限界例が確認され、その検討の過程で言語体系と親族体系を媒介する第三の体系としての神話体系という研究領域が見出された。そして翌一九五三年からは高等研究院のゼミで二年にわたって、プエブロ神話体系そのものが正面から検討され、その成果が五五年に「神話の構造」として公刊される。

高等研究院でのゼミの内容は、それからほぼ二〇年後の一九七一年、リュシアン・セバーグ（一九三四―六五）を著者として『プエブロ・インディアンにおける世界の創出』という標題でレヴィ＝ストロースの序文を付して刊行された。すでに『構造主義とマルクス主義』という著作のあったこの若い俊才は、レヴィ＝ストロースの了解のもとでゼミの内容を整理し発展させて著作としてまとめていた。ところが、プレイヤード版の年譜には一九六五年二月九日、レヴィ＝ストロースが五〇年に連続講義を担当したコレージュ・ド・フランス・ルバ基金講座で講義を開始する一週間前にセバーグは自殺したと記されている。それにほぼ一年先立つ一九六四年一月、レヴィ＝ストロースは、セバーグの精神分析をおこなっていた、帰国後に友人ともなったジャック・ラカン（一九〇一―八一）との関係を絶っていた、とある。ちなみに三人目の妻とはラカンの仲立ちで出会っていた。

ブラジルのフィールドで始まった人類学的探究は、まず親族関係を対象として十数年をかけてオーストラリア、アジアを巡った後にアメリカ大陸の神話世界に帰還したといえるかもしれない。

プエブロ神話体系の研究がどのようなものであったかを知るにはいくつかの手がかりがある。『パロール・ドネ』に収録された高等研究院における「アメリカ神話の研究」という二年分の講義要録、講義の成果をその後の研究計画として簡潔にしめし『構造人類学』の論集に収められさまざまな議論を呼んだ「神話の構造」、講義の成果を整理発展させた前述の『世界の創出』、親族体系と言語体系の関係の検討から神話体系の研究への重心の移動について補足的な説明をくわえている「後記」である。ここでは主に講義要録と「後記」にしたがって神話研究の出発点においてもある独自の仕方で音韻論のモデルが参照されていることを確認したい。

「アメリカ神話の研究」と題した講義要録の冒頭では、東部および中央プエブロの三〇余りの異伝を「一般的な原則を引き出せることを期待して」分析し評注を加えたと述べ、「あらゆる神話の言説を、ある種のメタ言語として扱うことにした。このメタ言語の構成要素となるのは「主題」や「場面」〔シークエンス〕であるが、これらはそれ自体で意味作用をもつものではない。これは言語〔ラング〕における音素のようなもので、体系の中に関連づけられたときのみ意味を持ちうるものである」と方法論を提示している。

神話はいうまでもなく語り手が語る話（ディスクール）の集積としてある。その話はひとつひとつの文からなっている。話の最小単位として、文は常識的には意味を担っていると考えられよう。この常識に反してレヴィ＝ストロースは神話の最小単位としての「主題とシークエンス」をそれ自身では意味を欠き、体系のなかで分節化されて（他と対立関係において）はじめて意味をもつ「音素のような」ものと扱うことを提案しているのである。神話をあらためて意識的な探究の主題に設定したとき、レヴィ＝ストロースはきわめて逆説的に、一定のまとまりをもった文章からなる神話の構成単位を音素に相同なものとして分析の基礎におくという。

こうした方法の提起は、神話をラングとパロールの双方の特性が浸透する言語構造として位置づけつつ、ラングのもつ共時的なあるいは時間的には可逆的な構造体としての特徴を重視することとも表裏一体をなしている。それにしても、神話の構成単位（「神話素《ミテーム》」と呼ばれる）をそれ自体は無意味な音素に相同のものと仮定するという大胆な見通しはどこから発想されたのだろうか。

人類学がモーガン以来関心の中心においてきた親族関係論において音韻論を参照した主題設定がきわめて有効であり、『親族の基本構造』が当該分野の研究のブレークスルーを可能にしたという自信がその背景にあったのだろうと推測される。しかしそれだけでは、親族関係という領域と神話という領域が同一の展望から新しい展開を可能とする保証にはならない。神話素を音素と相同のものと仮定すること、いいかえれば神話研究においても音韻論に霊感を得た人類学的直観を研究の基礎にすえることに発見的価値があるという着想は、レヴィ＝ストロースが神話研究において狙った企図に照らして理解されるべきであろう。

その企図もやはり、神話研究が完成した後に、ヤコブソンの構造言語学との出会いを回顧した『音と意味についての六章』の「序」に簡潔にしめされている。通常の言語活動の一部にほかならない言語活動としての神話が、言語内部で特殊な位相を形作っていることを指摘しつつ、次のように述べている。

命令し、質問し、通報する言語的言表、文脈さえ与えられれば、同一の文化または下位文化のあらゆる成員が理解しうる言語的言表とちがって、神話は決してその聞き手に一定の表意作用を提示しない。神話はある解読格子を差し出すのであって、この格子は、ただその構成規則によってしか定義されない。神話が所属する文化に加わっている者にとっては、この解読格子が、神話そのものではなく、それ以外のあらゆるものにある意味を与える。つまり集団の成員が多かれ少なかれ明瞭に意識している、世界の、社会の、社会の歴史のイメージや、また、これらさまざまな対象が成員に投げかける種々の疑問のイメージにある意味を与えるのである。

神話はそれ自体は意味を欠いた、しかしそれ自体以外のものに意味を与える解読格子であり、その構成単位はしたがって意味を欠いた音素に相同であり、多様な変換関係を産出しうるものとみなされなければならない。そしてさらにこう付け加えている。「これらのばらばらなデータ〔種々の疑問〕は互いにうまく結びつかず、たいていは衝突する。神話によって提供される理解可能性の母型は、それらを分節して首尾一貫した一個の全体とすることを可能にするのである。ついでに言えば、神話に与えられるこの役割は、ボードレールが音楽に付与しえた役割にそのまま通じることがわかる。」

神話と生存の諸条件

「種々の疑問」とは、人間の生が限られていること（なぜ人は死ななければならないか、しかし、死ななければならないのなら、なぜ霊魂としては生き続けると人は考えるのかという、もうひとつの疑問も生じるだろう）、人はなぜ狩猟や農耕によって食料を獲得しなければならないのか（労働の起源）、といった人間の生存の条件そのものへの問いにほかならない。こうした問いをレヴィ＝ストロースは、おそらくプエブロの神話群を時間性の形態といった限定された興味（一九五二年の「反論」ではこの問題に限定して述べていた）だけではなく、さまざまなヴァリアントの総体として再読し、さまざまな変換を確認するなかで、神話自身が立てる問いと回答という「不変項」としてとり出していったのであろう。

プエブロ神話においてとり出された人間の生存条件は狩猟、農耕そしてある種の戦いとして狩猟に似た戦争などである。なぜ人間はそのようにあるのか、という神話が自らに立てる問いは、『神話論理』ではいっそうの広がりと重層的なリアリティを与えられる。あるいはそのような問いをレヴィ＝ストロースは神話から聞き取ることになる。そのなかでももっとも核心的な問いが、人間はいかにして火を獲得したか、火を獲得することで料理をおこない「自然」を離脱して「文化」に移行したかという問いであった。この主題が『神話論理』の第一巻『生のものと火にかけたもの』でとりあげられることになる。火が自然から文化への移行をしるしづけるとすれば、裸から着衣への移行をしるしづける装身具の起源と火の起源とは変換の関係になければならないだろう。装身具の起源もまた全巻にわたるモチーフのひとつとなる。そして火を使いながらも食料ではない（ただし南北アメリカ・インディアン世界では霊的世界に到達するための手段である）タバコと、火による処理なしで食べることのできる甘美な蜂蜜はいかにして獲得されたかという主題が、第二巻の『蜜から灰へ』の主題となる。『食卓作法の起源』と題された第三巻は、食事をふくむ人間の「作法」はいかにして生成したか、という問いが主題である。第四巻『裸の人』はこれら人間の条件を語る神話という視点を北アメリカの限定した地域を中心に集中的に検証する。『神話論理』がこうした神話の問いかけと回答を主題にしていることを先回りして確認しておくことで、プエブロ神話を手始めのコーパスとして予行演習された神話研究の豊かな展望が予感されるだろう。

こうした模索に絡みあいながら、レヴィ＝ストロースの関心は神話を軸としてじつに多面的に触手をのばし思考実験を試みている。神話と儀礼の関係の再検討、死をめぐるウインネバゴの神話の分析、霊魂観の再検討などである。おそらくはなぜ人の寿命は短いのか、という神話の提起する「種々の疑問」に導かれて、この時期レヴィ＝ストロースは「死」の問題に系統的な関心を寄せているとも思われる。

『パロール・ドネ』の講義要録によれば、レヴィ＝ストロースは一九五一年から五二年にかけて高等研究院で「霊の訪問」という講義を、五六年から五七年にかけて「霊の観念についての最近の研究」という講義をおこなっている。第一の講義は、生者と死者の関係がおおよそふたつの類型に分かれ、ひとつは両者が平和な契約関係をとり結びある種の互恵関係を設立するという宗教観念の体系であり、もうひとつは両者が相手を統御しようと対抗関係を維持するという宗教観念の体系であるとする（その内容はほぼ『悲しき熱帯』の第二三章に採録されていることは『パロール・ドネ』に注記されている）。第二の講義は、すべての事物をひとつの思考の体系の内部で関連づけることを可能にするために、原初的な論理が事物の「写し」という観念を作り上げたものが「霊」の観念であるとする。関連づけはヤコブソンの議論を参照して「隠喩」と「喚喩」によってなされるという。他の研究と並行して一九五〇年代のレヴィ＝ストロースが死者の霊あるいは魂といった観念を、言語学に依拠して再解釈をも試みていたことは興味深い。一九五二年の講義録は「〔……〕これらの社会での生者と死者の関係として見いだすことのできた表象は、生者の現実の関係を宗教思想の平面に投射したものにほかならない」としめくくられている。レヴィ＝ストロースにおける「死」への関心は、最終的に「生」の側に生きることの根拠をおくことを確認してしめくくられているといってよいだろう。
後のコレージュ・ド・フランスでの初年度講義の以下の一節は、こうした関心のひとつの結論として受け止めることができよう。

あらゆる事実が、死の問題に対して生物がとる二つの相補的な応答のようなものとして、文化と社会が発生している、ということを示唆している。社会は動物がみずからの死すべき運命を知ることを阻むものとして生じ、文化はそれを知る人間の対応として生まれている。

人間の生存の諸条件がいかにして発生したかを神話が語るのだとすれば、そこにはふたつの設問がふくまれることにも注意しておきたい。ひとつは、いうまでもなく神話はこうした発生をいかに語るのかという問いである。もうひとつは、生存の条件はじっさいいかにして発生したのかという、いわば人類史的な問いである。したがってレヴィ＝ストロースの神話研究は、常に人類史あるいは考古学、さらには人間以外の生物と、生物としての人間の差異を明らかにすべき生物学の最新の成果を参照しながらおこなわれることになる。

構造化された感性の体系としての文化

言語と社会をマクロなレヴェルで構造という視点から比較するという試みを批判したアメリカの学者に対してレヴィ＝ストロースは、両者の中間に神話の構造を媒介項としておくことで応えた。それはほとんど時をおかずにプエブロ神話群の研究へと展開され、音韻論という発想の源泉に立ち戻ることで、音素に相同な神話素という着想を導いた。いっぽうフランスにおける批判に応えるために一九五六年に執筆された「後記」には、別の展開がしめされている。そこにもまた常に立ち戻るべき原点としての音韻論モデルが参照されている。

レヴィ＝ストロースの試みを社会あるいは文化を言語に還元し、また総体としての文化と社会（批判者はフランス文化やイギリス文化といったいわゆるナショナルな文化、社会を前提としていることがレヴィ＝ストロースの反論からうかがえる）を対象としているという批判に対して、レヴィ＝ストロースは、一定の規則《コード》によって律せられる限定された下位文化、下位社会こそが研究対象とされるべきであると反論し、例として料理の分析の素描を提示しているのである。こうした研究の方向こそ先にふれたウォーフへの批判で念頭におかれていたものであろう。

イギリス料理やフランス料理はそれぞれの国民文化の下位文化として、ある規則によって律せられる。料理の構成単位を対立と相関によって組織される味覚素《ギュステーム》と呼ぶことが提案されている。味覚素は、これらのふたつの料理の体系においては、素材が国内産か外国産か、料理に中心的な要素が存在するか否か、味つけが強いか弱いかによって三つの次元をもつという。「イギリス料理では、食事の主たる要素は味の薄い国産の材料で作られ、これに示差的価値がいずれも強度に有徴である外国産の要素がまわりから付加される（紅茶、果物入りのケーキ、オレンジ・マーマレード、ポート・ワイン）。これに対してフランス料理では「国内的／国外的」の対立はきわめて弱くなるか消滅し、同程度に有徴な「味覚素」どうしが組みあわされて中心部にも周辺部にも現れる」というわけである。こうした味覚素に加えて、中国料理における酸味／甘味の対立や、料理が出される順序による通時性（一品ずつ一定の順で供される）／共時性（多種の料理が同時に供される）の対立もまた味覚素の構成要素となる。

ここには一九七〇年代以降に人文科学を風靡する記号論的分析の先駆的な試みを見ることができるが、それがレヴィ＝ストロースにおいては、下位文化のレヴェルを設定しそこに音韻論から触発された分析手法を導入するという、一貫した志向から導出された視点であることが読み取れる。音素を構成する声の弁別特性のモデルが、言語と聴覚の領域を超えて味覚という感覚与件にまで拡張されるのである。聴覚がほとんど排他的な研究の領域になる音韻論に対して、ここでは「対立と相関の関係」が人間の五感すべてに拡張しうるものとされている。後に『神話論理』において料理（あるいは料理の火）は「自然に課される形式」のもっとも基本的な与件として神話分析の基軸となる。そうした視点の最初の提示はこうして音韻論の枠組みを、料理という下位文化に適用する試みとして形を与えられた。やがて味覚素の諸特性は神話素の変換の論理に組み込まれ『生のものと火にかけたもの』における「神話論理」のひとつの核心を表明した次の一節にまで展望を広げることになる。

このようにしてわたしは、先住民の哲学において料理が占める真に本質的な場を理解しはじめた。料理は自然から文化への移行を示すのみならず、料理により、料理を通して、人間の条件がそのすべての属性を含めて定義されており、議論の余地なくもっとも自然であると思われる——死ぬことのような——属性ですらそこに含められているのである。

2　ユネスコと野生の思考

ユネスコ事務局長レヴィ＝ストロース

数年の模索の後、一九五〇年代末には神話研究の方法論序説とも呼べる『野生の思考』の主題が急速にそして一挙に形をととのえてゆくという印象がある。しかし、その行程をたしかめる前に、一九五〇年代のレヴィ＝ストロースの探究のもうひとつの軌跡を四〇年代末にもどって足早にたどっておきたい。

『親族の基本構造』を完成し、大西洋を往還する長いノマド生活に終止符を打って一九四七年末にフランスにもどったレヴィ＝ストロースは、国立科学研究所（CNRS）の研究員に着任し、翌年にはかつてマルセル・モースらがフランス人類学の拠点に作りかえた人間博物館の副館長として実質的な運営にあたることになり、館友であった作家のミシェル・レリス（一九〇一―九〇）との交友が始まった。さらに、一九四八年にはニューヨークで同僚でもあった科学史家アレクサンドル・コイレ（一八九二―一九六四）の家で精神分析家のラカンと知りあうことになる。哲学教授資格試験の同期生だった哲学者モーリス・メルロ＝ポンティ（一九〇八―六一）とはすでに一時帰国した一九四五年に再会していた。このメルロ＝ポンティの強い支援によってレヴィ＝ストロースは一九五九年、まさに三度目の正直というとおりコレージュ・ド・フランス教授に選出されることになる。一九四〇年代末はフランス残留組と亡命者たちのネットワークの再構築の時期だったといえるだろう。

そして一九四九年一二月には、ユネスコが戦後、ナチスの人種差別という負の遺産の克服を目標にパリで開催した「人種に関する専門家会議」に人間博物館副館長の資格でフランス代表の要職を務めることになる。ユネスコで重要な役割を果たしていたアルフレッド・メトロー

（一九〇二―六三）からの要請にしたがったのである。古文書学校でバタイユの同級生であり、根っからの民族誌家だったといえそうなスイス出身のメトローと、レヴィ＝ストロースがはじめて出会ったのは、一九三九年二月ブラジル調査を終えて、戦火のせまったフランスに帰国するためにサントスの港町に赴いたときだったことがプレイヤード版の年譜に記されている（後にもとりあげるメトローの日誌には、この出会いの日、レヴィ＝ストロースが、ブラジルの政治の現状に苛烈な批判の言葉を吐いていたことが記されている）。

ユネスコのアーカイヴを丹念に掘り起こしてこの会議の経過を再構成した研究によれば、わずか三日の日程で、生物学者から社会学者、人類学者一〇名ほどの集中的な議論によって、「人種の概念を定義し、これに関わる科学的な知見を総括し、今後の研究の方向を提起し」、さらには「あらゆる科学者によって受け入れられるべき」反人種主義の宣言を起草し公表することが使命とされていた。しかし、ナチスの所業に対する追及の意識の強さに比して、遺伝学をふくむ専門家のあいだで合意をとりつけることはむずかしく、討論は不毛なものになりがちだった。会議終了にあたって宣言を起草することなど思いもよらない状況だったという。出口の見えない状況のなかで、レヴィ＝ストロースの提案にしたがってアメリカの遺伝学・人類学専門家アシュレー・モンタギュー（一九〇五―九九）が草稿を書くことになり、宿泊先のホテルで一夜で作成したものが一九五〇年六月公表されたユネスコの宣言であった。

雄弁ながら独断的で敵も多かったモンタギューの草稿による「宣言」に対してはとりわけ生物学者、遺伝学者から猛烈な反発が起こり、ユネスコは生物学者を中心として再度専門家会議を開催することを余儀なくされ、翌一九五一年六月に開催された会議でとりまとめられた第二の「宣言」が五二年五月に公刊されることになった。

この間にレヴィ＝ストロースは、一九五〇年八月から一〇月にかけてユネスコの依嘱で「パキスタンにおける社会科学教育の現状」の調査をおこない、チッタゴン丘陵（現バングラデシュ）での短期のフィールドワークをおこなっている。そのときに訪れた仏教寺院での経験と仏教をめぐる省察は『悲しき熱帯』の末尾にも印象的に描かれている。

後にメトローは、一九六三年、スイスの山中で自死してしまうが、残された日誌には、ユネスコ勤務時代のレヴィ＝ストロースや、親友であったレリスとの交流が、電報のような文体で簡潔に記されている。たとえば一九五二年一月一七日木曜日、「レヴィ＝ストロースのミツバチの言語と香水の言語についての報告。この標題で彼はあらためて自然から文化への移行の問題をとりあげた。彼にとって神話は音素と同様、神話体系のなかでのみ理解可能となる。神話の内容を探究するのは無駄である。レリスの家で夕食、歩いて帰る。レリスにとってもっとも幸福だったのは南オランで過ごした半年間だった」。一九五二年一二月二日火曜日、「哲学コレージュでのレヴィ＝ストロースの神話についての報告。神話――言語と類似の現象、主題は混ぜ合わされ結合される要素、トランプとの比較、政治は過去の大きな主題を利用するひとつの神話だ」。一九五三年二月一四日土曜日、「〔……〕レヴィ＝ストロースの家で昼食。モニックとアパルトマンの問題話す。彼女は仕事をしたい、レヴィ＝ストロースからの評価を保つには仕事をすることは絶対的に必要なのだと」など。

ユネスコによる反人種主義キャンペーンのなかで、メトローの求めに応えて「近代科学にとっての人種問題」というシリーズの一冊として一九五二年に刊行されたのが『人種と歴史』であった。そして翌五三年にはレヴィ＝ストロースはユネスコ社会科学国際委員会（ＩＳＳ）の事務局長に選任された。もっとも、『遠近の回想』で「どんな仕事だったのですか」というインタヴュアーの質問に、「目的も持たず、任務も持たない組織にも存在理由があるのだ、ということを印象づける努力をしていたのです」と諧謔を交えて答えている。

『人種と歴史』

謙遜もふくめて自分では「パンフレット」と形容している『人種と歴史』は幾度も版を重ね、最近ではフランスの高校の参考図書にも指定されているという。この小冊子には、あらゆる社会に存在する「自民族（自文化・自社会）中心主義」の批判、それぞれの文化が固有の価値をもつという徹底した文化相対主義の主張と西欧文化中心主義への批判がレヴィ＝ストロース独自の鋭利な論理によって結合され、人種差別（じっさいには白人優越の思想）の思想的根拠を解体している。

多くの「未開社会」が自分たちを端的に「人間」と呼び、周囲の異族をおとしめて「悪い人」とか「地上の猿」とか「しらみの卵」と呼ぶ「自民族中心主義」を素朴に実践していることを指摘したうえで、『悲しき熱帯』でも言及しているエピソードを紹介している。「アメリカ発見の数年ののちに、大アンティル諸島では、スペイン人が原住民が魂をもっているかどうかを調べるために調査団を派遣したのに対して、原住民たちは、かれら白人の死体が腐敗を免れるものか否かを長い間見届けて確かめるために、白人の捕虜を水葬にすることにしたのである。」『悲しき熱帯』ではさらに次の辛辣なコメントが付け加えられている。「これらの調査を比べてみて、二つの結論を導くことができる。白人は社会科学に頼っているが、インディオはむしろ自然科学を当てにしている。第二に、白人がインディオは獣だと宣言しているのに対し、インディオは、白人が神かどうか疑ってみることで満足している。どちらも無知に基づいているが、後者の遣り方のほうが、明らかに、より人間に値するものであった。」この辛辣さは「野蛮人」に共感を寄せ、白人たちの「文明の戯画」を揶揄する『悲しき熱帯』の基調音を思い出させる。

そして『人種と歴史』ではこのエピソードに続いて異様に鋭い逆説をふくむ定式が導入され

る。「野蛮人とはなによりも先ず、野蛮が存在すると信じている人なのだ。」すなわち、「彼らは野蛮人だ」と誰かを指して言う人間がまず素朴な自民族中心を生きる野蛮人にほかならない。未開と文明の区別を自明視する「白人」こそ、その典型ということになる。

さらにいえば、自分と他人のあいだに何らかの優劣をつけて他者を低く見る者はすべて「野蛮人」ということになる。人間は誰しも、他者の欠点と比べることで自分にとってもっとも親密な自分を受け入れる、という他者への接し方から脱却しがたいのだとすれば、多かれ少なかれ自己中心的であるすべての社会、あらゆる人間が何らかの意味で野蛮だということになろう。そうした徹底した相対主義をレヴィ＝ストロースは受け入れるかのようだ。百歩譲って、自他関係の存在論のレヴェルで、人はみな野蛮人だとしても、知識や技術の進歩、社会の進化といった別のレヴェルでは、いわば文明化した野蛮人と文明化していない野蛮人の区別を導入できないか。そうしたありうる反論に対しても、レヴィ＝ストロースは答えを用意している。

進化という観念は、たとえば個人当たり消費エネルギー量といった恣意的な基準を立てない限り異なった文化を序列化することはできない。もしこの基準が「敵対的な地理的環境に打克つ能力の度合いであったなら、一方でエスキモー人が、他方でベドゥイン人が勝利の栄冠を獲得することは全く疑問の余地はない。」

さらに白人の文明の優越性は、白人社会が過去の成果のうえに新たな成果を付加することで進行する「累積的歴史」を生きていることにあるとしても、しかしその累積は新たな技術的発明がさまざまな文明の交差によって、西欧で連鎖反応を起こすという偶然の条件に恵まれただけなのである。そうした連鎖反応は、人類史上、新石器革命と呼ばれる先史時代と、一八―一九世紀の産業革命期に著しいかたちで生起した。白人文明は後者の恩恵に浴しているのである。その過程で生じた「持てる者」どうしの覇権争いが、西欧という狭い舞台のなかで何倍もの圧力を生じて爆発したのがナチズムであった、というレヴィ＝ストロースの同時代的診断はすでに見たとおりである。

戦後の復興がまだ軌道に乗りきっていたわけではない厳しい時代に、西欧白人文明を徹底的に相対化する試みともいえるこうした論旨の展開に、鋭敏な批評家ロジェ・カイヨワ（一九一三―七八）が嚙みつき『新フランス評論』で辛辣に批判し、レヴィ＝ストロースも「寝そべったディオゲネス」と題した評論で（サルトルが編集長の『現代《タン・モデルヌ》』に掲載、カイヨワが『ディオゲネス』というハイブロウな総合雑誌を編集していたことへの皮肉である）また鋭く切り返した経緯は別の場所でも検討したので詳しくふれることは避けたい。カイヨワの素朴なほどにあからさまな白人文明優越主義が、植民地主義の直接的な延長線上にあるという批判が、マルチニック出身の詩人・思想家エメ・セゼール（一九一三―二〇〇八）によって一九五五年の「植民地主義論」で展開されたことを付け加えておきたい。

「野蛮人」への共感と「文明人」への批判という、自他関係の存在論と文化相対主義の表裏一体となったレヴィ＝ストロースの展望は、文明史の再検討と「野生の思考」への洞察を経て、『神話論理』に展開されることになる。そして『神話論理』の集中的な作業が完成した後、さらに二〇年の時間をかけて模索された『大山猫の物語』によって、南北アメリカ神話に、西欧のそれとは異なった自他関係の存在論を読み解くことで、ライフワークとしての神話研究がしめくくられることになる。

「文化的不連続性」という問題

「目的も持たず、任務も持たない組織にも存在理由があるのだ、ということを印象づける努力」としてレヴィ＝ストロースは、一九五〇年代にはユネスコ発行の一般向けの啓蒙誌『クーリエ・ド・ユネスコ』に定期的に文章を寄せている。そこでは平易な文章でその時々のレヴィ＝ストロースの関心が表明されている。「贈与」や「香辛料」あるいは「アジアは西欧に対して物質的精神的債権をもつ」「パキスタン──精神の源泉、国家の現実」「未開人」といったテーマで一般向けに書かれた文章でも、文化の起源、文化的多様性の擁護、西欧中心主義の脱却といった基本的な主題をけっしてゆるがせにしてはいないことがわかる。そこにはゆくりなくもレヴィ＝ストロースの勤勉さの一面があらわれている。

アフリカ諸国が次々に独立し国民国家形成に走り出したかに見えた一九六一年には「現代人類学の危機」と題して、ナショナリズムの高揚が経済発展と近代化を称揚し、文化人類学的相対主義を排斥し、人類学が危機に見舞われている今、再度、文化の多様性を擁護することが重要だという主張を展開している。コレージュ・ド・フランス教授に選任されるのと入れ替わりにユネスコの職を辞した、と述べているのにしたがえば、一九六一年にはすでに公的には退いていたのだろうが、ユネスコの開催した「工業化の社会的前提に関する円卓会議」に「社会経済的発展と文化的不連続性」と題した報告を寄せている(『構造人類学2』所収)。植民地独立と民族主義の高揚という同時代の動向へのコメントという一面をそなえながら、その議論の根拠をマルクスとエンゲルスの業績に求めている点が注目される。

人類学が研究対象としてきた「未開社会」をふくむ世界の地域が独立し、国民国家として経済発展をはかるというとき、そうした伝統的な社会が文化的連続性を保持しようとして抵抗する理由が三つある、とレヴィ=ストロースは指摘する。ひとつは競争原理の対極としての全員一致の原則、ひとつは経済発展の対極としての自然への敬意、ひとつは「歴史なき社会」とされるこれらの社会による歴史の拒否、である。こうした議論の導入として、西欧社会がリードしてきた「文化的不連続」という観念の形成過程を跡づけ、その対極として連続性を生きる社会、すなわち飛躍的発展という観念を必要としなかった文化のあり方を提示しようというのである。そこには、青年期からのマルクス＝エンゲルスの読解の帰結がきわめて簡明にしめされている。やや長いが引用したい。

マルクス主義の基本的な問題は労働がなぜ、いかにして剰余価値を生むかということである。それに対するマルクスの回答が民族誌学的なものであったことは多くの場合気づかれていない。原始の人類は人口が限られていた分、労働に対する収支がよい自然条件の地域に定着した。いっぽう、剰余価値と労働の関係においては前者が後者に付加されるような関係を設定することは、文化――民族学のいう意味での文化――の本質的な特性である。ひとつは論理的な、もうひとつは歴史的なこれらふたつの理由から、出発点においてはあらゆる労働は必然的に剰余価値を生んだと想定できる。人間による人間の搾取はその後にくるものであり、具体的には歴史のなかで、植民者による被植民者の搾取のかたちで、いいかえれば、原始人がまったき処分権をもっていた剰余価値の過剰部分を前者が奪取するというかたちで出現した。「あらゆる必要を満たすのに週一二時間の労働がこの島民に必要だと仮定しよう。自然が彼に与えた恩恵は、たっぷりとした余暇である。彼が自分のために余暇を生産的に使うには、歴史的な一連の出来事が生じなければならない。他人のための過剰労働に使うには、そのように強制されねばならない。」（『資本論』第二巻）

結果としてまず、植民地支配は論理的・歴史的に資本主義に先行すること、そして資本主義体制は、それに先立って西欧の人間が土着の人間を扱ったやり方で西欧の人間を扱うことにある、と結論される。マルクスにとって資本家と労働者の関係は植民者と被植民者の関係の一特殊例にほかならない。この視点からすれば、マルクス主義の思想においては経済学と社会学は、民族誌学の一部として誕生したとほとんど言えそうである。このテーゼは、『資本論』（第一部、第三巻、第三一章〔フランス語版、第一部、第八編、第三一章か〕）にきわめて明確に書かれている。資本主義の起源は、アメリカの金銀産地の発見に、次いで現地住民の奴隷化に、次いで東インドの征服と略奪に、次いでアフリカを「黒人狩りのための一種の商業的飼育場に転化すること」に求められる。「これらは資本主義時代の曙光を告げる本源的蓄積の牧歌的手段である。」まもなく商業戦争が勃発し、全地球を舞台にする。「要するに、ヨーロッパでの賃金労働者の偽装的奴隷制の踏み台として、新世界での露骨な奴隷制を必要としたのである。」

ここにしめされた視点が、青年時代の政治と植民地支配への考察から一九四二年のフランスの敗北に関するメモランダムにつながるものであることは明らかだろう。一九六〇年代の民族独立の波が、レヴィ＝ストロースにとって「国際的内戦の時代」の終結を意味するものだったのか、単なる変貌にすぎないのかわからない。いずれにせよ、世界の動向に立ち会って、それが人類史のどのような幅のなかで考えられるべき問題なのかを、青年時代に熟読したマルクスに立ち返って確認していることはたしかである。

これから一〇年ほどたった一九七〇年、ポリネシア社会研究から出発したアメリカのマルクス主義人類学者マーシャル・サーリンズ（一九三〇―）が『石器時代の経済学』を刊行して「石器時代――原始の豊かな社会」（同書のフランス語版タイトル）のイメージを提起し、原始経済が、必要労働時間が少なく余暇時間の豊かな世界であったことを主張して、「経済人類学」という分野が注目をあびることになる。いっぽうアフリカ社会研究から出発したイマニュエル・ウォーラーステイン（一九三〇―）が『近代世界システム』を刊行し、とりわけ「新世界発見」後の資本主義の発展を、世界システムの変容として描き出したのは一九七四年であった。

レヴィ＝ストロースが、青年期からのマルクス読解を通じて、こうした次世代の論者たちが提起する視点の転換をすでに先取りし、それを前提にして、近代が変容させ崩壊させた豊かな社会における人間の世界への態度を探究し、そこにありうべきモラルを発見しようと試みていた、と考えることはおそらく間違いではないだろう。

次章で『神話論理』が描き出す世界を「もうひとつの豊かさの思考」として探索する意図はそこにある。

一九五六年の「後記」では『神話論理』の第一巻『生のものと火にかけたもの』へ飛躍する助走が加速されつつあったことはすでにふれた。しかし、そのための方法論序説とも呼べそうな『野生の思考』が姿をととのえるには一九五九年、高等研究院でおこなわれた儀礼の分析とひとつの発見が必要であった。民族独立に沸く同時代（あるいはより正確にいえば、その同時代に抵抗する「伝統的社会」）をどのように位置づけるかという歴史的展望を述べていたのとほぼ並行してこうした作業が進められていた。

生命の多様性という主題

神話素の概念を音韻論の知によって形成し、音韻論と相同の対立と相関の関係を聴覚以外の五感にまで拡張するだけでは、神話論理として発現する「野生の思考」はまだ十全な姿をととのえてはいない。一九五〇年代のまさに最終年度（一九五九―六〇）の高等研究院における講義「儀礼的鷲狩り」において提起され解決された問題こそ、音韻論の拡張が自らの論理を超えて「野生の思考」に変容したその決定的な一歩をしるしているのではないだろうか。それはまた逆説的にも、人間の思考が野生に回帰するモメントでもあった。『パロール・ドネ』に収録されたこの講義の趣旨は、ほぼそのままの形で『野生の思考』に組み込まれているとはいえ、講義要録には主題が最初に提起されたときの論旨の展開がより詳細に説明されている。その構成の要点を拾いつつ確認したい。とりあげられたのは北アメリカ中央のプレーンズ（平原）に暮らしていたヒダッツァの人々が、貴重な装飾の素材として使っていたワシの羽根を手に入れるためのワシ猟の儀礼と神話を詳細に描いた民族誌である。

●一般的観察――依拠する民族誌、南北アメリカ大陸におけるワシの羽根の儀礼的な重要性、その獲得の多様な方法（ワシを殺すか否か、雛をとらえて育てるか、羽根を奪った後放つか否か等）、ワシの羽根のシンボリズム、とりわけ戦争とのかかわり、ワシの羽根の冠りものと戦争とのかかわりにおける宗教的意義と社会学的意義。

●ヒダッツァ民族誌におけるワシ猟の儀礼と神話――ワシの血を流すことの禁止、女性の生理との特殊な関連づけ、罠の穴に隠れた猟師がワシを手づかみするというワシ猟を人間に教えた動物すなわちクズリの同定、高い天に属するワシと地中の猟師の最大限のへだたりの神話的意義、ワシ猟がおこなわれる荒野の居住空間との対立、戦争とワシ猟の非両立性（ワシ猟の期間は休戦となる）、ワシと猟師のあいだの最大限のへだたりを媒介する血まみれの餌と女性の同一視、ヒダッツァ以外の平原インディアンにおける「不変項」としての猟師と女性の同一視とヒダッツァにおける猟師とクズリの同一視の対比、双方に共通する天と地を媒介する「汚れ」たもの、すなわち女性の生理あるいは腐肉食の鳥を餌に使うというきまり、この猟によって人間は死すべきものとなること、つまり寿命あるいは女性の生理の「周期性」と腐肉の「腐敗」

のいずれかによる媒介と死の結合。

民族誌的な詳細な記述から神話の論理を抽出する手続きのひとつの雛形がすでにここにしめされていることがわかる。とりわけ注目すべきは、一九五〇年代に多方面から展開された神話への接近のなかで、このヒダッツァのワシ猟をめぐってはじめて、神話に登場する動物（ここではクズリ）の厳密な同定が主題化されていることである。アメリカの人類学者は、この動物を時にはクマとみなし厳密な同定に格別な注意をはらっていない。レヴィ＝ストロースは詳細な動物誌や狩猟記録に依拠して、人が仕掛けた罠の餌ばかりでなく時には穴にまで入り込んで、罠そのものさえ持ち去ってしまうクズリの狡猾な習性を確認し、罠の穴に自ら入ってワシをとらえる猟師が自分と同一視する動物がクズリ以外ではありえないことを検証しているのである。猟師は狩りのあいだ、いわばクズリになるのである。

こうして天界のワシと地中の猟師の結合なしに成り立たないワシ猟の起源神話を構成する「最大のへだたり」としての天と地中の対比と相関の関係がクズリという具体的な生物を道具として思考されることがたしかめられる。厳密な種の同定という課題を教えたことで「野生の思考」にブレークスルーする道をしめした功績があるからこそ、著者は『野生の思考』の裏表紙に、北アメリカのとりわけ鳥類の美しい細密画を残したジョン・ジェームズ・オーデュボン（一七八五―一八五一）のクズリの挿絵を配したのではないだろうか。表紙の「野生の三色すみれ《パンセ》」（三色すみれは「思考《パンセ》」と同音異義語で、洗練された言葉遊びになっている）はたびたび語られてきたが、いかにも獰猛ながらどこか愛敬のある、個性的なクズリの姿に著者が託したであろうサインに、さほど注意を向けてこなかったことはやや片手落ちではないだろうか。

クズリをめぐって、「野生の思考」と神話の研究においては、種を正確に同定することがどれ

野生の三色すみれ（『野生の思考』表紙）

クズリ（同、裏表紙）

ほど重要かが認識されたことについては、プレイヤード版に付された評注が、特に強調はせずに指摘している。

『野生の思考』1——野生を生きる

すでにふれたとおり、一九五九年、レヴィ＝ストロースはすでにポストを得ていたメルロ＝ポンティの強力なバックアップも助けとなってコレージュ・ド・フランスの社会人類学講座の教授に選任される。退任するまでの研究計画の全体像を披瀝することが期待されるという初年度の講義で、「「人類学の未来」という一般的なタイトルのもとに、現代の人類学が抱える理論と実践の両面にわたる根本的な問題を検討」した後、次年度には「今日のトーテミスムと野生の思考」というタイトルで一九五〇年代の成果を総括し次の展開が展望された。この講義が一九六二年に相次いで刊行される『今日のトーテミスム』と『野生の思考』のもととなる。

互いに密接につながる内容のこの二冊の本はどのようにして書かれたのだろうか。講義要録集『パロール・ドネ』を見ると、『今日のトーテミスム』と『野生の思考』は着任二年目のコレージュ・ド・フランスで一年のあいだに一続きで講義されたことがわかる。そして前者の章立ては講義の構成に一致するのに対し、全九章にわたる後者の内容は講義では、「具体の科学と論理」「変異形の方法」「食物禁忌と外婚制」「トーテム集団と機能的カースト」「範疇、元素、種、名」の五部からなり、少し本とは違っている。その章立てと構成は次のように理解される。最初の部分を二章に分け「具体の科学」を序とし、「トーテム的分類の論理」と、中間部をまとめた「変換の体系」「トーテムとカースト」の三章を前半とし、後半は「範疇、元素、種、数」に「普遍化と特殊化」「種としての個体」を加えた三章によって構成し、さらに「再び見出された時」というしめくくりと「歴史と弁証法」というサルトル批判の章を追加して全体が成った。サルトル批判は高等研究院での講読の場で用意されたことが序文に記されている。

『今日のトーテミスム』は、動植物を祖先とみなす親族集団（トーテム集団）に婚姻規制や食物禁忌が結びついている「トーテム体系」という「未開人」に特有な思考法とされるものを、一九世紀の人文科学が異文化研究に託してでっちあげた幻想にすぎないものとして解体する、いわば否定的な作業であった。ただその幻想とは一線を画して、ルソーやベルクソンのように、自然との感覚的親和性のなかで人間の思考がどのように開花するかを追求した人々がいたことも確認される。

『野生の思考』はこの自然と親和的な思考の活動を、ポジティヴなかたちでとり出すことを目的としている。その出発点には、民族誌に報告された狩猟民、農耕民などの自然への細心の注意力にもとづく「具体の科学」とも呼べる思考が、具体的な感覚データを直接の素材として組み立てられ、感覚性を切り捨てることで成立する近代科学とは一見異質な構成原理をもつと指摘されている。この「野生の思考」の素材は、抽象概念ではなくむしろ記憶がとどめられた知覚の断片であり、それが万華鏡のように不断に組み立てなおされて世界の解釈のための枠組みとしての神話が構築される。この構築の過程は、ありあわせの素材から作品を組み立てる創作活動になぞらえて器用仕事《ブリコラージュ》という新鮮なイメージで示され、神話と芸術作品との対比という視点とともに人々に鮮やかな印象を残した。

『野生の思考』においては多様な生物種は「種操作媒体」と呼ばれ、『今日のトーテミスム』による旧来のトーテミスム観念の批判的解体を経たうえで、それはあらためて「トーテム的分類の論理」を担う野生の思考の媒体として位置づけられる。生物種の注目すべき特徴が神話素に組み込まれ、自然種が思考の媒体にされるとき、神話的な世界の関係のネットワークの可能性は、一挙にその密度と範囲を広げ、神話が語りうる宇宙を拡大するのである。種操作媒体が活用されることで、神話世界はいわばビッグバンを経験するといえばよいだろうか。

しかし、こうした野生種を用いた「トーテム的分類の論理」には三つの困難が内在すると、『野生の思考』でレヴィ＝ストロースは指摘する。第一に、クズリの例でもたしかめられ、使われた生物種を正確に同定することの難しさ。第二に、種が同定されえたとしてもそれは多くの意味機能を果たしうる多価的なものであり、ある文脈である意味機能が選ばれる理由を明らかにするには「民族誌のデータの全部のみならず、他のソースたとえば動物学、植物学、地理学などからくる情報までも参照しなければならないのである」。そして第三に、第二の困難と表裏をなすものとして、野生の思考にとっては関係が存在することの方が、関係の内容よりも重要だという一面があり、ある関係は一連の代替可能な多様な内容によって実現されうるのである。ひとことでいえば「種操作媒体」はある種を利用する必然性があると同時に、かなり代替のできる融通のきくものでもあるという逆説がある。だからこそいっそう種の正確な同定のうえにその種のどのような内容が利用され、それがどのような神話的思考の「不変項」を表現しているかをつきとめなければならなくなる。

こうして、神話の広大な世界にくまなく張り巡らされた繊細な観察と思考にもとづく関係づけのネットワークを精査するために、レヴィ＝ストロースは四巻の『神話論理』という大著を著すことになる。自ら深い森を切り開き細い道をたどる作業にたとえたこの大著にとりかかる前の助走の最後の跳躍台が『野生の思考』だった。

『野生の思考』2――自然のなかの社会と歴史のなかの社会

『親族の基本構造』と『神話論理』という大著のあいだにあって、やや小さめのこの本は、レヴィ＝ストロースによる構造主義の転換点をしめす第二の峰をなし、今後、二〇世紀の人文科学にとって構造主義が果たした役割の見直しがおこなわれてゆくとき、いっそう重要さをましてゆくと思われる。

本書には、神話の創造を支える思考の活動をひとつの体系としてとり出し、『神話論理』への序論とするというモチーフとともに、ほぼ同時に出版された『今日のトーテミスム』とあわせて、その種操作媒体を活用する「トーテム的分類の論理」の視点から、『親族の基本構造』の主題にさかのぼって再検討するというモチーフがある。「交換」から生まれる社会的カテゴリーと「トーテム的分類の論理」との重なりあい方を明らかにし、前者を後者の動態のなかに組み込むことが狙いである。そのことが、本書を長さの割に内容の密度の高い、やや錯綜した印象を与えるものにしている。また巻末におかれたサルトルの『弁証法的理性批判』への厳しい批判が、構造主義のマニフェストと受け取られ議論を呼んだことも、この本がより冷静に評価されることを妨げたともいえるかもしれない。

思考の素材としての感覚データは、自然の多様な動植物の観察から得られるものであり、観察の結果は基本的に二項対立の原理による緻密な民俗分類法によって体系化されている。しかしこうした「トーテム的分類の論理」の全体像の把握は、すでにふれたように、たいへんむずかしい。それだけでなく、民俗分類がいわゆる「トーテム集団」という社会的カテゴリーによって「生きられた分類」の形をとるとき、分類体系に内在する構造の論理は、集団の人口構成の変化をもたらす歴史過程、すなわち「出来事」の痕跡を消去しつつ自らを再構成する。つまり分類体系の変化を歴史的に再構成する手がかりは、原理上存在しないのである。しかし歴史的出来事を構造に吸収してしまうトーテム的分類の論理は、けっして凝固したものではなく、歴史変化とは異なる多様な構造変換の可能性を開いている。この「変換の体系」

「トーテミズムの裏返し——自然の人間化」(同、写真4、グランヴィルの諷刺画)、「『野生の思考』の中で、われわれが鳥に与える名前を、さまざまな鳥の種全体が人間社会の一種の隠喩的対応物だと思わせる指標として解釈したときには、鳥の脳と人間の脳のあいだに同じ型の関係が客観的に存在するとは思われなかった。〔……〕高級な哺乳類では、知的活動は、さまざまな線条体を含む大脳を広範囲に覆っている大脳皮質によっておこなわれる。ところが、鳥の場合には、あたかもトポロジカルな変形によるかのように同じ知的活動が、大脳のほとんど全体を構成している線条体の上部によっておこなわれる。〔……〕大脳の組織の領域では、哺乳類の頭脳と鳥の頭脳とはたがいにもういっぽうの隠喩的なイマージュをそれぞれ表わしていると言うことができる。」(『裸の人2』吉田禎吾他訳、「終曲」)

というあり方こそ、トーテム的分類が自然と文化の関係づけの媒介項となることを可能にするのであり、オーストラリアのアボリジニー社会の伝統的な社会・宗教体系に見られたきわめて多彩な変異形を生み出し、また世界中の文化で観察される食物規制や婚姻規則の創出を可能にしたのである。『親族の基本構造』は、こうした変換群のごく限られた一部をなすにすぎない親族関係の構造を分析の対象としたのであった。また社会構造のひとつの極限的な形ともいえるカースト体系も、一定の構造変換を加えることでトーテム体系から導き出すことが可能なのである。

こうして本書の前半で、歴史変化とは別の視点から、異なる社会の多様なあり方を一連の構造変換として見る視点の可能性がたしかめられる。そして後半では、トーテム的分類の論理がいわば一社会内での集団と個体の媒介をも可能にすることが主題となる。それは「種」の概念をトーテム的分類の思考の手段である種操作媒体として利用することによって可能となる。「種」は個体と範疇の中間にあって、「多数性の統一体」つまり多様な種からなる自然と、「統一体の多様性」つまり種としての人間の多様性を媒介し、さらに「普遍化と特殊化」という種操作媒体による思考過程の特性によって体系の下限に固有名を作り出し、命名という操作によって個体をも体系に包摂することができるのである。種操作媒体を利用して命名された個体は「種としての個体」として体系に組み込まれる。品種改良されたバラの命名や競馬ウマやイヌなどペットの命名習慣を手がかりにしたレヴィ＝ストロース流のオリジナルな（どこか人を食った感じがなくもない）トーテム的分類と命名体系の検討は本書の特徴ともなっている。

自然と文化を媒介して多様な社会構造の生成を可能にし、また集団と個体を媒介する種操作媒体によって成り立つトーテム的分類の体系は、社会を自然のなかに統合する方向をもっているといえる。それは、それとは異質なふたつの体系と対比される。ひとつは自然と文化のふたつの系の対応と相同性を基礎とするトーテム的分類とは異なり、神と人との垂直的な関係づけを基礎とする宗教的な供犠の体系である。ふたつの体系は混同されてはならない。もうひとつは共時態として成立するトーテム的分類に対する、通時態すなわち時間の流れのなかでの変化、つまり歴史の問題である。基本的に「出来事」は構造に吸収されるが、通時態が共時態のなかでひとつの表現を与えられることで後者に組み込まれることもある。オーストラリアのアボリジニーたちにとってのチュリンガと呼ばれる「聖なる物体」は、こうしてトーテム的分類の優越する世界において表現を与えられた通時態すなわち「再び見出された時」であると解釈されるのである。

歴史意識の優越する現代社会においては、社会の変化は共時的な構造変換ではなく通時的な歴史変化として理解され、また集団としての社会と個体を媒介するものも、自然から断絶し人間の世界だけに閉じこもった「歴史」となる。「国民の歴史」であれ、「階級の歴史」であれ、ひとつの歴史の担い手となったとき、個人ははじめて生きた証を与えられるのだ。最終章には、こうした「歴史」以外の思考の媒体を容認しないことを理論づけようとするサルトルの『弁証法的理性批判』への反論がおかれている。

〔……〕なるほど、人間を弁証法によって定義し、弁証法を歴史によって定義したとき、「歴史なき」民族はどういう扱い方ができるのか？

〔……〕サルトルが安易な対比をたくさん重ねて未開人と文明人の区別を強調するのは、彼が自己と他者の間に設定する基本的対立を、ほとんどそのまま反映している。ところが、サルトルの著作におけるこの対立の表現法は、メラネシアの野蛮人のやり方と大差はなく、また実践的惰性態〔サルトルの重要なキーワードのひとつで、人間の実践によって生みだされ、人間の行為の桎梏となるものをさす〕の分析は、アニミズム〔多様な現象を森羅万象に宿る霊の働きとして説明する世界観〕の言語をそのまま復活させただけのものである。

自他の対比と文明野蛮の対比が重ねられるとき、文明人はすなわち野蛮人にほかならないという『人種と歴史』の定式が、そのままサルトルへと向けられていることが読み取れる。自らを文明とみなす思考とは異なったもの。それは「歴史」とも「宗教」とも「哲学」とも異なる、自然に培われ自然に問いかける「野生の思考」と呼ばれる。『野生の思考』は、文明が野蛮を併呑するのとは違った仕方で、「種操作媒体」による自然と親和的な思考活動が、歴史と社会を包摂しうることを証明する試みであった。

種操作媒体から他者としての生物へ

音韻論の導きのもとに音あるいは声という感性的対象から始まり、味覚等の五感の対象に拡張された「自然から文化への移行をしるす形式」は、多様な種によって担われることで単なる受動的な感覚与件ではなく、生きている生物が能動的に提示する対立と相関の関係として人間の思考を触発するものとなる。

「トーテム的分類の論理」はこうして音韻論的な知の適用対象を一挙に広げ、そこで利用される感覚与件の多様性を自然種の多様性（種そのものの多様性、生物個体が示す活動と形態の無限の多様性）と同等の濃度に高めると同時に、自然から文化への移行の一線を限りなく自然の側へと近づけることになる。あるいは文化を自然のなかに深く根づかせる。また、そうした感覚与件の思考による操作は、言語によるディスコースの宇宙のいわゆる「言分《ことわ》け」の恣意性には直接は影響されない、自然種の多様性そのもののリアリティに根拠づけられた思考の空間、いいかえれば神話の変換の空間を切り開くのである。

一九六三年以降、レヴィ＝ストロースは、「野生の思考」という強力なサーチエンジンを駆使して南北アメリカ神話の森を縦横に探索した結果を「神話論理」研究の成果として、まずコレージュの講義、そして四巻にのぼる著作として刊行してゆく。

『野生の思考』から『神話論理』への展開におけるポイントは、多様な生物種とりわけ動物が、前者では思考にとって操作対象の地位に甘んじる「種操作媒体」にとどまるのに対して、後者においては少なくとも多くの神話で、人間にとってつい近い過去までもっとも身近だった他者、それも微妙な関係に立たざるをえない姻族のような他者として登場するという点である。いいかえれば神話は「野生の思考」について省察する「野生の思考」として、婚姻をも含む人間以外の異種との交換と交歓の物語ともなっている。あるインタヴューでこのことをレヴィ＝ストロースは次のような言葉で語っている。

先ほど神話について語りましたが、民族学者にとって神話とは何か述べてみましょう。南北アメリカのどのインディアンに「神話とは何か」と聞いてみても誰からも次のような答えが返ってくるでしょう。それは動物と人間が実際には区別されず、人の姿と動物の姿のあいだでどのようにもまた変えられた時代に起こったことの物語なのです。私たちにとってほとんど悲劇的ともいうべき真実とは、人間の条件には何かしら悲劇的なものがあると思うからですが、それは私たちが私たちと同様に生きていながら、意思疎通できないものたちと間近に接して生きている、ということなのです。神話の時代とはまさにそれが可能だった時代なのです。

レヴィ＝ストロースが神話のそうした位相に、音韻論の霊感にしたがってたどりついたこと、したがって『親族の基本構造』を起点に大きなループを描いて神話論理のなかに親族関係の問題系が変容しつつ包摂されてゆく行程をたどることが次章の主な目標のひとつとなる。

第四章　もうひとつの豊かさの思考——神話論理の森

1　神話の新世界の踏査

探検のルートマップ

一九六四年『生のものと火にかけたもの』に始まり、七一年『裸の人』で完結した『神話論理』の探究は、次のような「序曲」の文章で開始された。

生のものと火にかけたもの、新鮮なものと腐ったもの、湿ったものと焼いたものなどは、ある特定の文化のなかに身を置いて、民族誌的な観察をしさえすれば正確に定義できる、経験的カテゴリーであるが、こうしたカテゴリーが概念の道具となり、さまざまな抽象的観念の抽出に使われ、さらにはその観念をつなぎ合わせて命題にすることができる。それがどのようにしておこなわれるのかをしめすのが本書の目的である。

感覚的質の対比によって目覚めさせられ駆動される「野生の思考」が、命題としての神話を生み出し、それが世界のなかでの人間の生存のあり方の謎への答えを紡ぎ出してゆく、という『神話論理』の基本的なモチーフはこの一文にこのうえなく明快にあらわされている。

この壮大な研究計画はまず、南アメリカ・ブラジルのボロロの一つの神話の分析から着手される。「その理由は、その神話が〔……〕他の神話より古いと仮定するからでもなく、〔……〕単純であるとか、完璧であるとか考えるからでもない。／〔……〕基準神話と名づけるこのボロロの神話は、これから示すように、同じ社会とか近くや遠くの社会に伝わるいくつかの神話を、ある程度変形したものにすぎない。当然ながらその神話群のどの神話をとってもよかったのである。このような観点からすると、基準神話が興味深い点は、典型的であるということではなく、むしろ神話群のなかで通常とは異なる位置を占めており、考察のエクササイズにはぴったりだということにある。」そうした考察のエクササイズは「主題と変奏」という章を起点に、数年にわたって、時には目眩を起こしそうなほど多彩な主題をめぐって展開されてゆくことになる。神話をめぐるこうした考察を、通常の著作の構成によって叙述することは不可能であり、音楽の楽曲の形式をとらざるをえないこと、こうした形式こそ神話と音楽の親密な関係からも必然的なものであることが「序曲」で主張される。

こうして読者は音や声や光や色や匂いや手触りなどあらゆる感覚的質が共鳴しあう、日常世界とは異質な神話世界に導かれる。この生命のざわめきに満ちた未知の森で踏み惑わないために（踏み惑う喜びを否定するのではないにしても）、これまでのレヴィ＝ストロースの探究を、過度の単純化をおそれず再確認しルートマップを作っておこう。ひとつは親族関係研究から神話研究までを貫く基本的なモチーフの確認であり、ひとつは神話研究の行程であり、もうひとつは神話論理がくりひろげる「変換のネットワーク」の様態のスケッチである。その後に四巻の『神話論理』の巨大な森を遠望してみよう。

神話による自然から文化への移行

すでに何度かたしかめたとおり音韻論によって焦点化された『親族の基本構造』におけるレヴィ＝ストロースの関心は、人間の発する音声が音韻の構造を課されることで言語音になり、自然から文化への移行が生じること、こうした視点が親族構造に適用でき、その構造には歴史的変化とは異質な変換（変形）の可能性がそなわっていることであった。この着想を簡単に図示すれば次のようになる。四角は「空虚な形式」と呼ばれたものをあらわしている。

自然→□→文化
音声→音韻構造→言語音
生殖→親族構造→社会

こうしたレヴィ＝ストロースの基本的関心の枠組みは神話研究においてもしっかりと保持されている。それを次のようにしめすことができる。

自然→［　　］→文化
自然→神話構造→文化

しかし神話の構造における変換は、神話固有の問題をはらんでいる。なぜなら神話構造は自然から文化への移行をしるしづける出来事であると同時にそれを語った神話でもあるからである。神話は語りの起源であり、起源の語りであり、語られた起源の出来事でもある。

自然から文化への移行をしるす「空虚な形式」に相当する位置の筆頭には料理の火がある。第一巻『生のものと火にかけたもの』は、こうした火を人間はいかにして獲得したかという火の起源神話を軸に展開する。火の獲得が自然から文化への移行をしるす至高の出来事であり、ヒトは料理を知ることによって人になった。あらためて指摘されなければわたしたちが日常のなかで忘却しているこの普遍的な自明の理を、レヴィ＝ストロースが解析する南北アメリカの神話は、手を変え、品を変えて確認している。だが、そのことを説得力をもって論証したことが『神話論理』の主な功績なのではない。神話が時には思いもかけないやり方で、人間が生きることのさまざまな条件を、この基本的な主題から派生する論理的な系として推論し、自然と生命の多様性に問いを投げ返し、自然のなかでの人間の生の位置と意味を検証していることを、膨大な数の神話群（研究対象にとりあげられた神話は通し番号で八〇〇を超えるが多くのヴァリアントも数に入れれば一五〇〇に近い数であろう）に深く沈潜することによってしめしたことこそ『神話論理』の功績なのだ。

人間は火を獲得した。いかにしてか。ジャガーから奪うことで、と神話は答える。火を奪われたことでジャガーは今では生で肉を食う。そして火は夜も輝くジャガーの眼のなかだけに残されている。あるいは火は、かつてはコンドルだけがもっていた。人間は死んだ獲物の振りをしてコンドルをおびきよせ火を奪った。だから今、コンドルは腐肉を漁る死の領域の鳥になっている、というように。

すでに引用した『生のものと火にかけたもの』の一節を再確認しておこう。「料理は自然から文化への移行を示すのみならず、料理により、料理を通して、人間の条件がそのすべての属性を含めて定義されており、議論の余地なくもっとも自然であると思われる――死ぬことのような――属性ですらそこに含められているのである。」

神話研究の旅程

自然から文化への移行をしるしづける構造は変換群としての特性をもつ。このことは移行をしるす出来事の起源を語る神話群においてはどのように検証されるのだろうか。

この設問が一九五〇年代の模索を通じてどのように形をととのえていったかは前章でたしかめた。そこでは十分に検討できなかったレヴィ＝ストロースの探究のもうひとつの側面についてふれておきたい。それはこの基本的な設問をたずさえて民族誌の読解として敢行された、南北アメリカ全域を踏破する旅の行程である。一九四〇年代大西洋をはさんでおこなわれた間断ない移動は、五〇年代から六〇年代にかけてユネスコのオフィスと高等研究院の演習室と自宅を、そしてコレージュ・ド・フランスの研究室と自宅を往還しながらおこなわれた知的な旅に転調されたといえばよいのだろうか。トランス・アメリカン・ノマド……。レヴィ＝ストロースはそれぞれほぼ一〇年をかけて二度にわたって南北アメリカの神話世界を踏破したように思われる。

それはボアズとその弟子を中心に長い時間かけて収集された膨大な南北アメリカ・インディアンの口頭伝承を読むことでおこなわれた。北アメリカについてはアメリカ民族学局が出版した四〇冊ほどの大型のモノグラフィーのシリーズをレヴィ＝ストロースはニューヨーク到着直後から、ダウンタウンの政府刊行物の書店で見つけ一冊ずつ買い足していったことがエッセイに記されている。それはニューヨーク公共図書館で『親族の基本構造』研究に専念するよりも前のことだった。

まず一九五〇年代の旅を駆け足で振り返ってみよう。親族関係の研究から神話への関心の移動とほぼ並行して、五〇年代初頭には「霊の訪問」という標題の高等研究院の講義でブラジルのボロロの宗教世界が精査された。ひきつづいて五〇年代前半には、北アメリカのロッキー山脈南部、現在のアリゾナからニューメキシコにかけて居住していたナバホ、プエブロ、ズニといったインディアン諸集団の神話が集中的に検討され「アメリカ神話の研究」（正・続）の講義録に記録され、後にセバーグによって『世界の創出』にまとめられたこともすでにふれた。翌年の一九五四年には中西部のプレーンズ（平原地方）のポーニーの儀礼と神話が詳しく検討される。『悲しき熱帯』の執筆と、おそらく神話研究の一定の見通しが得られたうえで親族関係研究の手短な再検討を試みた後、神話研究への本腰を入れた助走が再開される。一九五六年には双分制の問題への導入という意味も込めて「「霊魂」の概念についての最新の研究」を検討し、翌五七年の双分制の人類学説史の回顧の後、五八年には双分制の民族誌を集中的に検討するために「熱帯アメリカの先住民社会で、社会構造、親族システム、神話的表象の三つの側面から〔……〕北から南へ向かって進み、順番にいくつもの事例を検討した。〔……〕中央アメリカのあまり知られていないいくつかの社会、〔……〕アマゾン盆地ではトゥクナ、ムンドゥルク〔……〕中央ブラジルのボロロ、ジェ語族〔……〕」について集中的な民族誌の検討をおこない、「神話の逆転について二つの形式を区別する必要」がたしかめられ、『神話論理』における「変換」というキー・コンセプトが素描された（「社会組織と宗教表象における双分制［続き］」）。一九六〇年刊行のアメリカの人類学者ポール・ラディン（一八八三―一九五九）への献呈論文集に収められたプレーンズ北部の集団における死をめぐる神話をとりあげた「ウィネバゴの四つの神話」の執筆もこのころであろう。しかもこれらの作業とおそらく並行して、北アメリカ北西海岸地方の民族誌も集中的に読み込まれていたことは一九五八年度の高等研究院の紀要に発表された『アスディワル武勲詩』によってたしかめられる。南北アメリカの主要な神話群がほぼ並行して集中的解読の対象となっていたと考えられる。高等研究院でのプレーンズ中央部のヒダッツアの「儀礼的鷲狩り」の講義はその翌年だったことはすでにふれた。

常に新たな領域を求めるという自らの知的な傾向を振り返って「私の知能は新石器時代の人間の知能なのである。未開人が耕地にするために草原を焼く火のように、私の知能は、時に未墾の土地を焼くのである」と『悲しき熱帯』で述べている言葉にしたがえば、神話における構造と変換の直観という松明を手に、一九五〇年代の一〇年間、南北アメリカの神話の森を、人には追随を許さない集中と速度をもって、縦横に走破していたということができよう。そして、コレージュ・ド・フランスへの着任が決まった後には、直観に代わる密度と精度を向上させた

「野生の思考」装置を駆使して、再度、南北アメリカの神話世界の踏破が試みられた。

一九五八年のブラジル民族誌の集中的な読解と、おそらくそれと並行した北西海岸の神話研究は、すでに『神話論理』のモチーフをはっきりと予感させるものだったのではないだろうか。巻頭のボロロの神話からとり出され、『神話論理』全体のいわば狂言回しともいえる役割を与えられる「鳥の巣あさり」と呼ばれる主人公と驚くほど正確に対応する登場人物が、北西海岸内陸部のクラマス、モドックやセイリッシのもとでも見出されることが最終巻『裸の人』の構想の出発点となっているからである。第一回のグランドツアーをしめくくると同時に、第二回目の南北アメリカ神話世界の踏査の旅の出発点を一九五八年に想定することは的外れではないと思われる。

着任後の初年度には、神話研究の出発点となった「ホピの三柱神」が再訪されている。そして翌年には北アメリカ東海岸、現在のニューヨーク州を中心に居住していたイロクォイ（六つの民族集団の連合体だったうちのセネカ・イロクォイ）の神話がとりあげられている。そして「今日のトーテミスムと野生の思考」に捧げられた一九六〇年の講義の翌年以降の一〇年間は、『神話論理』の標題にしたがって講義が進められてゆくことになる。最初の二年間がブラジル全域とアルゼンチンのチャコ地方を中心に精査された後、三年目から七年目までは『食卓作法の起源』と『裸の人』の講義が交互におこなわれ、ブラジルのトゥクナを振り出しに中米を経

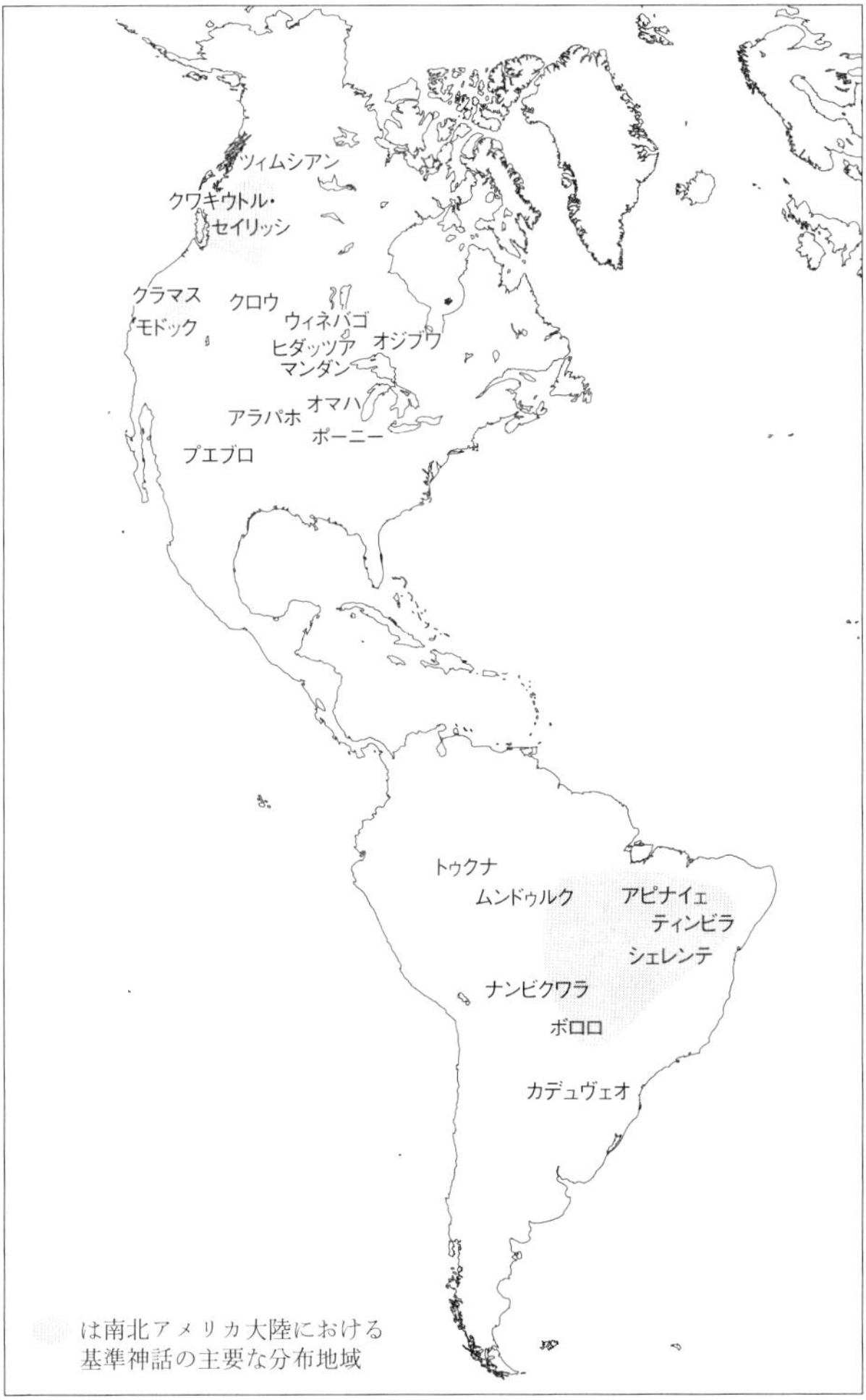

『裸の人』図1（20頁）をもとに作成

由して北アメリカのプレーンズ北部からミズーリ盆地地域のアラパホなどの神話が集中的に検討され、やがて最後の二年間連続の『裸の人』の講義で北西海岸からカリフォルニアにかけての、言語のうえでも入り組んだ小集団の神話群が集中的に検討される。途中一九六四年の「アメリカ動物誌の素描」と、六七年の「間奏曲　霧と風」の講義内容はそれぞれ、「小神話論理」と形容されることになる、八五年の『やきもち焼きの土器つくり』と九一年の『大山猫の物語』の、小品ながら南北両アメリカの比較を試みた作品のいわば下書きとなっている。

変換のネットワーク

火を獲得することによって人は生のものを食べることをやめ、調理したものを食べることになった。いっぽう人は衣服を作り出すことで、裸でいることをやめ自然から文化に移行した。人間における「食」と「衣」の起源は、神話が手ばなすことのないふたつの重要な主題なのだ。だから衣服や装身具の起源を語る神話は、火の起源の神話と相互に変換の関係になければならない。火を使うことで人になったのだとすれば、火を使う対象としての素材、すなわち狩猟される動物、あるいは栽培される食用植物の起源を語る神話もまた変換の網の目に組み込まれていなければならない。ところが神話は生存の条件としての狩猟や農耕という人間の活動（労働）の開始と、死すべき寿命をもつという人間のもうひとつの条件の起源を執拗に結びつけ、人間の生存の周期性の起源をさまざまに語っている。そして避けがたい死という生命の周期性の問題は、人間の生理の周期性（その最たるものとして女性の生理がありその起源が語られる）、妊娠と出産の周期性、宇宙の年周期、季節周期、月周期、日周期と無関係に考察されるべきものではなく、そうであれば神話は、周期性そのものの根源にある宇宙と天体の周期的運動と、人の生命活動の周期性の起源を結びつけて語ることが予想される。とりわけ一日ごと一年ごとの周

ジョージ・カトラン（1796-1872）の描いた盛装したマンダン族首長、マトトパ。カトランの描いたマンダンの祭礼の絵は『食卓作法の起源』の表紙に使われている。カトランは1830年代まだ「未開」だったプレーンズ地方のインディアンを描き、ニューヨークに展示ギャラリーを開き、ヨーロッパにも巡回した。赤と緑で彩色したインディアンの肖像はボードレールをも興奮させた。ここでは、おそらくワシの尾羽をふんだんに使った頭飾りに注目されたい。服飾の素材としての鳥の羽根への強い関心は南北アメリカで共通している（「ジョージ・カトラン展」カタログ、2002年、156頁）

期を刻む太陽と、新月から満月そしてまた新月へという森羅万象のなかで比類のない循環の動きをしめす月は、不均衡な対となって人の周期性についての神話的思考を誘うこのうえない触媒となる。

感覚的質の対比に裏づけられた神話的思考の論理操作からも変換の可能性は引き出される。火は水によって消される、すなわち火と水は相互排他的に対立し、この対立軸が神話群の変換軸になる。またこの対立は移調されて乾いたものと湿ったものの対立となる。いっぽう新鮮なものと腐ったものの対立では、火を使用した料理による文化への移行とは反対に、生に対して自然の過程にまかされたときに生じる死への移行が対置される。腐ったものが発する腐臭は死を意味する。たとえばオポッサムという四足獣の腐ったような体臭はインディアンたちの注意を引き、栽培植物を人間にもたらしたと同時に、人間が永遠に生きることなく寿命をもつという状況をひきおこしたとされる動物として、神話によって選択されるのである。生のものと、火にかけたものと、腐ったものの三項からなる体系は、生物の摂食行動の差異としても把握され、生肉を食う肉食獣と、料理をする人間と、腐肉を食べるコンドルという三通りの生物の対比に翻訳され、さらには同類を食う(カニバリズム)存在としての人食い鬼やピラニアの姿で神話のなかで一定の役割を与えられてゆくことになる。

変換という操作によってさまざまな事象の起源を説明する神話は、自らが利用している自然の極における種の多様性と、文化の極における人間の集団の多様性あるいは差異化にも関心を向け、なぜ生物はさまざまな生き方をし、なぜ人間はさまざまな社会を作ったかの起源を語っている。

『神話論理』には、もうひとつ重要な軸が組み込まれ、全体の論述の展開の推進力となっていることを見落としてはならない。それは、それぞれが自然から文化への移行をしるしづける、親族関係のレヴェルでとり出される変換と、神話のレヴェルでとり出される変換というレヴェルを異にした変換相互の関係である。

いずれにしてもレヴィ＝ストロースによれば変換群としての神話は閉じている。逆にいえば変換というコンセプトを導きの糸とした神話研究は、さまざまな論理的変換の可能性を尽くして閉じるまでは続行されなければならないことになる。そのことが、レヴィ＝ストロースが神話分析を徹底的に追究する信念を支えていたのではないだろうか。

以上のルートマップを手に、『神話論理』の森を遠望してみよう。遠望と表現する理由は、膨大な数の神話のディテールへの細心の注意を込めて分析した探究の書であると同時に、随所に置かれたエピグラフまでが作者の構想を控え目に表示するよう配慮された「作品」としての一面をもつこの著作の、精妙な細部まで眼をとどかせる余裕はなく、そのことの確認は読者自身にまつしかないからである。

『生のものと火にかけたもの』と『蜜から灰へ』

『生のものと火にかけたもの』の始まりにおかれた「主題と変奏」の「I　ボロロの歌」の冒頭「a　鳥の巣あさりのアリア」は、「中央ブラジルのボロロ・インディアンの住んでいる地域は、かつてはパラグアイ川上流の流域からアラグアイア川の流域の彼方にまで広がっていた。その神話が次のように語っている」という簡潔な導入に続いてただちに、全巻の主人公をつとめる「鳥の巣あさり」の登場する「基準神話」が紹介される。

この主人公は成人式を間近に控えた青年であり、彼が式で使うべきペニスケースの素材であるヤシを採りに森に入った母（父の第二夫人）の跡をつけ襲い、インセストを犯す。それに気づいた父は復讐のため、息子に岩場の高みにあるコンゴウインコの巣をあさるよう命じ、登るのに使った棒を切り倒してその場に残して去ってしまう。自分の汚物と、腐敗した獲物のトカゲの臭いに誘われたコンドルに尻を食われるものの、救助され地上に降ろされる。若者は村に戻ると、その夜、激しい嵐となり、村は水びたしとなって、祖母の火だけがかろうじて残される。やがて狩りに出かけた父を、シカに変身した若者が角で貫いて殺し復讐をとげる。

レヴィ＝ストロースによる要約をさらに極度に圧縮した要約では細部の輪郭もほとんど失われ、解像度が限りなく低いものにならざるをえないが、原著では、神話の細部のひとつひとつについて、サレジオ会宣教師たちが永年蓄積して集成したボロロの民族誌である『ボロロ百科事典』を参照してその文化的・社会的背景が丹念に確認される。神話の叙述の一点一点が、現実を反映したものか現実を離れて神話的思考への飛躍をふくむものかが精査されるのである。

ついでボロロの他のいくつかの神話が導入され、「基準神話」との変換関係が鮮やかに例証される。その変換の主要な軸は、主人公と他の登場人物との親族関係の差異であり、「基準神話」の若者・義理の母・父の関係は、若者・その母（同族の若者に犯される）・その夫（若者に復讐する）、若者・同族の祖母（若者を毒して復讐される）・若者の姉妹という異なった親族の布置が動員され、それぞれ葬儀の起源、病気の起源を語る神話として変換群をなすということになる。

ボロロの近隣のジェ語族の神話群が導入されると、「変換」の射程は大きく広がることになる。「火の起源」と題された「ジェの変奏」の概要は次のようなものである。

若者が義兄に岩山の高みにあるコンゴウインコの巣をあさって卵を採るよう強いられ、高みに見捨てられてしまう。食べ物もなく痩せ細ったころ、狩りの帰路通りかかったジャガーに助けられ、ジャガーの家で養子として養われることになる。そのころ人間は肉を生で食べ、ジャガーは火で焼いて食べていた。人間であるジャガーの妻は若者を嫌って嫌がらせをする。弓矢の用法をジャガーから学んだ若者は、夫の暗黙の了解のもとに妻を射殺し、火を盗んで人間界に帰る。「火と弓矢の秘密」を盗まれたジャガーは若者の忘恩を怒り、今も人間を憎んでいる。

こうしてもともとジャガーの持ちものだった料理の火が人間にもたらされた。ジェの火の起源の神話群のなかには、かつて人間は火を知らず、「肉を薄いひも状に切り分け、石の上に広げ、天日で乾かしたのである。人間は腐った木も食べていた」と明言するものもある。

ジェの神話では、ジャガーは人間の妻に狩りの獲物をもたらす存在であると同時に、「養子」が妻を殺してもそのこと自体には無関心なままである。神話にあからさまに語られたこの無関心を糸口に、レヴィ＝ストロースは獲物の肉をもたらす者としての姻族（ジャガーは人間にとって姻族だった）に焦点を合わせて、ジェとその近隣のトゥピ語の諸族において語られる、造化の神と肉の配分をめぐって諍いを起こした人間の姻族が、もっとも賞味されるノブタに変身させられる神話群を導入する。そこでは小屋に閉じ込められた男たちが、屋根をおおった鳥の羽根の煙で燻され、のどを詰まらせてノブタのような唸り声をあげ、ノブタに変身してしまうことが語られている。燻す煙がタバコと等価であることを論証し、神話においてタバコが、料理がおこなわれる条件としての食材である肉の起源が生成する条件であるとされることがしめされる。こうして第二巻の主題への伏線が敷かれるのである。

ジャガーから火を獲得するというジェの神話は、細部の詳細な点検によってボロロの「鳥の巣あさり」の基準神話と変換の関係にあることが論証される。後者は火に対比すれば水、それも若者の村への帰還が「激しい嵐」をともなっていたことに徴されるとおり、風雨すなわち「天の水」を語る神話であり前者との変換の関係にある。このボロロの基準神話が言外に火の存在を意識していることは、祖母の火を残して村の火がすべて消されてしまったという語りにしめされている。ただ火はすでに存在していたのであり、火の起源が語られているわけではない。

神話の変換群は閉じているというレヴィ＝ストロースの前提が正しいなら、ジェの火の起源の神話を変換したボロロの天の水の神話に対して、ジェにも水の起源の神話が見出されるはずだということになる。そしてたしかにジェの水の起源の神話が発見され、しかもそれはボロロの天から降る水とは対称をなす、地から湧き出る水の起源を語っている。そのことと並行して神話の細部にいたるまで一貫した変換が見出される。その「アサレ〔主人公の名〕の神話」はプレヤデス星団（プレイヤード）とオリオン座の起源を語るものにもなっており、神話における天体の動きという参照枠の導入のきっかけともなる。

『生のものと火にかけたもの』はボロロ神話群でふれられた反食物としての毒が、鳥の羽根が微妙な色彩のクロマティックな差異をしめすことになった起源を語る神話の展開の軸となっていることを分析して閉じられている。眼も綾なさまざまな色の鳥の羽根が、華やかな衣装の素材として南北アメリカのインディアンの強い関心を引いてきたことを思い出しておこう。ま

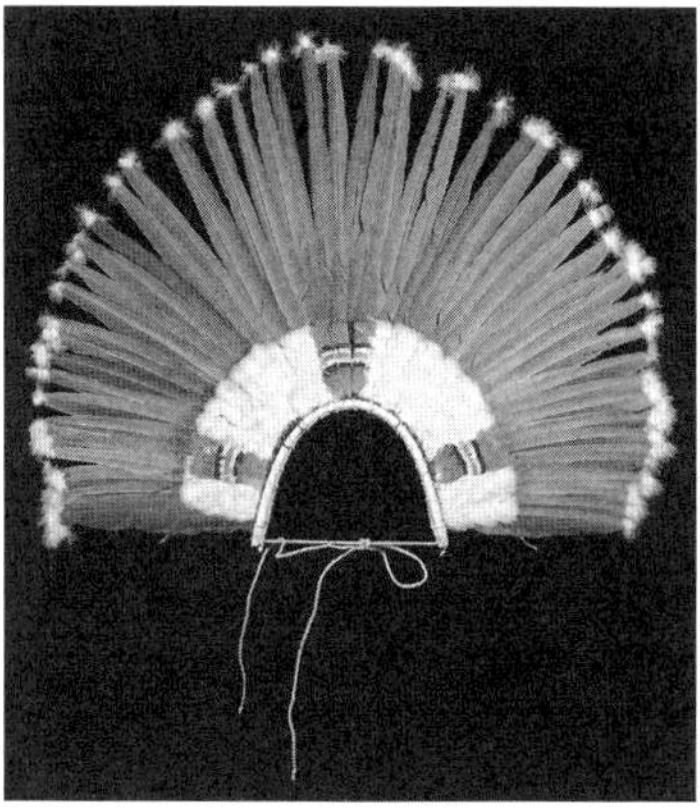

鳥の羽根へのパッションは南アメリカの森に棲む極彩色の鳥たちによっていっそうかきたてられたようにも見える。神話は多様な鳥の羽根の色の起源を毒に結びつけているとレヴィ＝ストロースは言う。眼を酔わせる多彩な羽根には何かしら毒に似た作用があるのかもしれない。このボロロの頭飾りのブルーはオウムの羽根だろうか。この羽根の向こうに「鳥の巣あさり」の姿が浮かぶ（「ブラジル展」カタログ、241頁）

た羽根は、インディアンの思考においては獣の毛皮と同様、食べることのできない部分として、食べられる肉と対比される。

料理と装身具がともに自然から文化への移行のしるしとして、それぞれの起源を語る神話が変換の体系をなすべきことが予想され、料理の前提としての肉がタバコを手段として生成するとされていることにはすでにふれた。いっぽう装身具の起源は、蜂蜜に関連づけられている。タバコと蜂蜜はそれぞれ肉と装身具の生成のための手段として語られている。それではこれらの手段自体はいかにして獲得されたのか。こうして料理の火の起源から始まった神話の探究は、第二巻で火を使いながらも食品ではなくその獲得の手段であるタバコと、火を使わずむしろ水で薄められることもあるにもかかわらず食べられ、装身具の獲得の契機となる蜂蜜をめぐる神話群の分析が行われる。しかし蜂蜜は厳密にはその起源が語られるのではなく、もともと豊かに自生していた蜂蜜がなぜ希少なものになってしまったかが語られるのである。そして分析は「乾いたもの」と「湿ったもの」のカテゴリーに敷衍され、蜂蜜に狂う女をめぐって、いまだに人の姿をしていたキツツキやキツネやカエルが常軌を逸した行動を展開する神話世界をくりひろげてゆく。

『食卓作法の起源』

第三巻の導きの糸となる「基準神話」は先立つ第一、二巻でもしばしば神話がとりあげられたアマゾン川源流に近いアンデス山脈の東斜面のふもとに住むトゥクナ族の、狩人モンマネキを主人公とする神話である。モンマネキは、立ち小便で尿をかけるといったささいなきっかけから、カエルや小さな鳥やミミズやインコと次々に結婚しては別れる。インコ妻を追ったカヌーの旅からもどると、最後には同郷の女と結婚するが、女は自分の体を上下に二分し、上半身だけで大量の魚を獲るという奇妙な漁の名人だった。物語の始まりのときには存在しなかった魚そのものは、インコ妻の教えによってモンマネキがカヌーを作ったときの木の削り屑から発生したものだった。

この一見荒唐無稽な物語は、主人公が次から次へと新しいパートナーと結婚し際限なく続くかとも見える。しかし人間以外の四人の伴侶を経て五人目の同郷の女と結ばれまた別れるという展開には、神話の論理が働いているとレヴィ＝ストロースは主張する。人間ですらない、きわめて遠い異族ともいえるこれら動物のパートナーとの経験を経た主人公は、カヌーによる旅から帰って、質的にも空間的にも近い同郷の女と結びつく。その間に人間世界での生業には狩猟に加えて漁労という新たな活動がもたらされている。

どのようにして川には魚が満ちることになったのか、魚と漁労の起源が、遠いあるいは近い異性との婚姻の物語と縒り合わされて語られる。しがみついてモンマネキを悩まし、やがてオウムに変身する最後の妻の上半身は、トゥクナ族の近隣に住む集団で語られた髪の毛座の起源神話を参照することで天体とも結びつくことがしめされる。魚群が五月から六月ごろ川を遡行する季節の到来を告知するプレヤデス星団と対置される髪の毛座は、それが一〇月ごろ夜空に見えはじめる時期、川から魚の姿がまばらになるために、豊かな漁の終わりを告知するとされているという。

この神話は、天体の運動、それと密接に結びつく季節の変化、人間の身体、性と食と排泄という生理過程、生業、婚姻という社会関係、主人公とかかわるさまざまな生物種、といった多様な「平面」が同時に折りたたむようにして語り込まれ、多様な次元を含む豊かな物語世界を作っているのである。こうしてこの物語からは「みかけ上は線状に進むように見えても、じつは複数の平面上で同時的に繰り広げられていて、しかも、それらの平面相互間にはかなり多くの複雑な連接があり、これが全体をひとつの閉じた体系にしている」という神話に共通な特性が引き出されることになる。

カヌーの旅はトゥクナ族から遠くないギニアに住むいくつかの集団で語られる神話における太陽と月のペアによるカヌーの旅に結びつき、その周辺に磁場を広げながら、古代マヤの骨に施された彫刻に描かれたカヌーの旅の光景によって中央アメリカにおけるそのモチーフの存在が検証され、北アメリカの諸集団が語るカヌーの旅に共鳴の波動を広げてゆく。カヌーの旅とともに『神話論理』の舞台は北アメリカに移動するという心憎い構成が仕組まれているのだ。また同時にカヌーの旅では舳先と艫にすわった旅のパートナーの位置に神話がこだわっていることが、いったん旅を始めれば、カヌーの転覆のおそれなしに位置を変えることができないというブラジル調査での自分自身の経験に照らして指摘されていることも興味深い。

カヌーの旅は川を下るか上るかによってかかる時間においても旅の経験としても大きな不均衡をふくんでいる。この不均衡が太陽と月というペアをなす天体のあいだに見出される不均衡と運動のリズムの違い、さらにはそこから生じる時間周期（年周期、季節周期、月周期、日周期）の差異についての考察を誘い、インディアンの人々が、そのようにして成立している自分たちの生きる「この世界」を理解するための思考の枠組みとしての神話を生成させるのである。

北アメリカ中西部のアラパホ族とその周囲で語られる太陽と月の嫁探しの旅の神話は、パートナーを求める旅という主題をモンマネキの物語と共有している。そしてレヴィ＝ストロースによれば、何千キロを隔てたアラパホとトゥクナの物語には偶然では説明できない明瞭な符合が見出される。太陽と月は川に沿って上流と下流の反対方向の徒歩の旅に赴く。したがって時間の不均衡は生じない、これはふたりが位置を固定され動くことができないカヌーの旅のイメージの変換にほかならない。そして太陽はカエルを、月は美しいインディアンの伴侶をともなって帰ってくる。月からさんざん蔑まれた不細工なカエルは、金輪際追い払われまいと、月に貼りつき離れなくなる。カエルとトゥクナのしがみつく女がいわば合体しているのだ。また同時にこの神話ではインディアンの女性による出産が語られ、懐胎と出産を軸とした人間の生活のリズムの形成が、太陽と月というこの世界の周期性を担う存在を触媒として語られてもいるのである。ふたつの物語に共通の登場人物であるカエルが、いっぽうでは「黒い甲虫」を食べるのに対して、アラパホの物語では、人間とどちらが健康な嚙み音を立てるか競わされ、歯がないのに肉を嚙む音を立てようとして炭を口に含み、黒いよだれを流して月に愚弄され、仕返しに月に飛びつく。こうした共鳴しあう細部が、南北アメリカの神話の、変形をともなった符合が偶然の産物ではないことをしめしている。そしてこの食べ方の作法のモチーフは、第一巻の主人公「鳥の巣あさり」がジャガーのもとで課された、焼いて硬くなった肉を音を立てずに嚙む（音を聞いてジャガーの妻が苛立つから）という試練に直接に呼応しているのである。

『裸の人』と『やきもち焼きの土器つくり』

『裸の人』の冒頭には再び「鳥の巣あさり」が登場する。しかもそのクラマス族の物語のよくととのった伝承は一九五五年にはじめて記録されたのである。

その主人公は何人もの妻をもっていたが、好色な父（実の父ではない）がそのうちの一人に眼をつけ、ものにしようと、息子にアシの上のワシの巣から雛をとるように命じ、着ているものをすっかり脱がせた。主人公である息子が「裸の人」になるのである。アシは急に成長し息子は降りることができなくなる。その間に父は服を着て息子になりすまし、眼をつけていた妻をものにする。アシの上で衰えきった息子はチョウの姉妹に助けられて地上で新しい妻たちを得て体の回復をまつが、その間に彼が衰えていることを見くびったヤマアラシの群れがあざけり、体を踏みつけては虐待する。やがて回復した息子はヤマアラシたちを捕えて手足を切り、刺繡のための貴重な素材であるその針毛を妻たちに与えて別れる。

新たに発見された伝承はそれまで断片としてばらばらに知られていた、インセストの欲望に燃えるアビ女の神話群がこのアイシッシュという名の美男子を主人公とする神話と一続きであることを明らかにした。多岐にわたる展開をしめし壮大な神話群をなすアビ女の物語をここで紹介する余裕はない。レヴィ＝ストロースが強調するとおり、アイシッシュの物語が、「裸の人」という巻の標題に採用され、服飾品の起源の神話に密接にかかわっていることは、珍重されるヤマアラシの針毛の挿話があることにも明確にあらわれている。そして帰還した息子の復讐に対して、造化の神でもある父が、天から火の雨を降らせて対抗するという結末によって、息子が嵐をもたらすというボロロの「鳥の巣あさり」とは対称的な展開になっていることも注目される。この対称性はボロロの子が邪な欲望を抱くのに対して、クラマスでは父が子の妻に対して邪な欲望を抱くということにも対応している。

『裸の人』の分析は、北アメリカ北西海岸内陸部のきわめて限定された地域の神話群をあつかっている。南北アメリカ・インディアンの神話体系の縮図は、北アメリカ北東部海岸、カナダのブリティッシュ・コロンビア州の限られた地域を舞台にたしかめられる。しかしこの比較的限定された地域は、さまざまな言語を話す集団が入り乱れて居住し、とりわけセイリッシ語族の集団が伝統的に通商活動を展開した、民族間コミュニケーション密度の高い、開かれた空間であった。それと同時に、レヴィ＝ストロースは、考古学的な知見を手がかりに、この地域が南北アメリカ大陸でも「もっとも古くから絶え間なく人間が居住してきた場所のひとつ」であり、アラスカ方面から南アメリカまで到達するインディアンの祖先たちの移動ルートの要の位置にあったと推測している。「海とロッキー山脈のあいだにあってこの地域は〔……〕その回廊の形状が、ベーリング海峡と内陸部の河谷を経由してやってきた、ひとつないしいくつかの移住集団を切り離し、ついで長期間孤立させる役割を果たした可能性がある。」こうした条件が、神話の古層を持続させ、『神話論理』全体の出発点にレヴィ＝ストロースが選んだブラジルのボロロの神話と、この地域の神話が驚くほど似ている理由となっていると想定されている。それと同時に女性の交換による通婚関係もふくめて活発な通商活動を通じて、とりわけフランス人狩猟者や毛皮商人と接したインディアンたちが、ヨーロッパ民話をとりいれ、土着の物語と見分けがたいまでに融合させた物語を語っているともみなされるのである。それは、とりわけ『神話論理』完成からほぼ二〇年後に刊行された『大山猫の物語』の重要なテーマとしてとりあげられることになる。

このように南北アメリカ神話の古層と、古くからの民族間の結婚をふくむ交易に、より新しい毛皮の取引を中心とした白人をふくむ通商交易のネットワークが重なりあった地域を舞台に、それまでの三巻の神話分析全体に匹敵するほどの多彩な主題が、一冊に凝縮されて論じられている。その全容をここで要約することはあきらめざるをえないが、とりわけレヴィ＝ストロースが強調したいくつかのトピックをしめしておこう。

ひとつにはすでにふれたとおり、北アメリカ北西部のこの限定された地域に、ボロロに見出された「鳥の巣あさり」と驚くほど見事に共鳴しあう神話の存在がたしかめられることである。

その主人公の父であり、息子の嫁を奪おうとする邪な造化の神でもあるコヨーテは、この地域の神話群ではきわめて重要な役割を与えられている。トリックスターとしてのコヨーテは、この地域の各地を放浪しながら、土地の女を誘惑し（川の対岸にいる女にまでとどく長いペニスによって情を通じるという、こうしたあからさまなエピソードやスカトロジックな話題もふんだんにもりこまれた神話群をレヴィ＝ストロースがシリアスに語り分析し、老若男女の知的なコレージュ・ド・フランスの聴衆たちが、おとらず生まじめに真剣に耳を傾ける光景は、想像するだけでもふと笑えてしまうのは筆者だけだろうか、そこにはとりすました「ブルジョワ的」礼節への挑発をしかける若きレヴィ＝ストロースのおもかげがちらりと顔をのぞかせてはいないだろうか）、受け入れた者たちの土地にはサケの遡上を可能にし、拒んだ者たちの土地にはサケの遡上を妨げる滝を作っていったという。この地域の重要な生業である漁労の生態的条件の多様性が、こうしてコヨーテの活動によって説明されるのである。

さらに、この地域の神話のなかには、さまざまな動物種のあいだの食性の違いの由来を説明する一群の神話がある。クロクマとグリズリーのように食性が競合するために、いわば「棲み分け」によって互いの領分を尊重するもの、ピューマの獲物の一部を恵んでもらうヤマネコのようにある仕方で分配をおこなうものなど。レヴィ＝ストロースは次のようにコメントする。「神話が位置する平面が、宇宙的、気象学的、動物学的あるいは植物学的、技術的、経済的、性的、社会的、等々いかなるものであるにせよ、分配、交換、取引の概念は、神話を支配している。／〔……〕それぞれの神話は、独自の仕方で、数々ある存在様式のうちのひとつの理論をつくりだし、それに見合う数だけの格言が理論を明らかにする。すなわち「各人は自分のために」、「ギヴアンドテイクで」、「山分けで」、「各人は万人のために」というように。そのたびごとに、異なった動物のペアに証明の役割が課せられるのであり、またそのメンバーはたがいにとって、パートナーの位置にあるか、敵対者あるいは対抗者の位置にある。」こうして、交易がさかんにおこなわれたこの地域の神話群に、『親族の基本構造』以来の、交換と広い意味での交通の主題が再確認されるのである。

もう一点、四巻にのぼる探究をしめくくるにあたってレヴィ＝ストロースが、この地域に見出される神話群に、『裸の人』においては「鳥の巣あさり」のいわばもっとも宇宙的な規模の変奏を見出していることを指摘しておこう。「鳥の巣あさり」はボロロの主人公のように貴重な鳥の羽根につられて天と地のあいだに宙づりになることにとどまることはない。ここでは主人公は天界にいたり、天界から火を獲得して地上に降りてくる、まさに自然から文化へのもっとも端的な移行を実現する者として語られるのである。

こうして『神話論理』は、人間が人間となった条件としての「食」と「衣」の起源を軸として、人間をとりまくこの世界の森羅万象の起源をめぐる神話的思考を素材としてくりひろげられ、最後は火をめぐる天と地の戦いの神話の分析によって閉じられる。

アマゾン低地出土の土器。ジャガーを象っている。最近の考古学的発掘によって多様な土器が見出された（「ブラジル展」カタログ、150頁）

火はすでに旧石器時代人によって獲得されていたのだろう。しかし、それが他の動物には見られない人間独自の料理の火として、人間が自らを謎として見直すための問いを誘発するのは新石器時代なのだろう。それは機織りや栽培植物とともに、料理の器としての土器が作り出された時代でもある。そして、料理が食物を体内にとりいれる前の予備的で人工的な消化作業だとすれば、料理用の器は比喩的にも実質的にも人間の身体の延長でありまた類同物でもあることになる。こうした土器つくりの起源の神話を主題にしたのが、『神話論理』の完成からほぼ一〇年後に刊行された『やきもち焼きの土器つくり』であった。

土器つくりの起源の謎には、『神話論理』全体の火の起源という大きな主題が凝縮されて映し出されている。土器は料理を可能にする条件であると同時に、それ自身柔らかく濡れた土を火で焼いてつくられる、いわば料理の変奏でもある。そして土器は人の身体像を写す鏡のようでもある。

南アメリカの一群の神話で、土器つくりの技はヨタカという鳥に結びつけられている。そしてヨタカは月と太陽の夫あるいは妻として、これら二つの天体とも結びつき、その夫婦のいさかいからヨタカが死に、その身体が陶土となったと語られる。嫉妬とヨタカと土器つくりはどう連関するのか、という一見突拍子もない設問から始まり、ヨタカとナマケモノとホエザルの摂食行動や排泄習慣の違いの知見に触発される神話的思考が思いもかけないかたちで展開され、神話群にくみこまれた人間の身体のトポロジーとも呼ぶべきものが解明されてゆく。そこでは人間の身体は、他の身体を欲望するフロイト的ヴィジョンではなく、何よりもまず「食」と「衣」を媒介として自然との交流をおこなうものとみなされているといえばよいだろう。

森の住人であるこうした動物たちと人間は、樹の上の生き物と地上の生き物として対比される。この対比は、眼に見える世界を超えて、さらに上に位置する天界と地より下の地下界のイメージへと拡張され神話世界を宇宙大に広げる。こうして広がった世界のなかで、土器つくりの起源は『神話論理』で検討された火の起源と響きあって、天界と地下の水界の戦いの対象物として神話によって語られているのである。

2　双子であることの不可能性

「発見」の五〇〇周年

第二次世界大戦前夜、ブラジル奥地で「僻地を走り回り、人類の残り滓のようなものを追い求めてい」たレヴィ＝ストロースは、一九五〇年代から後半生のほぼ四〇年間をかけて、南北アメリカ・インディアンの神話世界の研究に没頭した。それはレヴィ＝ストロース自身にとっては、「人類の残り滓」とみなされた世界がじつは、世界の支配権をめぐって二度にわたる大戦争に明け暮れた「文明国」が見失った、もうひとつの豊かな世界であったことをたしかめる作業だったという見通しのもとにこの浩瀚な著作群の要点を見てきた。

一九六四年から七一年まで順次刊行された全四巻、二〇〇〇ページを超えるライフワーク『神話論理』に対して、一九九一年に刊行された神話研究をしめくくる『大山猫の物語』は三〇〇ページほどの小振りな本となっている。第一章の冒頭でもふれた、『大山猫の物語』の刊行後におこなわれた『ヌーヴェル・オプセルヴァトゥール』誌のインタヴューで、「この本では著者の「世界観」がより鮮明にしめされているのではないか」という質問者に、レヴィ＝ストロースは次のように答えている。

〔……〕この本を書き始めたころ、たまたまコロンブスによる「発見」の五〇〇周年が近づいていました。〔……〕その意味を考えることになったのです。〔……〕『神話論理』の仕事は人類の文化遺産に、この膨大な口頭伝承の遺産を組み入れる作業だったのです。私たちにとって古代世界やアジアは大きな位置をしめているにもかかわらず、〔南北アメリカ・インディアンの〕口頭伝承はほとんど無視されているからです。この歳になるともう長くは続けられませんから、研究を終えるにあたって、アメリカ・インディアンの人々の哲学と倫理の思想から私たちが何を学んだのかを問うたのです。

『パロール・ドネ』表紙。1984年2月2日のレヴィ＝ストロースの最終講義の光景が写されている

こうした問いと答えは、世界の各地で祝賀行事がおこなわれよう

としていた、コロンブスによる新大陸「発見」の五〇〇周年に対する、レヴィ＝ストロース流の異議申し立てと、控えめではあるが、常識とされたものへの闘いのひとつの意思表示でもあったのだ。インタヴューは次のように続けられている。

そのような問いは、昨年〔一九九〇年〕、カナダで起こったモホーク族の蜂起に刺激されて考えさせられたということを言うべきでしょう。モホーク族の人々はあらためて、侵略者と土着の人々の関係という、この問いを提起したのです。

「モホーク族の蜂起」とは、カナダとアメリカ合衆国の国境をなすセント・ローレンス川のカナダ側ケベック州のリゾート地オカの町で、市営ゴルフ場の拡張のために父祖伝来の墓地が開発されることに抗議して、モホーク族の「モホーク戦士運動」が武装してバリケードを作り工事を阻止した事件である。

開発計画が発覚した後、ライフルで武装したモホークの戦士たちは一九九〇年三月からほぼ半年にわたってバリケードを守り、実力で排除しようとしたケベック州の武装警官と衝突し、一名の警官が銃弾を受けて死亡するにいたった。連邦政府がモホーク族への転売を前提に、問題の土地を市から買い上げるということで一応の決着がつけられることになり、バリケードは解かれた。

モホーク族は、北アメリカ東海岸への白人の入植が始まった一七世紀には、現在のニューヨーク州のほぼ全域からカナダにかけて居住していた、イロクォイ同盟を構成する六つの民族のうちの重要な集団だった。イロクォイ同盟は相互の不戦を取り決めた民族の連合体であった。しかし、アメリカ独立革命に直面して、イギリス（父）を支持するか、植民地（子）を支持するか、あるいは中立を保持するか、という方針の違いで分裂の危機に直面した。モホーク族の一部は、戦士の長に率いられてイギリス側に立ち、ワシントン将軍の軍隊と果敢に戦い、悩ましたことで知られている。ワシントンは、イギリス軍と連携してゲリラ戦法をとるモホーク戦士らに対抗して、彼らの村を焼き尽くす焦土作戦を展開した。

独立後には、モホーク族は、他のイロクォイ同盟の民族集団と同様、まだイギリス領だったカナダに逃れるか、アメリカ合衆国内の狭隘な「保留地」に押し込められるか、あるいは飢餓状態のなかで遠い指定保留地に徒歩で移動するかの選択を強いられた。

与えられた小さな保留地の大部分も、一九世紀には不動産会社の詐欺同然の取引で白人の手に渡ることになった。アメリカ人類学の父ともいえるルイス・ヘンリー・モーガンが、一九世紀半ば、こうした土地収奪に反対して、イロクォイ同盟をつくっていた民族（とりわけセネカ族）を擁護したことがきっかけとなって弁護士から在野の研究者に転身し、後に人類学と呼ばれることになる分野を切り開いたことは、多くの人類学史の本に記されている。『イロクォイ同盟』というモーガンの三一歳の出世作は、今日、政治人類学の古典とみなされている。

オカのモホーク族の場合には、一六〇八年、フランス国王アンリ四世による領有の宣言がなされた（現在のケベックはヌーヴェル・フランス［新フランス］と呼ばれた）後、他の地域とはやや異なった経緯をたどることになった。一八世紀、この土地に進出したフランスのサン＝シュルピス修道会にモホーク族の土地が信託され、後に修道会が信託条件を無視して市や個人に売却し所有権を譲ったが、モホーク族はそれを承認せず、以来、係争が続いてきたのである。

地域ごとに経緯の違いはあっても、アメリカ合衆国やカナダの全域で、こうした「侵略者と土着の人々との関係」は、今も、いつでも緊張をはらんだ対立に転化しうるものとして存在している。中央から南アメリカでは、それはある意味ではもっと生々しい問題となっているともいえる。インタヴューでのレヴィ＝ストロースのごく手短な発言にも、コロンブスの「発見」以来の、この五〇〇年にわたる、インディアンたちの「侵略」への戦いを常に念頭におかずには神話研究がおこなわれえなかったことが示唆されているのである。

『大山猫の物語』

「あなたはこの本で、インディアンが白人に対して開かれていたのに対して、白人がインディアンに対した仕方が根底から異なっていたことを明らかにしていますね」というコメントに、レヴィ＝ストロースは次のように答えている。簡潔な自著解説にもなっているので、その一節全体を引用したい。

それは先ず歴史的事実です。インディアンが腕を開いて白人を迎え入れたことは、歓迎ぶりに驚嘆したコロンブスの初期の証言にも明らかです。征服者の態度は正反対でした。いっぽう、この本は風と霧の起源にまつわる神話の性質をめぐる小さな問いを起点にしてたどりついた、〔南北アメリカ・インディアンの神話〕全体のパノラマでもあります。このことは『神話論理』が水と火の神話から始まっていただけに、私にはきわめて重要なことでした。風と霧の神話群は、料理の火の神話群を小さなスケールで再現しているのです。霧は料理の火と同様に、天と地を分離します。風は火を消す水と同様に、霧を吹き払います。ふたつの体系のあいだには形式的な並行性があります。神話体系のなかに小話のかたちで導入される風と霧の神話は、対立関係で結びついた大山猫とコヨーテというふたりの人物を登場させます。いっぽうはネコ科で他方はイヌ科です。このことは私に、アメリカ・インディアン神話における不変なものに気づかせてくれました。すなわち、双子であることの不可能性です。双子はそっくりでいて欲しい、しかしそれは不可能なのです。

〔……〕自は常に他なるものを生み出すのです。

アメリカ・インディアンの神話は、インディアン自身にとっての自己と他者の関係をどのように語るのか。それはとりもなおさず、「発見された」インディアンと「発見した」白人の関係であり、今、同時代に起こっている出来事の歴史への視点でもある。そして、この問いは『人種と歴史』で提起された「野蛮人とはなによりも先ず、野蛮が存在すると信じている人なのだ」という鋭い逆説に満ちた定式に対するインディアン自身の応答を、コロンブスの「発見」以来、「彼ら」が経験したことを踏まえて仮説的に構築することにほかならない。

ただ、レヴィ＝ストロースの思考にそって一歩踏み込んでいえば、構造と神話の視点なしに、歴史が解体し消滅させたものが何なのかを考えることはできない。料理の火や水の起源や、なぜ人間が永遠の生命を失ったか、太陽や月がいかにして宇宙の周期性を生み出したか、要するにこの世界はなぜこのように存在するのか、世界と人間との関係がどのようなものかをわたしたちとは異なった仕方で語る、神話の宇宙論的な次元に加えて、そうした自と他の関係はいかなるものかという倫理的次元の問いが、『大山猫の物語』での主題となる。二〇代に自然と人間との関係に未来のモラルを見出そうとしたレヴィ＝ストロースが、生涯の後半をかけた神話論理の探究をしめくくるにあたって、どのようにしてモラルを見出そうとしたか、その思考のプロセスをたどるよう心がけて展開を追ってみたい。

自と他の関係の倫理的・哲学的な意味を、アメリカ・インディアンの神話は宇宙論的な次元に重ねて、神話的な形象としての双子を登場させることで語っている。『大山猫の物語』にいわば縮尺モデルのように組み込まれた南北アメリカ神話のパノラマの素地のうえに、インディアンと白人という不可能な双子の主題がどのように浮き上がってくるのだろうか。

そうした問いかけと同時にこの小著には、それまでの神話論理研究とは微妙にニュアンスを異にするトーンがあるように思える。神話が閉じた体系をなすことが強調されるよりも、ひとつひとつのエピソードごとに異なった可能な展開を潜在的にふくみこんだ、無限に広がりうる分岐の網の目のイメージでとらえられているのである。インディアンの神話群に、自と他の対の関係に関する省察を見出すために、レヴィ＝ストロースは、ここでは系統的に双子の対の形象を探索し、物語の分岐点に注意を凝らしている。

レヴィ＝ストロースの分析はセイリッシ語族の一集団であるトンプソン族と、セイリッシ語族に属さないネズパース族のさまざまな神話の異伝を軸に、周囲の集団の異伝を絡み合わせて、どこまでも広がる刺繍を編みあげてゆくかのようだ。大山猫とコヨーテの対を中心人物とする神話群を、これら二集団の伝承を軸に再構成してみよう。これは、レヴィ＝ストロースがしばしば図示しているような、多様な異伝の分岐のネットワークそれぞれの分岐点でひとつの異伝をとり出して連結し、可能なモデルを仮説的に構成する試みである。その手法をレヴィ＝ストロース自身は「神話の連結」と名づけている。

オオヤマネコとコヨーテ

物語の発端は二人の姉妹とその兄の天上世界での生活から始まる。男は優れた狩人で豊かな獲物をもちかえり、川で体を樅の木の小枝でこすって洗うごとに、川床に落ちた葉が大量のツノガイに変化する。ツノガイは衣服に刺繡される貴重で高価な財である。ツノガイをもちかえる兄を不思議に思った好奇心いっぱいの妹は、姉をそそのかして、禁じられていたにもかかわらず、兄の水浴の様子を覗き見る。慎みのない妹の振る舞いに怒った男は、姉妹を残して天界から地上界に降りてしまう。悲しんだ姉妹は兄を追う。

天上にもどれなくなった姉妹は、兄の助言にしたがって、遠くに住む祖母のもとに行くことになる。途中、慎みのない妹は嘘つきのコヨーテにまんまと騙され（乾かしたコヨーテの精液を食べさせられるなど）コヨーテの子を孕んでしまう。女が孕んだことを知ったコヨーテは、「もし男の子なら生かそう、女だったら殺してしまう」と叫ぶ（男女逆の場合もある）。

妹を残した勝気な姉は旅を続け祖母のオオヤマヤギのもとにたどりつく。祖母は、姉の婿を決めるためと偽って山での競走に動物たちを誘う。しかし足場の悪い山ではオオヤマヤギである祖母自身に競走で打ち勝てるものはおらず、姉は結局、婿をとることはない。

ある日、祖母の不在のとき、村に棲むオオヤマネコが祖母の家の屋根にのぼり小便をすると、その一滴が床で寝ていた姉の口に入り（あるいは臍に垂れる）、娘は妊娠する。子供が生まれるが全身を皮膚病でおおわれたオオヤマネコは、恥じて父であると名乗り出ない。誰の弓矢を取るかによって子供が誰を父として選ぶかを決めることになる。子供は誰も思いもかけなかったオオヤマネコの弓矢を選ぶ。

嫉妬に狂ったコヨーテに唆された村人たちは、オオヤマネコ一家を捨てて村を移してしまう。オオヤマネコは自分の髭を用いて霧を発生させ、獲物を見えなくさせ人々が狩りをできないようにし、人々は飢えに悩まされる。オオヤマネコ自身は病に侵された皮膚を脱ぎ、若い男の姿で狩りに勤しみ豊かな食糧を得る。

飢えた村人たちから様子見のために送られたカラスは、オオヤマネコの一家が豊かな肉に恵まれた生活を送っていることを知り、村人たちに知らせる。もどってきた村人たちをオオヤマネコは許し、一緒に暮らすことになる。

オオヤマネコとコヨーテの物語はさらに、それぞれの息子が主役となる物語に発展し、とりわけコヨーテ父子による風の秩序の形成の物語に発展する。冬をもたらす北風と春をもたらす南風の交代、季節の周期がどのようにして成立したかが語られるのである。ツノガイをめぐる姉妹の物語、オオヤマネコとコヨーテの葛藤、コヨーテ父子の物語が、北米大陸のこの地域では、前のものを次のものがふくみ込む「何重もの入れ子構造になっているロシアの人形」のように大きな神話群を形成しているとレヴィ＝ストロースは指摘している。

分岐とネットワーク

ここまでの神話の展開にも、異伝をつきあわせるとじつにさまざまな分岐点が見出され、多様な異伝が語られることがレヴィ＝ストロースによってたしかめられている。そのなかでもレヴィ＝ストロースは冒頭の、海岸地方を原産地とする貴重な装身具である（より南部のカリフォルニア地方では一種の貨幣であった）ツノガイの挿話と、ブラジルのボロロ族の装身具の起源神話との関連に注目している。料理の火とならぶ文化への移行をしるす服と装身具の起源がオオヤマネコの物語の基調となっているのだ。そのことにふれたうえで、オオヤマネコとコヨーテが、二人姉妹のパートナーとして登場するこの部分に織り込まれたいくつもの分岐点を確認しておこう。

神話のひとつひとつのセンテンスごとに別の可能性が開かれているという意味で、神話群は無限に広がる可能性をはらんでいる。と同時に、神話がまったく恣意的に展開するのではなく、一定の「不変なもの」の変換群によって構成されるという意味で、神話には「構造」と呼べるものがそなわっており、そこに「体系」を見出すことができる。

二人の姉妹が地上に降りた後、天に戻れないという異伝があるいっぽう、天から下降するあいだ、してはいけないと禁じられたことが守れず、地上に達することができない姉妹は天に留まるという異伝もある。つまり姉妹の旅は地上の旅か天界の旅かふたつの可能性がある。

かまどの石をどけた穴から男が地上に降りたことに気づいた姉妹は、遠い地上で人々と球技に興じる男を見て悲しみのあまり涙を流す。降ってくる涙で男は姉妹が地上を見下ろしていることに気づく。なぜならそのころ、地上には雨というものがなかったから……という細部が語られる異伝もある。

オオヤマネコが呪力に長けた存在であることは変わらないにしても、霧の支配者ということが語られないこともある。その場合には、オオヤマネコは嫉妬したコヨーテに唆された村人たちに暴行され、体をずたずたに傷めつけられる。コヨーテは妻に蒸気浴の支度をさせ蒸し風呂で美丈夫の姿に変容する。ところが妻が早まって蒸し風呂を開けたせいで顔だけはひしゃげたままに残ってしまう。オオヤマネコの顔が皺だらけなのはそのせいなのだ。いずれにせよ、レヴィ＝ストロースによれば、オオヤマネコは霧の主であるか、文化の作り出す霧ともいえる蒸し風呂の主であるかなのである。さらにレヴィ＝ストロースは、自然の霧と蒸し風呂とは、この地域でクマやサケに対して使われる焼け石で熱して土でおおう蒸し焼きの料理法とともにひとつの体系をなし、神話で対比的に使われている、と指摘している。コヨーテはオオヤマネコへの暴行の張本人がグリズリーだと言って騙し、オオヤマネコが復讐してグリズリーを料理してしまうという異伝のなかで、これら三つの方法が対比されるというのである。

オオヤマネコが勝気な姉とのあいだにもうけた子供は双子で、太陽と月になるという異伝もある。また子供が主役となる、「ワシミミズクに攫われた子」と総称される一連の物語が語られる異伝もある。ンツァーズという名のオオヤマネコの子供がワシミミズクに攫われ森に連れ去られ、ワシミミズクの魔法で子供は瞬く間に成長する。カラスが子供の居所を母親に知らせ、母親と妹が探しにゆく。ワシミミズクを殺し（あるいは追跡をあきらめさせ）男の子を連れ帰る途中、暑さのせいで（季節は夏である）男の子は母親が制止するのをきかず、湖で水浴しようと岸から離れ、アビに変身してしまう。やがてさまざまな経緯（魔法に長けた若い女の助力など）で男の子はツノガイで美しく装った美丈夫の姿にもどる。帰郷の旅を再開するが、今度は寒さに耐えきれず（季節は冬になっている）、「臭くて誰も近よらない」ミミズク（ワシミミズクとは別）の家に入り、ミミズクの鼻をつまんで激しく揺すって皮を剝ぎ、その抜け殻を身に纏って悪臭のする老人の姿になる。村にもどった老人の姿の男は誰からも相手にされないが、魔法に長けた若い女はこの男と結婚する。

男は老人の皮を脱いでは美丈夫にもどり猟で獲物をとり、大量の薪を切り出す。異伝によっては、この老人の皮を燃やすとそれが霧になった、だから霧はくさい臭いがするのだ、という。女が家に薪を投げ入れたとき、地面に当たって割れた薪の一片が、床で寝ていた月の睾丸にささってしまう、という意外な展開をしめす異伝もあり、そこからは、人々の睾丸を好んで食べる食人鬼としての月の神話群へとつながるのである。

オオヤマネコの子がオオヤマネコ自身のいくつかの特徴を引き継ぎ反復していることが注目される。このことはオオヤマネコと対をなす、コヨーテとその息子の親密な関係と似ている。いずれにせよオオヤマネコとその息子は病に侵された皮膚と、ツノガイで美しく飾られた着衣の対比、さらにいえば衣食住という人間の条件のひとつである「衣」の起源にかかわっていることが見て取れるだろう。

村に帰る途中、暑さに耐えかねた子供が湖で水浴し、アビに変身する挿話は、神話群の分岐のありようをしめして興味深い。ここにみたトンプソン族の異伝では男が水浴をしたがるのに対して女（母）はそれを妨げようとする。ところが近隣のクールダレーヌ族の異伝では、同行する女（母）が水を飲みたがるが、湖に水を汲みにいった男（息子）が水遊びにかまけて帰ってこない。別の集団では男が水を飲みたがるのに、女（男の妻）は男が湖の水を飲むことを妨げようとする。レヴィ＝ストロースによれば、水浴は水のなかに体が入ることであるのに対して、水を飲むことは体に水がとりこまれることであり、含むものと含まれるものとの関係で水浴と水を飲むことは対称的《シンメトリー》な関係にある。水をめぐって、浴びることと飲むことについて、それを欲するものと妨げるものという関係の可能性を、神話はさまざまに変形しつつ物語の展開に利用しているというのである。さまざまな異伝をつきあわせると、女が水浴したがるのを、男が妨げるという物語は知られていない。こうした展開はありうる変形として、いつか異伝として発見されるかもしれない、とレヴィ＝ストロースは言う。

ところが、神話はさらに意表を突く展開をしめす。近隣に住みながらセイリッシとは語族を異にするアタパスカン語族のチルコティン族では、同じ要素を使いながらいわば二重の捻れを与えた異伝が語られているという。言語の境界を超えるとき、神話は多重の変換を見せるというのはレヴィ＝ストロースの神話研究における重要な視点のひとつである。そこでは女（母）が男（息子）に水浴を強いるのを、男が拒むのである。水を含む身体と水に含まれる身体、欲望する者と欲望をみたすことを助ける（あるいは逆に妨げる）者など、ふたつの要素間の関係の多様な可能性をさまざまに組み合わせることで、神話は物語の分岐点を生み、変換群としての異伝を生み出してゆく。

南北アメリカ神話の共鳴――双子としての兄弟

南アメリカのブラジルを中心に広く居住していたトゥピ語族に伝承されていた神話の一部に、

オオヤマネコとコヨーテの物語と不思議なほど似ているものがあり、これまでも何人もの研究者が心惹かれてきた、とレヴィ゠ストロースは言う。その神話はすでに一六世紀にブラジル旅行の経験を書き残したテーヴェによって記録されており、その後も多くの記録者が類話を報告し、この神話がきわめて安定したものであることがたしかめられる。アルフレッド・メトローは、民族誌を広く検討したうえで二〇世紀初頭のドイツ人研究者の説にしたがって、この神話がペルー起源で、広くブラジルのトゥピ系の諸民族に伝えられたと考えていた。それに対してレヴィ゠ストロースは起源の推定ではなく、この神話の構造が、南北アメリカで、数千キロをへだてて共有されていることを重視すべきだと提案している。

テーヴェの記録したトゥピナンバの神話は、造化の神で「古い人」を意味するモナンが主人公である。モナンと同時代の最初の人類は神への忘恩から天の火によって消滅させられる。それまで平らだった世界には起伏が与えられ海が生まれる。モナンが新たに作り出した一対の存在から、マイレ゠モナンという神と新しい人類が誕生した。マイレ゠モナンは人々のあいだに差異を生み異なった文化を与えた。このときにインディアンと白人が分岐したという。両者は双子のように近しいけれども異なった兄弟なのだ。違いを作り出されたことに不満な人類はマイレ゠モナンを焼き殺してしまう。マイレ゠モナンは天に昇り嵐となった。地上に残された子孫のなかに対照的な性質をもった兄弟がいた。平和を好む者と好戦的な者のこの兄弟の争いから、地上は洪水となり、再び人類と動物が消滅した。残された兄弟姉妹からトゥピナンバとその敵たちが生まれた。最初の祖であるモナンはナマケモノの背に火を残してくれていた。こうして人間は火を手に入れた。

　第三世代ともいえるこの人類に、マイレ＝ポチーという者がいた。このマイレ＝ポチーの物語が、数千キロをへだててブリティッシュ・コロンビア地方のオオヤマネコの物語と心騒がせるほど重なりあうのである。

　奴隷の身分だったマイレ＝ポチーは醜く顔がひしゃげていたが魔法の力をもっていた。ある日、マイレ＝ポチーが持ち帰った魚を主人の娘が食べ、すぐに妊娠し、美しい子供を生んだ。村人たちは父親を知るために子供が誰の弓矢を選ぶか試すと、誰も予想もしなかったマイレ＝ポチーのそれが選ばれた。村人たちはマイレ＝ポチー一家を見捨てて村を移してしまった。「マイレのいた場所は何もかもが豊かなのに、他の人々のところは不毛の地で、果物もまったく取れないので、哀れな村人たちはひどい飢えのために死んでいった。」哀れに思ったマイレ＝ポチーは人々を招きもてなした。マイレ＝ポチー一家の豊かな収穫をねたんだ人々はさんざん略奪した。人々にも妻にも嫌気がさしたマイレ＝ポチーは、人々を動物に変え天に昇ってしまった。

　マイレ＝ポチーの息子でやはり魔法に長け、マイレと呼ばれた男は、父の後を追って天に昇る前に、残っていた人々に火でできた冠を作って与えた。それを欲しがって奪い取ったひとりの男は体に火がつき、水に飛び込んで嘴と脚の赤いクイナに変身した。マイレは天にいた父（太陽であるともいう）のもとに昇っていった。

地上に残ったマイレの子マイレ＝アタは土地の女と結婚したが、この女は落ち着かず旅に出た。すでにマイレ＝アタの子供を身ごもっていたが、旅の途中、オポッサムに騙されて犯され、もうひとりの子供を孕むことになった。女は残虐なインディアンの国に迷い込み、殺されて食べられてしまう。腹から取り出された双子（とはいえ父を異にする）は、ひとりの女に助けられ育てられる。

こうした兄弟あるいは双子（双子ではあるが父を異にするという点では、兄弟ともいえる）を主人公とする神話群が南北アメリカに共有されていることをレヴィ＝ストロースは強調する。双子でありながら父を異にすることは、似た者のあいだの微妙な差異が次第に増幅されて、その行動も行動がもたらす結果も次第にへだたってゆくことを暗示している。そのことはトゥピナンバの神話でインディアンと白人の兄弟が諍いを起こしやがて袂を分かったと語られていることに象徴されている。微細な違いから始めて次第にへだたりを拡大し世界に動きをもち込む、こうした双子のイメージは、あくまでも同一に留まろうとする旧世界の双子（ギリシャ神話に登場するディオスクロイ）とは根底的に異なって、新世界の双子は同一なままに留まることは不可能なのである。

不可能な双子

オオヤマネコの物語が、醜い外見をまとっていながらじっさいにはツノガイの衣装で身を飾る立派な若者であるオオヤマネコと、悪知恵を働かせながら失敗を繰り返すトリックスターであるコヨーテの対比を軸にして展開し、ふたりの行いが次第に大きく分岐してゆくことを語っていることは前節の紹介で察せられただろう。レヴィ＝ストロースによれば、オオヤマネコとコヨーテは、もともとはそっくりな双子だったにもかかわらず、諍いを起こし、コヨーテはオオヤマネコの鼻面をたたいて縮め耳を引っ張って伸ばし、逆にオオヤマネコはコヨーテの鼻面を引っ張って伸ばし、今あるようなネコ科とイヌ科の対照的なそれぞれの特徴をもつようになったと神話は説明している。

『裸の人』では造化の神でもありトリックスターでもあるコヨーテが、北西海岸地域の重要な食糧源であるサケが遡上する川と遡上しない川の違いを設定する重要な役割を果たしたとされていることを前節で見た。たしかに、ツノガイの生成を発端とする神話群は入れ子型になって、一番外側の大きな器として、世界の秩序の形成の過程を説き明かすコヨーテを主人公とする神話のなかに収納されているともいえそうである。霧と風という対となった気象現象にかかわる神話群においても、コヨーテの息子を主人公として北風や南風の起源の物語が語られはじめた後には、あたかも霧のことは忘却されたかのようにもっぱらコヨーテとその息子を中心として物語は展開してゆくことになる。

物語の展開点ごとに可能な分岐のいずれかをたどって展開してゆく霧と風の神話群を、レヴィ＝ストロースは「風の捕獲」の神話によってしめくくっている。北西海岸のセリッシの一グ

オオヤマネコ（『大山猫の物語』表紙）

コヨーテ（同、41頁）

ループであるトンプソン族のそれは次のような物語である。

昔、風は激しく吹きものを破壊し死をもたらしていた。ある三人兄弟の末っ子が手柄を立てたくて、風を捕まえようと思いつく。コートの襟を立てコートのなかに捕らえようというのである。何度も試みるうちにとうとう風を捕らえる。風を言いなりにする力を得た子供は富と素晴らしい結婚相手を求めて旅に出る。難儀な旅をコヨーテが乗り物となって助ける。やがて有力な族長のもとに行きつき、番兵を手なずけ、族長の娘を獲得し、二頭の馬も盗んで娘と逃げ出す。手柄をねたんでつきまとう兄たちに弟は断崖から突き落とされてしまい、動物たちも彼を助けることができない。最後にコヨーテが尻尾を断崖に下ろしてそれにつかまって弟は助け出され、村に戻って娘をとりもどし、その後は偉大な呪術師として認められ、コヨーテを友として暮らした。

この物語の風変わりな細部にレヴィ＝ストロースは注意を引いている。主人公は臨機応変に馬を小さな「しるし」に変え、ふところにしまって旅を続けるというのである。

近隣の集団で語られる「風の捕獲」にはサナナズと呼ばれるこの主人公が、風を手なずける物語の後、畑のジャガイモを盗む泥棒を追って地下世界にいたり、その主の娘を得るという展開になっているものもある。まず娘を地上に返すと、兄弟たちは娘を気に入り、自分たちのものにしようと、サナナズがのぼろうとする綱を切って殺してしまおうとする。地下世界で娘の父に介護されたサナナズは、さらに魔法をさずけられる。それは、ほとんど垂直に立った刃を走り昇り、針や錐に守られた輪を傷つくことなく通り抜けることのできる馬に変身する「しるし」とその用法である。この「しるし」をもって、身をやつして村にもどったサナナズは、刃を昇り輪を通る試錬で兄たちを打ち負かし、娘をとりもどし、もとの姿にもどって兄たちを懲らしめ、幸せな余生をおくった……。

周辺の異伝をさらに付加するまでもなく、これらの「風の捕獲」の神話群が、「森を走り回る者」とも呼ばれた毛皮を目当てにした白人（とりわけフランス出身者）狩人たちからインディアンたちがとりいれた旧世界のおとぎ話に由来することは明らかだろう。ジャガイモ、馬、紙に書かれた文字を思わせる「しるし」等、明らかに旧世界経由で招来された要素にみちているのである。しかし、そのこと以上にレヴィ＝ストロースが重視するのは、コヨーテとの親しい関係が強調される主人公が、それにもかかわらず、あるいはそれだからこそ、オオヤマネコの子供との親密なつながりを暗示していることとなのだ。ミミズクに攫われるオオヤマネコの子供の名はンツァーズであり、「風の捕獲」の主人公はサナナズと呼ばれる。これらの名が通いあう対をなすものであることはインディアンたち自身によっても強調されるという。

そしてさらにレヴィ＝ストロースは、地下世界に降りてコヨーテの助けによってこの世界に再び帰還するサナナズが、北西海岸版の「鳥の巣あさり」の神話を反転させた変換形になっていることを指摘する。上昇は下降に、邪な父コヨーテは助け手に、「したがって、よそからきた物語は受動的に取り入れられるどころか、〔白人狩人のおとぎ話の〕聞き手たちは自分たちの伝統に適合させようとしてそれを改変したり、あるいは変形しさえする」のである。

こうした観察からレヴィ＝ストロースは次のように結論する。

したがって、いっぽうで霧、もういっぽうで風と関係するふたつの神話の系は、どちらも気象現象と関係しているだけに、そのあいだには平行関係があるだろうと思いきや、分析をしてみると、対立的に構成されていることが分かる。いっぽうの系の構成は、フランス系カナダ人の民話の連辞的な連鎖の丸写しに見える。そして、もういっぽうの系は、範列的な軸のうえにアメリカ・インディアンの主要なテーマを組み合わせている。いっぽうの系から取り除かれたものは、もういっぽうの系で埋め合わせなければならなかったようにすべてが生じている。つまり、風の捕獲の神話が土着のモチーフには目もくれず着想を他の場所に求めれば求めるほど、霧の起源の神話はますます土着のモチーフ捜しにいっそう熱心になる。予想されうる平行ではなく、互いが直交するほど違う方向に向かうふたつの構成には、神話が語る具体的な実体が本質的にはらむ不均衡の、形式の次元での反映が見てとれるのかもしれない。つまり、風と霧は、アメリカ・インディアンの思考が対にするのをあきらめた、他のあらゆる結合の候補と同じく、不可能な双子なのである。

レヴィ＝ストロースはインディアンたちが、多くの場合、到来した白人たちを神話に語られた祖先の霊が回帰してきたものとして腕を開いて迎え入れた、ということを強調している。到来すべき他者の場所をあらかじめ用意すること、他者を「野蛮人」とみなすばかりではなく、時には神として迎える謙虚さをそなえること、他者のもたらす聞きなれぬ物語をも自らの物語のなかに吸収し見分けのつきにくいほどに組み入れること。しかし、その他者が究極的には、分岐し差異を極大化してゆく存在であることを許容すること。自らの世界のなかに場所を提供しつつも、対になることは放棄せざるをえない不可能な双子、アメリカ・インディアンにとって外部から到来した「西欧」の存在をそこに読み取ることができる、これが『大山猫の物語』でレヴィ＝ストロースが引き出した結論だった。

おわりに――自然・歴史・芸術

『野生の思考』が刊行された後、哲学者ポール・リクール（一九一三―二〇〇五）から受けたインタヴューでレヴィ＝ストロースはこの本の意図を次のように説明している。

私が「野生の思考」といっているものは、それによって「他者」を「わたしたち」に翻訳したりまたその逆をおこなうことができるようなあるコード〔ルール、文法の意〕を作りだすのに必要な前提や公理の体系であり〔……〕私の意図においては、彼らの位置に自分を置こうとする私と、私によって私の位置に置かれた彼らとの出会いの場であり、理解しようとする努力の結果なのです。

このインタヴューがおこなわれた当時、レヴィ＝ストロースがその後の一〇年近くをかけて『神話論理』という大著を著してゆくことを本人以外はおそらく誰も予想していなかった。『野生の思考』は刊行と同時にすでに『親族の基本構造』に続く第二のライフワークとして受け止められていたのである。いずれにせよ、「彼らの位置に自分を置こうとする私と、私によって私の位置に置かれた彼らとの出会いの場」という言葉はそのまま『神話論理』にも適用されるのだろうか。適用されるという想定のもとで、このささやかな本は書かれた。さらにいえば、「彼らとの出会いの場」を「私によって私の位置」において作るというレヴィ＝ストロースにとっての人類学の企図が、どのような種類の、どれほどの知的な作業を必要とするものとされるものだったのかを、同じ分野で活動したいと考えている者として計測してみることもこの本の目的だった。

『大山猫の物語』は、少なくともアメリカ・インディアンの側から見る限り「彼らとの出会いの場」を「私によって私の位置」に作り出すことは不可能だ（った）と結論しているようにも思える。双子であることの不可能性……。

『大山猫の物語』の最後からひとつ前に「モンテーニュを読み返しながら」という章がおかれている。少々唐突な感じがなくはないこの章が、一六世紀の西欧の思考に、新世界の発見が考えられているほど深刻な反省をもたらすものではなかった、という歴史家リュシアン・フェーヴル（一八七八―一九五六）の指摘から始められていることを読むと筆者の意図は明瞭になる。出会いの意味づけにおいても両者は非対称的だった。西欧を迎え入れたインディアンたちに対して、西欧の側の対照的な姿勢を、同時代の西欧では例外的に新世界の「発見」の衝撃を深く受け止めたモンテーニュ（一五三三―九二）の省察を手がかりとして問い直そうというのがその目的なのだ。予期しなかった他者との出会いへの類例のない考察から、モンテーニュは「われわれは存在と何のかかわりもない〔何のコミュニケーションももたない〕」という徹底した懐疑主義を引き出した、とレヴィ＝ストロースは言う。それはまるで、存在とのコミュニケーションを基本的な動機として生まれたインディアンたちの神話と、モンテーニュの徹底した懐疑主義がまったく対照的であるからこそ通底しあうことができる、とレヴィ＝ストロースが言外に示唆しようとしているかのようでもある。まったく分岐しながら通いあう不可能な双子……。

言語学者のバンヴェニストは人称代名詞としての「わたし」と「あなた」の独特な関係は「相補的でありながら《内在／外在》の対立に従い、かつ同時にまた互いに反転可能な」現実界には他に例の見られない関係、と言いあらわしている。まさにそうした対称的な関係が不可能でもありうることを『大山猫の物語』は主張しているのではないだろうか。いや、それは主張というよりも確認というべきだろう。それがレヴィ＝ストロースによる確認である限り、わたしたち自身その確認を受け入れるか受け入れないかは自由なのだ。西欧とアメリカが双子であることは不可能だとして、わたしたちはそれぞれが自らにとっての双対する存在との関係が可能か不可能か、自ら試みるほかはない。レヴィ＝ストロースが一〇〇年という生涯の時間をかけた試みをわたしたちはわたしたち自身の時間を賭けて検証するしかない。

レヴィ＝ストロースがそのような企図をもったきっかけははたして何だったのか、という問いへの回答を求めることもまた、この本を書く重要な動機のひとつであった。

それは、「他者」への深い共感をもちつつ、わたしにはただちには彼らを理解する手立てがないという、関係の経験ではないだろうか。『悲しき熱帯』に描かれ『ブラジルへの郷愁』という写真集に写し出されたカデュヴェオの女性やボロロやナンビクワラの人々の肖像《ポートレート》は、何よりもそうしたレヴィ＝ストロース自身の彼らとの関係を写し出しているように思える。ブラジルに出発する前後の二〇代のレヴィ＝ストロースをやや詳しく振り返ることで、同時代の自分の世界へのある違和感と、ブラジルで出会った人々へのある共感を、構造主義以前の構造主義の感覚として確認することは大事な作業だと思われた。

共感に満ちた無理解は、理解できないことへの絶望や苛立ち、理解する試みの放棄、あるいは共感とは異なった愛憎や好悪には逸脱することのない、それらとは異質な関係の経験であり、そうした関係を維持することへの意志ではないだろうか。民族誌調査にあたって先達であるマルセル・モースが、調査者は「無感動《アンパッシブル》でなければいけない」といった言葉が意味するものに、それは近いのだろう。そうした経験と意志が、「前提」や「公理」という言葉で表明されることにレヴィ＝ストロースの個性があり、「構造主義」の特性があるのかもしれない。そこには主観とは異なり、また無意識とも微妙に重なりあわない構造の探究の方向があらわれている。

絶望や愛憎や好悪なしに歴史を生きることはできない。そしていくつかのインタヴューでレヴィ＝ストロースは、普段は主に歴史の本を好んで読んでいると語っている。一般に思われているよりは、この人類学者の歴史への関心は幅広く、奥行きが深いことも、今回の作業で確認したかった。書物と文字を通じて接する歴史の世界と、じかにその空気に体を浸すことで感じる森やサバンナの自然とのあいだにレヴィ＝ストロースの人類学の世界が開けている。

その広がりのなかで、神話論理の探究の終わった後もレヴィ＝ストロースは闘いをやめたわけではない、と思われる。一九七〇年代から八〇年代にかけて、いくつかの論文で、「社会生物学」への厳しい批判を展開している。人間と人間以外の生物の関係を問い直そうという主題が重なるだけ、その批判は厳しいものとなる。また一九九〇年代には、イタリアの『レプブリカ』という新聞に辛辣な時評的エッセイを不定期のシリーズで掲載した。その辛口で挑発的な思考のスタイルの片鱗は、狂牛病や臓器移植などアクチュアルなトピックをとりあげたエッセイの翻訳を通じてうかがうことができる。ライフワークを完成した後に、レヴィ＝ストロースの闘いがどのような分野を選んでどのように継続されたかについてはこのささやかな作業では取り組むことはできなかった。後日の課題としたい。

いずれにせよ、歴史と自然、そのどちらにもこの稀な知性が生き生きとした関心をもち続け

レヴィ＝ストロース近影（2005年）

ていることは、レヴィ＝ストロース自身が創刊した人類学の専門誌『人間』にごく最近まで書評を寄せて最新の動向を追っていたことからもわかる。もっとも新しい書評は二〇〇三年、ポルトガル語で刊行されたブラジル、ジュルア川上流域の植生事典（書誌情報によれば七三五ページの浩瀚な本である）で、森林を維持しつつ地域に住む先住民集団とヨーロッパ系のゴム採集人が一定の森林資源利用を続けることの両立を図る新しい試みに強い関心を寄せつつ好意的に評価している。公刊されたもっとも新しい文章が二〇〇六年に書かれたマネの《オランピア》に関するエッセイであることは序章でもふれた。自然と歴史そして芸術、レヴィ＝ストロースにとってこの三つの極から人間に寄せる関心は、一〇〇歳を超えた今も衰えてはいない。

自然が生み出し、歴史が邂逅させ、芸術が自らのうちから創出する「異なるもの」への節度ある熱中、そうしたもののありようをわたしたちはレヴィ＝ストロースから学ぶことができる。

あとがき

一九九八年一一月に九〇歳となったお祝いの催しが、翌年の初めにコレージュ・ド・フランスでおこなわれた際のレヴィ＝ストロースの挨拶は、老境を明晰な言葉で語り、多くの人の心を打ったという。

老いは私たちを日々衰えさせ、削り落として行くので、死が訪れるときに失われるのはまだ残されていた私たちの四分の一あるいは半分にすぎない、とモンテーニュは言いました。モンテーニュは五九歳で亡くなりましたから、おそらく今日の私のような高齢について考えることはできなかったでしょう。これほどの歳になるとは思ってもいなかった私は、人生のなかでももっとも奇妙な驚きとともに、ばらばらに壊れたホログラムのように感じています。このホログラムはもはやかつての統一性は失っていながら、あらゆるホログラムがそうであるように、残された断片には全体のイメージと完全な表象が保存されているのです。
こうして今日の私には、ひとりの人間の四分の一あるいは半分でしかない現実の私と、全体の理念をまだ生き生きと保持するヴァーチャルな私とが存在しています。ヴァーチャルな私は、著作の計画を立て、章立てを考案し、現実の私にこう言います。「さあ続きは君がするのだ。」すると、もうそうはできない現実の私がヴァーチャルな私に言います。「それは君の仕事だ。全体を見ることができるのは君なのだから。」今の私は、このおかしな対話のなかで日々の生活を送っているのです。

たしかに、かつての精神の蜂起をめざしていた、あの透徹した鋭利な知性は、ここでは老いの翳りを感じさせるかもしれない。それでも老いの経験を「奇妙な驚き」とともに、経験しつくそうとする精神の構えが表明されている。長く多産な思考の軌跡をたどる、本書のささやかな試みを、こうした透徹した静謐な言葉を引いて閉じることにしたい。そこには、独断的な体系を構築することよりも、世界の豊かさと渡りあい、「自分自身から始めるのではなく、人間の前にまず生命を、生命の前には世界を優先し、自己を愛する以前にまず他の存在に敬意を払う」ことでその豊かさを理解しようと試みてきた、精神の姿勢が貫かれていると思われる。原稿もなしにおこなわれたこの挨拶は、次のような言葉で結ばれたという。

ご出席くださった皆さんの友情によって、二つの私があらためて一致することができ、しばし、こうした対話を中断することができたことを、あなた方に感謝します。現実の私は最後の崩壊にいたるまで解体してゆくことを私はよく知っています。私に手を差し伸べてくださったことで、束の間、それとは違った感情を与えてくださったことに感謝いたします。

＊

松井純さんに平凡社新書でレヴィ＝ストロースについて書いてくださいという依頼をいただいたのは、在外研究で一年を過ごしたパリからもどってからだとすれば二〇〇六年ということになる。当初は昨年一一月末のレヴィ＝ストロースの生誕一〇〇年に合わせて出版という話が、二〇〇九年五月となり、とうとう一一月になってしまった。この三年、何かしらのかたちでレヴィ＝ストロースというこの稀有な探究者と心のなかで対話してきたように思う。

ただ、本気で原稿に向かいはじめたのは、二月末に短期間ながら青年レヴィ＝ストロースの資料を集めにパリに行くことができ、それなりに見通しが立ちそうだという実感を得てからだった。正直にいえば、それ以前は成算がなかったので、松井さんに対しては新しい展望を披露することもできずご心配をおかけしてしまった。忍耐強くお待ちくださったことに心から感謝します。

成算がなかった、というのは一九九六年に講談社で刊行していただいた『レヴィ＝ストロース――構造』（現代思想の冒険者たち20）という本に書いたことから、自分の理解がさほど進んだという実感はなかったからだ。同じことを繰り返すことは避けたかった。あらためてレヴィ＝ストロースについて考えるなら、知的な探究の出発点だったはずの二〇代前半の活動についてたしかめなければならないと考えていた。最近のレヴィ＝ストロース研究でも、「建設的革命」グループにおけるその役割や、青年期のベルギーの思想家アンリ・ド・マンからの影響に関心が向けられている。ただ、そうした研究成果を読んで、新たな事実に新鮮な驚きはあっても、どこか違うのではないかというもどかしさのようなものがいつも残される。だから是非ともレヴィ＝ストロースが若いときに書いた文章に直接あたって、その思考の軌跡を自分でたしかめなければという思いがあった。このささやかな本の一番の狙いはそこにおいたつもりである。その狙いはそれなりに実現できたと自分では考えている。

青年期に自ら課した政治的・思想的課題が、その後の人類学分野での研究活動にとって伏流水のようなものとなり、探究心の源泉になったとすると、「構造主義人類学者」レヴィ＝ストロースの軌跡は、はたしてこれまでとは異なった相貌を見せるのだろうか。答えは「イエス」

だと思う。ただ、だからといって人類学の業績としてのレヴィ＝ストロースの仕事の意味が根底から変わるということではない。その業績の射程を測るという範囲では、前著に対して大幅な見直しが必要になったとは考えてはいない。むしろ狭い意味での人類学の向こう、ないしは手前で、レヴィ＝ストロースが自らに課したもの、とりわけ現代世界で生きていることのモラルについての視点を補いながらその業績を見直すための手がかりを、この本では確認したかった。だから前著とこの本が相互補完的なものになっていれば、著者としての初志は達せられたと考えている。何箇所かで前著への参照を願っているのも、そうした理由からである。

＊

一九七〇年代に人類学を勉強しはじめたわたしは、構造主義を創立したレヴィ＝ストロースの名を知り、わかりにくい翻訳に苦戦しながら著作のいくつかも読んでいた。構造主義が何なのかについて、それなりに理解をしているつもりでもあった。

新たな人間観を切り開く偉大な学者への距離感が遠くに眺めているものから身近なものに変わったのは、レヴィ＝ストロースが一九八六年、国際文化教育交流財団に招かれて「現代世界と人類学」という講演をするために三度目の来日をした折に、はじめて間近に接したときだった。アフリカを「調査地」にえらび人類学の世界で危なっかしい航海を始めてあまり間もない

『やきもち焼きの土器つくり』と骨董の文鎮

わたしには、たとえレヴィ＝ストロースがひときわ高く遠くにまで光を巡らせているとしても、南北アメリカの神話を研究している限り必要以上に近づくことはあまりない、異国の岸に屹立する灯台のように思えていた。その権威が、周囲の人には細やかな配慮で接する人柄であるという発見は意外なものだった。

　わたしは、レヴィ＝ストロースが前年の一〇月に刊行した、神話をめぐる小品ともいえる『やきもち焼きの土器つくり』を翻訳することになっていた。仲立ちになっていただいた川田順造先生が紹介の労をとってくださると、初対面のわたしに、「翻訳で苦労をかけるので」と言って綺麗な大ぶりの石の文鎮の土産を手渡してくれたのだった。濃いくすんだ緑に、薄いオレンジの小斑がちりばめられ、膩脂や黒の、有機体を思わせる細い条理が滑らかな表面に縦横に走る一〇センチほどの高さの文鎮だった。「蚤の市で見つけた骨董です、上に日時計がついた年代物で」と、楽しそうに説明してくれた。石の種類は聞きなれないもので記憶にとどめることができなかった。わたしは、自分が贈り物をもらったこと以上に、何より遠い旅にこの重いものをあえて携えてくる、他者への心づかいに打たれていた。

偉大な学者という、社会的につくられたイメージと、生身の人のあいだのこれほどのずれを経験したことのなかったわたしにとって、レヴィ＝ストロースという存在は、いつかは解いてみたい謎のようなものとして、記憶の網の目の底に着床し次第に育ってゆくことになった。

この三年間、あらためて試みられた著作との対話の記憶とともに、一九八六年以来、わたしの机に置かれたこの文鎮のことを記すことで、再び拙い理解の試みの対象となっていただいたレヴィ＝ストロース教授への感謝を表したい。

二〇〇九年九月

渡辺公三

付記　本書初版刊行を間近にひかえた一一月四日、早朝の衛星放送でレヴィ＝ストロース氏の逝去が報じられた。生前、本書をさし上げられなかったのは返すがえすも残念だ。謹んでご冥福を祈ります。

付論

起点としてのモース、レヴィ＝ストロースからさかのぼる——自然・都市・協同組合

モースからクロード・レヴィ＝ストロースへ

およそ半世紀前の一九五九年、哲学者メルロー＝ポンティは「モースからクロード・レヴィ＝ストロースへ」という文章を『新フランス評論』一〇月号に発表した。この論文は、同じ年の六月にメルロー＝ポンティの強力な後押しもあってコレージュ・ド・フランス教授に選出されていたレヴィ＝ストロースが、かつてこの研究機関に席を占めていたモースの正統な後継者であり、さらにはモースの思考をいっそう発展させた社会人類学の同時代のリーダーであることを強く印象づけ再確認するものだった（メルロー＝ポンティ　一九六九：一八三以下）。「この文章はデュルケーム→モース→レヴィ＝ストロースへと歩んで行ったフランス社会学の歩みの思想的意味を論じたものだが、友人レヴィ＝ストロースへのオマージュの意味をもち、また彼〔メルロー＝ポンティ〕自身の主＝客観的な現象学と構造主義との深い連関を知るうえでも興味深い」と、この文章を収めた『シーニュ』の監訳者解題には記されている（同書：二七三）。

そのほぼ四〇年後、この文章のいくつかの章句を根拠にして、メルロー＝ポンティとレヴィ＝ストロースの表面的な一致の底に思考の不協和音を聴きとることができ、実は前者は後者を批判しているのだと主張する若い二人の論者の共著論文が『現代』誌に掲載されると(Delacampagne et Traimond 1997)、レヴィ＝ストロースは一九九八年春の同誌に反論を寄せ（レヴィ＝ストロース　二〇〇三：四一－一五)、まるでもう時効だからといわんばかりの口調で、この文章がコレージュでメルロー＝ポンティが読み上げた「社会人類学講座の創設のための報告」からの「原文どおりの写しであ」ることを明かしている。そして「〔……〕報告は、この種の決まりごとに忠実に、ひとつのモンタージュになっているのです。つまり彼はわたしの著作と論文を、それぞれの文章、それぞれの行文について、そのような細心の心配りでもって、切り貼りし、再利用し、要約し、敷衍して〔……〕ここにいくつかの実例がありますが、それは論文の著者たちが「批判」とみなした節から選ばれたものです」と指摘している。

まるで腹話術師の仕掛けの説明を聞いているような印象だが、「社会的事象についての理論を作り上げたというより〔……〕直観をいだいていたにすぎない」モースの限界を、ソシュールとヤコブソンの言語学に学びながら「構造」というキー概念を用いて理論化の道をつけたレヴィ＝ストロースの業績を讃える言葉の随所で、一九五〇年の『社会学と人類学』にレヴィ＝ストロースが執筆した「モースの業績への序文」の敷き写しともいえる表現が使われていることとを見ると、あるいは同時代の狭い知識人のサークル内では、このオマージュの文章の背景は暗黙の了解のうえで読まれていたのかもしれないとも思われてくる。五〇年の「序文」そのものもまた、このモースの死去の年に、レヴィ゠ストロースがコレージュ教授職に立候補していたという文脈から、その後継者としての資格を主張するという性格をいやおうなく帯びていたものでもあったはずなのだ。

モースの豊かな直観を、「構造」を駆使したレヴィ＝ストロースの犀利な理論が再構成し、「民族学とは「未開」社会といった特殊な対象によって定義されるような専門学科ではない。それは一つの考え方、つまり対象が「他者のもの」であるときに課されてくるような、そしてわれわれがみずからわれわれ自身を変える必要に迫られるような一つの考え方なのである」（メルロー＝ポンティ　一九六九：一九三）と主張されるとき、レヴィ＝ストロースのモースの再読には説得力がある。さらに「文化というものは、そのもっとも美しいとはいわないまでももっとも有効な形式においては、むしろ自然の変形であり、構造が純粋な普遍として一挙に姿を見せたりすることの決してない一連の媒介過程なのである」（同書：一九八。ただし訳文で「調停作業」とされている語を「媒介過程」にかえた）とされるとき、おそらくモースの思考は正確な表現を与えられているとも思われる。

共鳴する二つの生

メルロー＝ポンティの文章とレヴィ＝ストロースの「序文」を、学者たちの狭い世界での人事と後継者としての正統性の主張をめぐるポリティクスの文脈をまったく考慮せずに読むことは、おそらくあまりにナイーヴすぎるだろう。だからといってそれだけで理解することもまた狭すぎるだろう。「科学の革命の決定的出来事に立会っているという、まだ何とも名づけようもない、だが揺るがしがたい確信を抱くことなしに『贈与論』を読みえた者はほとんどいなかった」（同書：一八四）とまでいうレヴィ＝ストロースのモースへの傾倒は、おそらく単なる下心ある修辞ではないと思われる。また「真であるのは祈禱とか法ではなく、しかじかの島に住んでいるメラネシア人であり、ローマ人であり、アテネ人なのだ」というモースの言葉をとらえて、「個人的なものと集団的なものをえらぶ」のではなく、「個人を除き去ってしまうというわけではない」「個々人のうちにも深くささりこんでゆく」（同書：一八六）社会的事象の位相をいかにとりだすかという主題を共有することを主張するレヴィ＝ストロースは、モースが解決しようとした問題を十全に理解し、「個人表象と集合表象」という対概念でデュルケームがむしろ強調した、個体と社会の二律背反を解決する視点を、モースの業績に共感をもって真摯に取り組むことで自らの課題として継承したのだとも思える。もしそうであるとすれば、われわれは次のような二つの問いを立てることができる。

モースの講義に出席していたわけではないレヴィ＝ストロースは、モースとどのような関係をもっていたのか。じっさいレヴィ＝ストロースの知的経歴には、講義に出席し、直接師の謦咳に接していた弟子たちとは異なる、不思議にモースのそれと共鳴する軌跡があるようにも思われるのである。そして第二に、レヴィ＝ストロースがモースを継承して「構造主義の先駆者」モースを提示するとき、ふたたび構造主義以前のモースにさかのぼって、その仕事の意味をわれわれが問い直すことにはどのような意味がありうるのか。

まず、モースの知的経歴の要点を確認することから始めてみよう。フランスの社会主義の歴史に足跡を残した人々を紹介する伝記事典には、人類学者・社会学者のモースとはやや色彩を異にする、大げさに言えば異貌のモースが示されている。「〔……〕叔父のデュルケームのもとで学生であったボルドーでは、モースはＰＯＦ〔フランス労働者党〕に加入しＭ・カシャンと知り合った〔……〕。パリではコレクティヴィスト学生の活動家として活動しつつ哲学教授資格試験に通り〔……〕一八九五年には「エコール民主同盟」を主導した。〔……〕活発な協同組合活動家として多くの講演をおこない〔……〕『社会的生成』〔*Le Devenir social*〕誌に協力した。一八九九年には〔……〕ブリュッセルの「人民の家」、ヘントのフォーロイト〔Vooruit〕のコンセプトと方法から学んで、パリ一三区バロー通りに社会主義パン店を設立、同年、パリで初めて開催された社会主義団体の会議でモンペリエの社会主義学生代表として参加。その翌年にはパリで開催され全国協会が結成された社会主義協同組合の第一回会議に参加し、協同組合運動の国際連携について報告した。また社会教育と人民大学の設立推進を支持した。社会主義学校では講師を務め、協同組合についてジョレスに影響を与え、その親しい盟友となり、いくつかの新聞や雑誌『ユマニテ』『社会主義生活』『社会主義運動』、後には『人民』の刊行に協力した。協同組合への関心は持続し、ヴォージュ県の協同組合のメンバーとして数多くの会議に参加した。〔……〕研究職のために協同組合活動家としての活動は遠ざかることにはなったが、『協同組合行動〔*Action coopérative*〕』『フランスの協同組合主義者〔*Coopérateur de France*〕』『協同組合研究〔*Revue des études coopératives*〕』への協力は続けた。『研究』については一九二〇年の、協同組合に賛同する大学人マニフェストに署名して創立者に名を連ねた。〔……〕モースは最初の出版協同組合の一つであったフランス大学出版局〔P.U.F.〕の最初のメンバーでもあった」（Maitron 1976）。

ここでレヴィ＝ストロースが人類学者になる前、すなわち一九三五年にブラジルへ旅立つ前の経歴を詳しく紹介する余裕はないので本書本論を参照いただきたいが、エピナル生まれのモースに対して、レヴィ＝ストロースの祖父の代がヴォージュ県に隣接するアルザスのユダヤの家系であり、エコール・ノルマルには在籍しなかったにもかかわらずノルマリアンの社会主義学生集団の事務局長を務め、一〇代からベルギーの労働党と接触をもってベルギー社会主義運動における先進的な協同組合運動に強い関心を寄せていたといった共通点があることは注目に値しよう。また、都市の青年として山歩きに熱中していた点もよく似ている。そのレヴィ＝ストロースがいつごろどのようにしてモースの存在を知り、さらには直接の接触をもったのかについてははっきり確認した研究を見たことはない。モースと同様、一般大学で学位を取得しつつ哲学教授資格試験にきわめて優秀な成績で合格したことも共通している。レヴィ＝ストロースは三一年に合格した直後に、人類学への関心からモースに接触したとする研究もある。だとすれば『悲しき熱帯』で語るように、三四年、アメリカ人類学のリーダーであるローウィの『原始社会』を読んだことがきっかけで人類学を目指すことになったという証言には、若干のニュアンスが加わることになる。ただそれに先立つ時期にも、レヴィ＝ストロースの修士相当の論文を指導した社会学者ブーグレや、私設秘書を務めた国会議員のモネ、その同僚でブーグレの弟子であったデアといった共通の知人が多数あったことはたしかである。ブーグレの仲立ちでサンパウロ大学講師としてブラジルに渡ったレヴィ＝ストロースに、モースは都市文明論を研究することを勧めたといわれるが、生成する都市サンパウロについて興味深い見方を展開した『悲しき熱帯』の省察の背景には、モースの助言があったのかもしれない。たがいに知り合ったとき、こうした似通った知的経歴をもった三六歳の年齢差のある二人が、いわば精神的な同志にして先達と後継者として認め合ったという可能性はまったくありえないことではないとも思われる。コレージュ・ド・フランスへの着任は、後継者としての姿の完成にほかならない。

都市から辺境へ、自然へ

いずれにせよ、たとえ精神的な継承者として、ともに認め合っていたとしても、構造主義に到達すべきその前段階と位置づけられてしまうモースにあえてさかのぼって、フランスにおける人類学的思考の生成過程をあとづけることに、われわれにとっての意義があるのだろうか。一九世紀後半から二一世紀にいたるその生成過程が、ある共通の精神的系譜を軸に展開してきたのだとすれば、それだけの幅をもって「他者の思考」であり「自然の変形としての文化」を考える思考の系譜学をあとづけることには、やはり重要な意味があると考えられる。しかし、モースにさかのぼって両者の思考のそれぞれの独自性を確認することにはさらに積極的な価値があると考えたい。

レヴィ＝ストロースは一九三五年初頭、二六歳のときにブラジルへと旅立った。ブラジルのインディアンたちとの出会いと人類学者としての自己形成の旅の始まりだった。それは「他者との出会い」という十全な意味でのフィールドへの出発だったといえるだろう。だとすれば、モースはどのようにしてフィールドを発見していったのだろうか。生涯のうちでいわゆるフィールドワークらしきものは、すでに六〇歳に近づいたころ、コレージュ・ド・フランス選挙の渦中からいわば避難するためにモロッコに短期間滞在した時期だけであるとされるモースにとって、人類学的思考の実験の場ともいえるフィールドはどこにあったのだろうか。それとも一つ前の世代の人々と同様に、モースはフィールドを知らない人類学者だったということだろうか、「書物を通じて人々と同一化することで世界を旅した」（デュモン 一九九三：二六五）のだとしても。たしかに、インド古典学の素養をもったモースにとって、書物の世界は一つの重要なフィールドだったと思われる。

ただ、レヴィ＝ストロースとの対比からすれば、そのブラジルへの旅立ちとほぼ同年齢の時期に、モースが積極的にコミットしていった「協同組合」の世界こそがモースにとってのフィールドだったのではないかと考えたくなる。じっさい協同組合運動へのコミットはモースに、西欧内部であるとはいえ国際会議をきっかけに多くの都市に旅する機会を与えている。そして協同組合の活動は、都市住民の消費者協同組合を社会主義者としてリードしようと意図するモースにとって、克服すべき保守的農民の利益を代表する農業生産協同組合の人々と出会い、ドイツで隆盛しつつあった農業協同組合の動向、あるいは経営者（ブルジョワ）の利害を代表する企業家共済組合の動向を見極め、そして何よりも古い人間関係の維持のメカニズムと、かつての慈善とは質を異にする新しい近代の文脈のなかでおこなわれる互恵関係や贈与交換の現場を見る機会であったと考えられる。おそらく都市生活者モースにとって、都市消費者と地方生産者と都市企業家がさまざまな交渉をくりひろげる協同組合活動の現場こそが都市と農村のインターフェイスとしてのフィールドであった。

都市生活者モースという言い方には、モースが今風に言えばシティ・ボーイとも呼べそうな都会のお洒落な青年の風貌をもっていたらしいことも念頭に置いている。スポーツ好きでボクシングやフェンシングもこなしたこの「青年」は、パリに出て成功したユダヤ系資産家の娘と結婚して生活の基盤を固めた叔父のデュルケームとはその点でも違った生き方を選んだともいえる。ふとフランソワ・トリュフォーの映画『突然炎の如く』のジュールとジムを思い出してしまう。長い独身生活に終止符を打ったのはモースが六二歳のとき、原稿のタイプ打ちを手伝っていた一四歳若い女性との結婚だった。ときおりモースは、「女性は政治には向いているが料理をさせるものではない」とか、風変わりな言葉で若い弟子たちを煙に巻くことがあったともいう。

母を愛していたモースが毎年、郷里のヴォージュ県の県都エピナルに帰り休暇を過ごしながら、一九世紀後半に綿工業を中心に一定の工業都市の側面もそなえ、独仏の緊張関係のなかで係争地アルザスに隣接する県として軍事的な要衝の性格も与えられていった都市での労働者共済組合の動向に注視して、ある種のフィールドワークをおこなっていたということもあながち誇張ではない。

ブラジルのインディアンたちの世界と接触することで神話世界のヴィジョンを「構造」の視点から再構成したレヴィ＝ストロースの人類学への先行する準備段階としてではなく、都市消費者における相互交渉のなかに発動する「社会学的直観」の探究として、モースの人類学を再構成できるはずである。モースからレヴィ＝ストロースへの人類学の継承と展開を、レヴィ＝ストロースからモースへとさかのぼることで、野生の自然から都市への人類学の展開としてたどりなおすことが可能ではないだろうか。

協同組合というフィールド

モースが協同組合について書き残した文章は、『政治論集』の刊行によってアクセスが容易になった。この論集の主要部分となる一九二五年までの長短の論考約一六〇本のうち、ほぼ三分の一が協同組合を主題としている。それは一九〇〇年一〇月『社会主義運動』誌に掲載された「社会主義協同組合、国際会議」の報告を皮切りに、二二年一二月『協同組合行動』紙に掲載された「英国における協同組合政党」まで、協同組合運動のさまざまな側面を検討している。広い意味での政治にかかわる文章がほとんど書かれなくなった二五年以後も、三八年執筆と推定されている「協同組合運動、とりわけ消費協同組合運動、なかんずくフランスの協同組合運動についての予備的ノート」という手稿もある。

また注目されるのは、第一次大戦前の一八九六年から一九一四年までは、狭義の人類学の論文と『政治論集』所収の「政治」にかかわる短文（ドレフュス事件、植民地における問題など）とが並行して公刊されているのに対して、戦後、二五年にデュルケームの遺志をひきついで『社会学年報』（第二期）を再刊し、『贈与論』を掲載して自他ともにフランス社会学・人類学を代表する役割を果たすようになる以前の二〇年から二五年までの数年間には、政治にかかわる短文が集中して執筆され、その数は一〇〇本近くにもおよんでいることである。その集中的な政治の季節を締めくくるようにしてロシア革命論と、戦後の賠償問題と絡んだドイツ・マルクの暴落や各国通貨の混乱を分析した、「為替」と題された一連の短文の論考群がある。

こうした同時代の「政治」情勢論と対比しても協同組合へのモースのこだわり方には独特の姿勢があらわれている。いくつかの論考をピックアップして、その内容を手短に検討してみたい。ルポルタージュという一面もそなえている協同組合の国際会議への参加報告、ある程度まとまったロシアの協同組合の分析、ベルギーの首都ブリュッセルの「人民の家」の訪問報告、の五本の論考である。以下、括弧内の数字は『政治論集』（*EP*）のページを示す。

(1)「社会主義協同組合の国際会議」『社会主義運動』誌一九〇〇年一〇月一五日号（91 sq.）。

この文章は、同年の七月七日から九日までパリで開催された協同組合国際会議への参加報告である。モースはフランスのパリ、リール、アミアンなどの都市の組合、スペインのカタロニアの組合代表などの参加を報じ、勤労者のための消費協同組合による生産協同組合設立の必要性を謳った決議を支持している。また協同組合による保険が、私企業による保険よりも勤労者にとって有利であることを確認し、協同組合が社会主義を支持すべきことを強調している。

(2)「ハンブルク会議後のドイツの協同組合」『ユマニテ』紙一九〇四年七月四日号(132 sq)。ドイツにおいては小商業、小規模職人を支持基盤とする「プチ・ブルジョワ」協同組合が一定のプレゼンスをもつことを確認したうえで、勤労者の消費協同組合が着実に増加していることを、数字をあげて検証する。協同組合が政党すなわち社会民主党への共感をもちつつ、自律性を保持するという立場を、モースは肯定的に紹介し、協同組合による老齢保険、労災保険の創出計画、消費協同組合による生産協同組合設立の可能性の討議を紹介する。協同組合の従業員との団体労働契約による、組合勤労者とのあるべき雇用関係についての会議の方針を、共感をもって紹介し、大量一括購入のための組合連合の結成を高く評価する。連合は「協同組合の流通機関であるだけでなく、道徳的政治的機関でもある」

（137）というモースの言葉は、贈与という行為の「道徳的」意味を検討する『贈与論』の結論に遠く響いている。

(3)「ブダペスト会議における協同組合運動」『ユマニテ』紙一九〇四年一〇月四日号（148 sq.）。

ブダペスト会議においては、農民の生産協同組合の「悪しき影響」が強く作用した、とモースは総括する。「〔……〕農業関係者、反動、司祭は協同組合を通して農民組織を〔……〕乗っ取り、この解放の手段を、保護後見の手段と化す」（149）。有産者が農民を抱き込み、社会主義の政党はその危険に無関心でいる。「農村協同組合は、小農の逼迫した必要を満たすことで、資本制の所有体制を有利にする」（149）のである。ドイツ、イタリアで興隆を見せる信用共同組合が、「高利貸し」よりはましだとしても、必ずしも借り手にとって真に有利なものではないとモースは強調している。

(4)「ロシアの協同組合」『パリ評論』誌一九二〇年三―四月合併号（275 sq.）。

日刊紙ではなく月刊誌に掲載されたこの論文で、モースはさまざまな資料を手がかりに、ボルシェヴィキ支配下、外国からの輸出入の禁止措置が課されるなかで、一定の基盤を革命以前からすでに獲得していたロシアの協同組合の実態を、数字をあげてたしかめることを試みている。協同組合は消費協同組合、農業協同組合、信用組合の三つに大別され、革命による市場の崩壊とともに消費協同組合が飛躍的ともいえる成長を示したこと、農業協同組合の実態がつかみがたいこと、戦争と革命のなかで信用組合も急成長したが、そこには富裕農民による信用組合への預金の増大が観察されるとしている。さらにロシアの重要な輸出品目の亜麻をあつかう協同組合が、戦争と革命の混乱で経済体制が崩壊したなかで機能を保持していることに大きな可能性を見出している。協同組合が、政党、とりわけソヴィエトに対する自律性を保持できてきたことがモースにとって残された希望だった。「協同組合が発展できたのは、今のところソヴィエトのくびきから逃れている地域、すなわちシベリア、ロシア南部、コーカサス、アルハンゲル共和国である〔……〕」(287)。

(5)「外国における協同組合──ブリュッセルの「人民の家」に労働委員会を設置」『協同組合行動』紙一九二〇年五月二九日号(303)。

一貫して協同組合運動の先進的な例とみなされているベルギーの大規模な協同組合「人民の家」を訪ねて、新たに稼働し始めた勤労者自身による紛争解決のための労働委員会が機能しているかどうかをたしかめている。モースはこの自主管理組織が評価すべき実績をあげていることを確認している。

自然から都市へ

モースは社会主義社会の実現を、一貫して都市市民、プロレタリアというよりは勤労者の自律的活動、自主管理能力を基礎において構想したと考えられる。勤労者による自生的ネットワーク、今風にいえばオートポイエーシスの可能性に賭けようとした。徹底した暴力批判と表裏一体となったそうした展望にとって、一握りのエリート集団による人為主義と上意下達の組織活動という意味での「政治」はもっとも唾棄すべき、避けなければならない事態だったはずである。しかし、「文明」世界で経済の破綻とともに生起したのはまさにそうした「政治」による社会の支配、すなわちボルシェヴィキからスターリン体制への移行とファシズムの展開だった。モースはそうした「政治」の動向を注視しつつ、人類学の領域で人間の活動のありようを根底から見直す方途をさぐっていたように見える。それは経済的活動の源泉を発見する試み（『贈与論』）であり、人間の社会形成の可能性の幅を確認するための民族誌の探究であり、自然に働きかける人間の初発の能力を確認するための技術論、技術論と密接にかかわる美学の探究だった。そうした一連のモースの探究の底には、人間の自生的な秩序形成能力への根源的な信頼とオプティミズム、モース固有のヒューマニズムがあったように思われる。第二次大戦後、数年を生き延びることができたモースが、生き延びたにもかかわらずある知的な崩壊を示して過去を知る弟子たちに衝撃を与えた理由の一端には、あるいはこうした根源的な信頼とオプティミズムを強制的に断念せざるをえなくなったことがあったのではないだろうか。モースの「人為主義」批判には悪しき人為主義をよりよきものによって代えるという志向がある。

モースが踏みとどまった「都市」を出て、レヴィ＝ストロースがサンパウロからブラジルの辺境の野生の自然のさなかに生きる人々に向かったとき、おそらく人類学はモース的な「よりよき人為主義」の探究ではない何かを志向したのではないだろうか。そうした志向が、モースを起点とする人類学について「民族学とは「未開」社会といった特殊な対象によって定義されるような専門学科ではない。それは一つの考え方、つまり対象が「他者のもの」であるときに課されてくるような、そしてわれわれがみずからわれわれ自身を変える必要に迫られるような一つの考え方なのである」と主張し、「文化というものは、そのもっとも美しいとはいわないまでももっとも有効な形式においては、むしろ自然の変形であり、構造が純粋な普遍として一挙に姿を見せたりすることの決してない一連の媒介過程なのである」と要約するとき、おそらくもっとも焦点を合わせるべきことは「われわれ自身を変える必要」という言葉と、「自然の変形」としての文化という言葉だろう。モースに学びつつレヴィ＝ストロースが目指すことになった構造主義とは、技術論の視点からではなく、自然の側へつねに回帰しながら自然を対象化しつつ生きるという見方ではないだろうか。

そのことを確認したうえで、あらためてモースの教えに耳を傾け、政治という人為主義を問い直し、生き直すことが、今、求められているのではないだろうか。

参照文献

メルロ＝ポンティ、モーリス　一九六九『シーニュ1』竹内芳郎監訳、みすず書房。
レヴィ＝ストロース、クロード　二〇〇三「過去に立ち戻る」泉克典訳、『みすず』507号。
渡辺公三　二〇〇九『身体・歴史・人類学Ⅱ　西欧の眼』言叢社。
Delacompagne, Christian et Bernard Traimond 1997 « La polémique Sartre/Lévi-Strauss revisitée: aux sources des sciences sociales d'aujourd'hui », *Les Temps Modernes*, 53 (596): 10–31.
Maitron, Jean 1976 *Le Dictionnaire biographique du movement ouvrier français*, t. 14, Éditions de l'Atelier.
Mauss, Marcel 1997 *EP*=*Écrits politiques*, Librairie Arthème Fayard.

メトロー、レヴィ=ストロース、クラストル

ピエール・クラストル『国家に抗する社会――政治人類学研究』(Pierre Clastres, *La société contre l'État. Recherches d'anthropologie politique*, Paris, Éditions de Minuit, 1974)には、著者クラストルの二十九歳の処女論文「交換と権力――インディアン首長制の哲学」(一九六二)から、この論集のために書き下された「国家に抗する社会」(一九七四)までのほぼ十年にわたる探究の軌跡がある。

この軌跡は、クラストルが民族学者として接したパラグアイの狩猟遊動民グアヤキ、かつてはパラグアイからブラジルにかけて大きな人口を擁していたグアラニの数少ない末裔達に導かれてたどった、政治権力、国家の根底へ至るための思考の行程である。それは、単に客観的科学的「民族誌」の記述でも、滅びようとする民族への感傷的な挽歌でもない。クラストル自身いうように、われわれの思考のもっとも深い無意識の枠組までも「国家」に浸透されているのだとすれば、クラストルの試みは、ほとんど感知しえない空隙、不可視の回路を通じてこの思

考の外へと脱出すること、国家にくまなく浸透しつくされた思考の内に、ある外の空間《フィールド》を拓り開くこと、その不可能な虚の地点から国家消滅の可能性を問うことなのだ。クラストルにとってインディアンの世界とは、こうしたフィールドに他ならなかった。

こうした問いのもたらす若々しい緊張感こそ、これほど異なった文体とリズムで書かれているにもかかわらず、ここにまとめられた論文にある共通の音調を与えているものだろう。読者は、クラストルのテクストとの対話を通じて、性急にたたみかけられる問いや皮肉の交じった闊達なユーモアなど、さまざまな振幅をもって運動する、ある思考の波調に共振させられる。それは、しばしば「民族誌的記述」につきあう時に味わわされる退屈さ（結局のところ、彼らの生活のこのこまごまとした細部が、一体私達に何の関係があるのだろう……）とは無縁である。クラストルのテクストがわれわれの内にひき起こすある感覚を、どう呼べばよいのだろう。緊張に満ちた不安ともいうべきもの。それは、傍らの狩人が獲物に狙いを定め、ひきしぼった弓を放たんとする一瞬、われわれにも伝わってくる不安のようなもの、あるいは、獣が残したかすかなしるしを求めて深い森をさまよう彼らに従って行く時の不安に似ている。時おり見られる論旨の飛躍、突然の断言、停止と懐疑（「人間科学というものは、あるいは不必要なものかもしれない〔……〕」）、そして探究の再開。宿営地の夜の休息の緩かな息遣いから、狩人の歌の中に高まってゆく緊張（第五章）、再び林間地での寛いだ神話語りの笑いの夜（第六章）。若い狩人達の受苦の沈黙（第十章）。自分と異なった者達を同一性へと回収することの断固とした拒否。言葉だけの自民族中心主義批判へ投げられた、挑発的な「未開人」「野蛮人」という呼称の多用。逆説的《パラドクサル》な表現（「「無力な」権力という謎を解く必要さえ生まれる〔……〕」「不在において何かが存在する〔……〕」）にまで問いを絞りこんでゆく息詰まる追求。僅かずつ位置をかえて打ちこまれる闘牛士の剣に似て、言葉をかえそのつど深められてゆく問いの反復。さまざまな方向に放射状に投げられる問いかけの視線と、時には螺旋、時にはジグザグを描く思考の行程。変化する息づかい＝文体のリズム。こうした思考の動きがわれわれにある快さを伴った不安を与えるのだ。国家の基底にまで達して探究の矢を射かけようとするクラストル自身、狩猟民グアヤキから学び遊動民《ノマド》の運動感覚を身につけ、それを自らの思考の作法に転化したのではなかったか。そして定住すべき場所を見つけたあとは、ささやかな自前の問いを反芻し続けて暮らしてゆくという行き方を拒否することを、彼らから学んだのではないだろうか。

　国家に浸透された思考の外へ向かおうとするクラストルの探究が、運動と多方向への移動を感じさせるテクストに表現されているとすれば、それは単なる修辞や文体の工夫ではなく、ちょうどグアヤキの狩人の〈遊動〉生活やグアラニの「不安にかられた」民族〈移動〉が国家に抗するものであるように、クラストルのテクスト自体が国家に抗するひとつの〈運動〉としてあるからなのだ。「国家に抗する社会」についての探究が、同時に国家として顕現する、社会の深みに胚胎する強制力に抗する運動そのものであること。クラストルの探究に、ある性急さが感じとれるとすれば、それは、こうした志向からくるのかも知れない。むしろそれは志向というう以上に、ひとつの資質であり、それがグアヤキの狩人の歌、グアラニの予言者の歌に、国家に抗する意志を聴きとらせるのかも知れない。この論集におけるクラストルの思考は、「密林の予言者」の言葉をめぐる二つの断章（第八、九章）にもっとも力強い収斂の方向を示している。そこでクラストルは、「悪なき大地」の探究へと人々を駆り立てた予言者の言葉、「ものごとはその総体において一であり」そして世界の不完全さは「一」であることからくる、という断言に、同一性《イダンテイテ》原理の拒否を聞きとっているのだ。「ものごとの内部の統一を名ざし〔……〕ものごとに境界、有限性、不完全性を帰属させる」同一性原理こそ、おそらくは、成員のひとりひとりの身元《イダンテイテ》を掌握し、すなわちその出生と死を画定して同一性《イダンテイテ》の内部に封じこめ、無窮動としての生を死の似姿として凍結しようと狙う「国家」という強制力の原理に他ならないのだ。

しかし、こうした同一性原理を祓い捨てようとする予言者の言葉そのものも、かつて多くのグアラニ達を動かした権力の言葉ではなかったのか。終章は、この野生の予言者の言葉に示された奥深い両義性への問いで閉じられている。

クラストルは、この論集をまとめた後、自ら創刊メンバーのひとりであった『リーブル』誌に、探究の新しい段階を画す一連の「未開」社会の戦争論を発表しはじめた一九七七年の七月、自動車事故によって卒然と生命を絶たれてしまう。人類学者としては夭折と呼んでさしつかえないその突然の死までが、老成と回収への拒否、完成され閉じられた同一性への拒否、人を安心させる回答を与える振りをするよりは、一層厳しい根源的な問いかけをそこに投げ出したまま持続しようというひとつの意志表示のようにも思えてくるのだ。

そのクラストルの思考の軌跡を、周囲の人々、師アルフレッド・メトロー、同時代の人類学者達、もうひとりの師レヴィ＝ストロースなどとの関係の磁場の中にたどり、とりわけ、クラストルの国家への問いの導きの糸とも言えるインディアンの言葉へ向けられた注意のあり方を見定めるよう試みてみよう。

＊

クラストルは、一九三四年パリに生まれた。ソルボンヌで哲学を修め、ヘーゲルとスピノザをテーマに卒業論文をまとめる。クラストル夫人の証言によれば、哲学科の学生であった当時、講師としてクロード・ルフォール（政治哲学者。浩瀚なマキャベリ論『歴史の形——政治人類学論集』などの著作がある。後、クラストル等と共に『リーブル』誌の創刊メンバーの一人となる）がおり、その後、「全く聞いたこともない新鮮なヒューム論を展開して学生を魅了した」ドゥルーズが着任してくる。また年長の世代には、『社会主義か野蛮か』誌を拠点に、正統マルクス主義を超えようと試みるリオタール等がいた。同じ哲学科からアフリカ研究へと進んだ人類学者ミシェル・カルトリは、友クラストルへの追悼文で、「弁証法の冒険」があの袋小路にひとびとを導き入れていた時代、哲学科学生にとって人類学を選ぶことは、「根底的変換」への意志を明らかにすることに他ならなかった、と回想している。それは、若さからくる動揺と時代の動揺が共鳴する、最後の幸福な時代だったのかも知れない。

南アメリカ民族学を選んだクラストルにとって、クロード・レヴィ＝ストロースは、きわめて大きな存在だったに違いない。しかし、レヴィ＝ストロース程の栄光に包まれはしなかったものの、もうひとりの偉大なアメリカニストの存在を無視することはできない。クラストルのもうひとりの指導教官、アルフレッド・メトローである。

古文書学校以来、一方が学者として、一方が作家として大成した後も、ジョルジュ・バタイユと変わらぬ友情を保ち続けたこのアメリカニストは、まず十六世紀以降書き著された莫大な記録作者の見聞録を、ブラジルのトゥピ＝グアラニとりわけトゥピナンバに関する民族誌として読み直すという作業から研究を始めた。そして二十代の終りには既にその成果『トゥピナンバの宗教、そのトゥピ＝グアラニ諸族の宗教との関係』（一九二八）によって学位を得ている。そこでは、トゥピ＝グアラニの喰人習慣の意味をさぐることにかなりの紙幅があてられている。

古文書学校で訓練を受けたエクスパートであると同時に、幼少年期をアルゼンチンで育ち、度々の現地調査によって各地のインディアン文化を知悉した秀れた調査者でもあったメトローは、文献の読み方、調査の作法両面にわたってクラストルに親身の指導を行なった。調査という、各人の資質と密着した作業が大きな比重をしめる人類学において「影響」という言葉を軽々しく使うことはできないにしても、クラストル独自の問題系（国家への問い）の背景となるインディアン文化の大局観というべきものが、メトローから受け継がれ、さらに自らの問題系の展開のために深められ組みかえられたものであることは、メトローの論文からもうかがうことができる。

しばしば行き過ぎと言える程に南アメリカの熱帯地域の「未開」社会を、「分散し孤立した小集団」と見る通念に対して、既にメトローが、トゥピ＝グアラニ諸族を大きな文化的まとまりとして見る態度を対置していることは、学位論文の標題にも示されている。また「インディアンの救世主」と題された論文（一九三一）で、「予言者運動」をヨーロッパ人との接触への反動とする通説を疑問に付し、次のように述べている。

「「悪なき大地」の神話は十六世紀から二十世紀にわたる数次の民族移動の源泉であり、そのもっとも早いものは、ヨーロッパ人到来以前に遡る。これが救世主運動であることは確かだが、純粋に土着のものである点でわれわれに通常知られているものと異なっている。〔……〕植民

付論　メトロー、レヴィ=ストロース、クラストル

地化がこれらの運動に影響を与えたとしても、それは植民地化がインディアンに強いた苦痛によって、彼らの「永遠の休息と不死の」世界への希求が一層強められたという限りでしかない。」

クラストルがこうした師の言葉を注意深く聞きとっていたことは疑いない。インディアン文化の自律性を真剣に考えようとしない「通念」への疑義は、クラストルによって、その背後に隠された尊大な〈自民族中心主義〉の徹底した批判、それと切り離しては考えられない国家論の探究へと展開される。すなわち見聞記から読みとれるトゥピ=グアラニ社会の一連の変化——人口増大、国家形成の前駆現象ともいうべき首長権威の増大、戦争の性格の変化——、そしてその中で沸き上がるように起こって来た予言者運動、予言者の言葉に表われた「一」なるものの拒否の意味の有機的関連の解明へと深められている。

またメトローは、例えばグラン・チャコ地方のマタコ族における自殺の流行の事例研究を行なうためのインタヴューから「一見沈着冷静なインディアン達の激しい感情の動き」を聞きとってもいる。そして恐らくメトローが若き弟子に教えた最も重要なことのひとつは、まさに、インディアン達の寡黙な表情と声に、何かを聞きとること、忍耐強いと同時に繊細な耳をもつこと、熱帯の深い森に棲むセイレーン達の声を聞きとりしかも生き続けるための耳をもつことだったのではないだろうか。

喰人、救世主運動、自殺……。これだけがメトローのテーマだったわけではない。しかし、彼の関心が狭義の「社会人類学」「文化人類学」から見れば文字通り中心から《エクサントリック》ズレたものになりがちであったことも確かであろう。こうしたメトローの関心のあり方は、もうひとりの盟友、ミシェル・レリスによる風貌の描写と響き合っている。

「私は、このスペシャリストの開かれた精神、〔……〕放浪者の気質、強烈な好奇心、道化たジョークへの鋭いセンス、突拍子もない行動に惹かれた。その行動は、彼のむしろ清教徒風の謹厳な小役人の風采がいかに人を欺くものであるかを示していた」(「アルフレッド・メトロー管見」『獣道』後藤辰男訳、思潮社、一九七一所収。ただし訳文は少しかえてある)。

このような個性の人間が作り出し、受け継がれる人類学が、科学的概念の装いをもった「社会構造論」「文化の動態論」といった枠ではすくい切れない現実のある層位に照明をあてるものとなることは予想できないだろうか。

「資料的な質の高さに加え、彼の書き著したものの価値は、彼自身と彼の研究するものの間に感じとられる情的関係(relation affective)である。土地であれ人であれ過去であれ現在であれ、彼がある土地にまつわる伝説や悲劇的事蹟に魅かれ、さらに、今日それが置かれている腹立たしい状況までたどって来る時、それらは決して単なる観察の対象の役割におしとどめられてはいない」(同前)。メトローが民族誌の描写に注ぐ詩人的情熱に触れながら、その文章を評したこのレリスの言葉は、ほぼそのまま、クラストルの書き著したものにもあてはまるように思われる。

実に多義的な意味をもったフランス語の動詞 affecter から派生した affective という形容詞を一語でピタリと訳すことはむずかしい。あえて飛躍した喩えをすれば、affective な関係とは、あのオデュッセウスとセイレーンの神話に形象化されるものではないだろうか。人を酔わせることがそのまま死への誘いとなっている声の感受と、それに拮抗すべく自ら課した無感動《アンパシビリテ》の交錯の中に生じた張りつめたメランコリーともいうべきもの。この関係が、魅きつけあう異性の間の関係と似ているとしても、それはうわべだけのことにすぎない。それは、自己の幻想を他に託するために生まれる関係でも、他を同一化しとりこむための関係でもないのだ。それでもなお、affective な関係は、ここにいま生起するものであること、関係の磁極となった我と汝が一回限りの代替不可能な個体に他ならないことを表示する。この関係という出来事は記憶へと繰りこまれうるとしても、概念による一般化とは、ある間接的なつながりしか持ち得ない。すなわち、affective な関係は、民族学者に冷徹な観察の〈客体〉ではなく固有名詞として存在する〈対話者〉を発見させるのだ。メトローのグラン・チャコ地方の神話と儀礼をめぐる美しい論文は、二人の情報提供者の名をとって「ケドック及びペドロとの対話」と題されている。恐らく、師から受け継がれたこうした関係への感受性こそ、クラストルに、美しい小品とも呼べそうな「弓と籠」の中のクレンベキとチャチュブタワチュギという二人の男達の簡潔でしかも深い描写を可能にしたのではないだろうか。そしてさらにクラストルは、グアヤキの狩人の夜の独唱に繰り返される「個」の半ば捨鉢な高揚の中に、「普遍的な夢、あるがままの自己から脱しようという夢が眼ざめている」ことをも聞きとっている。クラストルは、人類学的経験とは〈沈黙〉の中で「見る」ことより以上に「聴きとる」こと、そこからはじまる〈対話〉あるいは、重ね合わされたモノローグであることを、メトローを通じて体得したのではないだろうか。

＊

フィールドワーク以前の論文では、クラストルの「詩人的資質」は、政治人類学理論の基礎をうち立てようとする理論家の蔭で半ば沈黙を強いられている。それでも「権威なき首長」の言葉を聞きとろうとするその耳には、少くとも詩の批評家としての注意力が働いているのだ。「〔……〕孤立の裡に発せられる首長の語りは、記号というよりは価値物として語に接する詩人の言葉を思わせる〔……〕。」政治人類学を標榜する論文で、こうした文章に出会うことは、師から弟子へとつながるある資質の出会いと継承をたどる時、場違いなものであるどころか、ある必然性を帯びてくる。それはさらに視野を広げれば、「喰人種」に、西欧人の失った高貴さを見出したモンテーニュ以来、南アメリカのインディアンに、最も不可解でしかも最も魅せられるものを見出し、彼らの破滅の中に西欧自身の揮う暴力を見出して来た西欧（とりわけフランス）の、インディアンに対する独特なまなざし、独特な質をもったaffectiveな〈関係〉につながっている。それは例えば、英国流の「実証的」社会人類学を生みまたそれに育まれて来たアフリカとの〈関係〉とはかなり異質なものなのだ。アフリカニストのカルトリが「交換と権力」公刊当時をふり返って記す次の素直な言葉にも、筆者が意識する以上に、こうした「研究対象」と「研究者」の関係の質の相異が自ずと浮き上がって来るように思われる。

「フランス人のアフリカニストにとって、政治人類学は、「人間科学の中で、他から独立ししかも他に優先する分野として」認知されることを目指すものであった。大分前に公刊された英国人類学の古典『アフリカの伝統的政治体系』（一九四〇〔大森元吉他訳、みすず書房、一九七二〕）が発見あるいは再発見された。『統治者なき部族』（一九五八）は再び分節社会の問題をとりあげ、その諸類型、下位分類を試みていた。駆け出しのアフリカニストとして、私はこれらの著作集に大変真剣にとり組んでいた。アフリカに出現した政治形成体の多様性に魅せられ、私は知識を得ることを望み、クラストル流の広い視野をもった理論構築の試みはどのようなものであれ頭から斥けていた。既に哲学の時代は終わり、私は分別ざかりの年になっていた〔……〕。」

政治人類学を目指しながら、首長の無力な言葉にその無力さの謎を間接的に解き明かす詩を聞こうとする者と、多様な政治形成体の客観的実証的分類の試みに魅かれる者、両者が友情で結びついているだけこの差異は資質の違いだけでなく、それぞれをとりまく伝統と関係の質の差異をはっきりと示している。後にクラストルが名指しで斥けるのも、まさにこうした分類の試みであり、その底にある精神状態なのだ（「〔……〕アフリカ社会についての英国流の分類は恐らく、アフリカについて有効でありえても、アメリカにとってのモデルにはならない」）。

こうした「精神状態」を、クラストルの示唆するように、半ばあらわで半ば無意識の「自民族中心主義」と「進化論」に還元することは正当なのだろうか。そこに経験的実証主義というプラスの価値を見ないのは公正を欠くことにはならないか。六〇年代、レヴィ＝ストロースの構造主義がフランスの思想界を席捲していた一方、フランス人類学の世界では、英国流経験主義＝実証主義の「再発見」が行なわれつつあったことは、カルトリの証言にもうかがえる。とりわけアフリカ研究の分野ではこれは、英国流アフリカ研究の蓄積したデータの「再発見」と再評価という形をとった。クラストルよりやや上あるいは同世代の人類学者の試みの多くは、構造論と実証主義の和解ないしは折衷から実証主義のデータによる「静態的」構造主義の「独断性」の批判までの座標のどこかに位置づけられよう。このような実証主義重視の風潮の中で、政治「哲学」への近しさを彼一流の反語的表現（「〔……〕ひょうたんを描写したり、親族体系を記述するのに、哲学という参照枠は必要あるまい。しかし、ここで問われているのは全く違った事柄であり〔……〕〕で公言するクラストルが、多くの同僚人類学者からどちらかというと冷やかに迎えられたことは想像にかたくない。あるいはクラストルは、「実証主義」の底にある感性もしくは「精神状態」と「自民族中心主義」「進化論」のそれとの間にあるかもしれぬ抜きがたい親和性を、直観的に感じとっていたのかも知れない。

＊

いずれにせよ「実証主義」が、〈現実〉へのひとつの態度表明だとしても、「哲学」への親近感を包み隠さず、云わば「分別くささ」に濁らされぬ若いラディカリスムをかまわずに暴け出しているとも見えるクラストルの政治人類学は、空虚なロマンティスムどころか、別種の〈現実〉、西欧の歴史を貫き、現代の社会、現在の思考を内側から制約する「国家」こそを〈現実〉として見極めようとしている。人類学者として論文を公表し始めた時期のクラストルは、この〈現実〉を、もっぱらレヴィ＝ストロースの用語を用いて提示しようとしている。とはいえ、ここでも、私達は、圧倒的な師の存在からの「影響」を語ることはできない。レヴィ＝ストロースの構造論の用語に従いながら、クラストルは、用語を、予定された以外の問題系に対していわば「試し」、用語に期待された以上の効果を抽き出しているからなのだ。そしてこの用語体系の転用ないしは微調整の中に、師と弟子の問題系、さらにはそれを生み出す資質、方向決定の差異あるいは微妙な違和が読みとれる。

メトローと並んでレヴィ＝ストロースもまた、テヴェ、レリイさらにはモンテーニュ以来の〈インディアンと接した者達〉の血脈に連なる者であり、その中でひときわ大きな峰を成す者であることは、誰しも認めるところだろう。『悲しき熱帯』に余す所なく表白されたこのインディアンとの「関係」の質とそれに養われた資質にはまた、レリスの描き出すメトローのそれと響き合うものがある。むしろ、インディアンの世界がある共通な音域を底に秘めた感性をひきつける、その磁力といったものこそ不思議に思えてくるほどなのだ。透明に澄み切ったメランコリーとでも呼ぶべき音域。しかしある共通の音域から出発して、それぞれが選ぶ「身の処し方」（なぜなら、セイレーンに対しては、確かに時にはある巧知をもって対処しなければならないのだから）は全く異なった様式《スタイル》をとる。レヴィ＝ストロースは、表情からはうかがいにくい確固たる決意によって、ある無感動《アンパシビリテ》を自らに課したように思えてならない。いやそれは決意というものですらなく「人は民族学者として生まれる」時、我知らず、ひとつの無感動、ある断念を既に行なっているのかも知れない。それは強烈な「自我」に支えられた自己放棄、あらゆる世界の外に成り立つ「外の思考」への意志、通常の感覚的世界に通用する語彙では記述し切れないある空間の胚胎であり、しかも自己の巧みな放心状態の中で、感性は「外」と「内」の区別を消し去った「外」へと充分に開放され、「私の」という限定的な所有形容詞をとり外され、ある自由を獲得した五感が、宇宙のあらゆる波動と共振し、世界の語り出す神話に、脳の構造というもうひとつの神話生成装置が応答するのだ。

こうした世界を測量し記述するために、レヴィ＝ストロースは莫大な精力を注いで「構造主義」の語彙体系と神話分析の作品群を作り出したと言えるかも知れない。クラストルへの視角という関心に即して言えば、レヴィ＝ストロースの語彙体系の、互いに結びついた二つの側面に注目すべきだろう。ひとつは、この「世界」の自然と文化への二分割、あるいは、この二大分割が前景を占めることによって、文化内部での「文化」と「社会」の分割線がむしろ背景に退き弱められたとも考えられること、いいかえれば、支配と服従、権力、策略、戦いと和解等に満たされた「社会」という独特の濃度を備えた関係の領域が二義的レベルに置かれたこと（レヴィ＝ストロースにとって「未開社会」には、ある透明さを保つ「正真性の水準」が備わっている。この「ルソー主義」については既に多くが語られている）、そして第二に、affective な関係に相当するものは、レヴィ＝ストロースにおいては、神話が自らを語る素材としての非人称的（この「非」という接頭語は、人称性の否定というより、人称的世界の「外」という意味である）感覚与件の領域にいわば移調されていることである。前者に対し、未開社会が「直接に透明なものどころではない」というクラストルの断定を対置し、第二点に対しては、グアヤキの狩人の歌の中に見果てぬ夢としての第一人称の顕現と超克の試みを聞きとるクラストルの評言を対置したとしても、師と弟子とを悪意をもって対立させることにはなるまい。『悲しき熱帯』に横溢する、高揚した、時には過激とも言えるペシミスムは、同時に、この世界から可能な限り遠い地点へ退くことによって、余りに豊饒なこの世界に合流しようとする試みにも見える。それはひとつの過剰を過大な距離で中和しようという平衡感覚などというものではなく、むしろほとんど触知しえぬズレをもってもっとも遠いものともっとも親密なものとが一致しうるということへの確信、人類学というひとつの企てへの決意と言うべきものではないだろうか。これに対してクラストルは、ある意味では無防備なままに affective な関係あるいはパセティックなものへ直接向かおうとするように見える。そして未開社会の苛責ない加入儀礼に耐える戦士の沈黙に国家を斥ける優しさをも聞きとろうとするのだ。こうしたクラストルの態度には、もうひとつ別の、現実への身の処し方、信念あるいは決意が表われている。

年齢や世代の違いといったいかにも分りやすい理由では恐らく説明できないこうした方向の違いにもかかわらず、処女論文「交換と権力」は、言葉、財（及び労力）、女性の交換そして自然と文化の対立というレヴィ＝ストロースの用語が、かなり忠実に踏襲されながら、クラストル独自の問題系に即して微妙にズラされている。レヴィ＝ストロースが「社会の静態」としての交通《コミユニカシオン》＝女性の交換、財・労力の交換、言葉の交換という三つの水準の区別を概括した論文「民族学における構造の観念」第三、四節（『構造人類学』第十五章、川田順造訳、みすず書房、一九七二）や、ナンビクワラ族の首長制のあり方を交換に即して描写した『悲しき熱帯』第二十九節「男、女、首長」と「交換と権力」を読み比べてみれば、それは明らかである。

ボリビア国境に近いブラジル西部の高地に遊動生活をするナンビクワラ族は、数十人程から成る群をなして生活し、「群れは形成されては解体し、増大したかと思うと消滅する。数ヵ月のあいだに、群れの構成も、それを構成する人々も、群れがどのような形になっていたかも、分らなくなることさえある」（『悲しき熱帯』川田順造訳、中央公論社、下巻一八二ページ）きわめて流動的な社会構造をもっている。しばしばレヴィ＝ストロース自身、「静態的」な社会、「冷たい社会」と呼ぶ社会を、一方では、こうした相の変化と、局部的な密度の移動を示す刻々と流動するものとしても描いているのだ。このような集合離散の中心として、レヴィ＝ストロースは、ナンビクワラの首長を描いている。首長はあらかじめ存在する共同体内で選ばれてそれを統治するのではなく、むしろ自らの統率力や技によって人々を魅きつけ自分の周囲に群れを形成する。首長はこの群れを維持するのに、何の権威の支えもなくただ群れの成員の「同意が権力の根源である」という。この同意は、首長が物事をうまく処理すること、それも「ただうまくやるだけでなく、他の集団よりもうまくやるように――そのことを集団は首長に期待しているのだが――、努力しなければならない」（同前、一八八ページ）のだ。こうした努力あるいは義務とは、気前よくすること、すなわち武器や装身具を作って与える、つまり労力を提供すること、群れを導くため最大限自分の知力を提供すること、さらには歌ったり踊ったりして楽しみを提供することである。それに対して群れは首長に、彼の労苦へ報いる贈与であるかのように、多くは、美しく若い女性を与えることで答える。こうしてレヴィ＝ストロースは、一方の気前よく提供された労力と知力、それによって首長が群れに供する「保護」と、それに対して群れが首長に供する妻の「贈与」という互酬的交換に首長制の基礎を見ている。そしてこうした社会には、先ず何よりもこの互酬性への「同意」がある。この「同意」をレヴィ＝ストロースは、一挙に現代国家までを射程に入れた社会＝政治組織の根底、原初的な「社会契約」としてとらえようとする。

あからさまに言明することはないにせよ、クラストルは、首長制から現代国家まで飛躍し同一化するレヴィ＝ストロースに異を唱える。「同意」が成り立っているとすれば、それが首長制のもとでこれほど脆いものであるのはなぜなのか。国家は「保護」を提供するのみならず、なぜ「強制力」を持ちうるのか。果して互酬性は本当に成り立っているのか。それは、等価の交換と呼びうるものなのか。そもそも、何によって等価性、不等価性は計られるのか。首長制と国家の連続性ではなく、先ず差異を、不連続を見、そして首長制をより独自な自律性をもった体系としてとらえなければならないのではないか……。

そしてクラストルは、レヴィ＝ストロースの「交換の三つの水準」をより厳密に適用し、

『悲しき熱帯』のナンビクワラの首長の描写ではきわめて軽くあつかわれながら、多くの民族誌に点描された重要な位相、言語の交換の位相の示す独特の両義性に注目し、首長制における「社会の諸次元の無意識的構成」を明らかにしようとする。この問いは、首長制を気易く現代社会に連続するもの、国家のできそこないの萌芽と見ることなく、無力に近い「権力」、権威なき首長制という逆説を真剣に問い、真剣に答えるものでなければならない。

こうしてクラストルは、「互酬性」を成立させるとされる交換の回路を再検討し、それが等価交換によって循環を完成し閉じるものではなく、首長において、女性、財、言葉の回路が同時に否定されることで、むしろ共同体の内部に封じこめられた外部ともいうべき無力な権力を生み出すことを確かめるのだ。「権力はその本質に従って（文化の否定として）設立される。ところが、それは社会によってあらゆる実効的な潜在能力を否定されるのだ。こうして権力の提示は、これらの社会においては、当の権力を失効させる手段としてのみ行なわれることになる。」そのことをクラストルは、他の人類学者がなしえなかったしかたで、首長の言葉——首長の重要な特徴とされながら同時に無力であるという逆説をもった言葉——に、耳を傾けることからつかんだのである。

最初の論文に著者の後の展開が全て萌芽として含まれている、というしばしば耳にする言葉は、クラストルに一層よくあてはまるように思える。それは、インディアン社会に、国家をもった社会の未熟な形あるいは「錯誤」を見るのではなくポジティヴな「選択」を見、「未開社会」の提起する問題を「真剣」に受けとるためのプログラムが、処女論文に既に示されているということだけではない。それと同時に、文献資料の再検討から現地調査のためのひとつの発見的《ユーリスティック》な方法がとり出されているということでもある。「交換と権力」でクラストルは、レヴィ＝ストロースから受け継いだ交換の三つの水準を、単に、静的な回路で部分的に回路の重複が起こることによって等価あるいは不等価交換が発生し、均衡あるいは不均衡が生じ……といったメカニスムではとらえられない、ある動態を生成しうるものに読み替えている。それぞれの回路が否定性を含むものとして、首長に収斂する時、無力な権力が社会の外におし出され、それがまた交換にはね返り、交換対象の性質を変え、女性、財、言葉を「純粋な価値物」に転化する。こうした視点は、さらに交換の三つの水準それぞれの強度や「重み」、三つの水準の組み合わせの様態が社会によって多様でありうることを示唆する。そして、首長制の分析のために提示された様態をも、遡及的に、その多様性のうちのひとつの変異として見直すことを可能にする。こうした柔軟で動的な発見的方法として作り出したからこそ、クラストルは、女性と財と言葉の交換の回路という同一の枠を用いながらも、かなり構造を異にするグアヤキの調査でも、狩の獲物の分配の特異な規則と一妻多夫制の課す「過交換」を強いられて生きる狩人の歌う孤独な言葉に耳を傾け、その深い意味を探り得たのだろう。

＊

一九六三年一月、クラストルは、調査に出発する。「社会の諸次元の無意識的構成」を新しい視点から発見し、「森林社会の構造と動態」（「独立と外婚」の初出時の副題）を見出すための方法を準備し、グアヤキ語については、パラグアイ人の同僚レオン・カドガンから送られたテープによって基本を修得した上で。レヴィ＝ストロースとメトローの二人を共通の師とする一歳若い同僚、『マルクス主義と構造主義』を書き上げたばかりのリュシアン・セバーグがクラストルに同行した。そして数か月後にクラストル夫人エレーヌが合流する。二人を迎えたグアヤキ・インディアン達は、既に一九五〇年代のパラグアイ人による「インディアン狩り」のため人口が激減し、森林での自由な遊動生活を放棄し、一人のパラグアイ人農場経営者（グアヤキを手許におくことを理由に政府の援助物資を受けとり、それを闇に流して儲けていたのである）の土地に「定住化」した小さな集団であった。全くの偶然によって、クラストルとセバーグの到着の日は、パラグアイ人と協定を結んだもうひとつの集団がキャンプに初めて合流した日でもあった。まさに消滅の淵に立たされたこれら百人程のグアヤキ・インディアン達の消長と、クラストルとその周囲の人々の消長がこうして縒り合わされてゆくことになる。

セバーグは、ひとりの若い女性から毎夜見た夢を聞きとる調査に専念する。クラストルは、女達の悲しみの挨拶、男達の夜の歌に耳をそばだてる一方、直接の聞き取り調査に対する取りつくしまもない対応に半ば絶望しつつ、メトローの言葉を思い出しながら、そこにむしろ新しく合流したばかりのグループの「健康」さを聞きとっている。

「私は若い男に、不躾けではない質問をする、彼は私を見る。彼はとんでもない質問に度肝を抜かれたわけでも、質問を理解しなかったわけでもない。〔……〕一寸うるさいなという視線になり、無言のままだ。私はアチェ・ガトゥ〔古いグループ、「善良なグアヤキ」の意〕のひとりを呼び質問を繰り返させる。彼は私が言ったのと全く同じ言葉を繰り返す。ところが、彼は回答を得るのだ。一体どうしたらよいのだろう。私は、メトローが私に言ったことを思い出す。「未開社会を研究しうるには、それが既に僅かばかり腐りはじめていなければならないのだ」。」

そしてメトローの言葉を次のように敷衍してゆく。

「つまりアチェ・イロンイアンギ〔新しいグループ、「よそ者のグアヤキ」の意〕の社会は腐ってはおらず、彼らの健康こそ、私すなわち別の世界と、彼らの解体《デカダンス》のディスクールを交わすことを防いでいるのだ。」とすれば、人類学者の存在そのものが両義的なものであり、そのことを忘れてはならない。「私達は、彼らが病む時、話し始めるのだろう。〔……〕彼らの死と手を結ぶこと。忍耐強く、巧知をもって、ささやかな買収（物や食料を贈り、あらゆる親しげなしぐさ、優しい、気持悪い程優しい言葉をかけること）を積み重ね、アチェの受け身の抵抗を打ち破り、彼らの自由を侵害し、話すよう強いなければならない〔……〕」（『グアヤキ・インディアン年代記』）。

そして確かに、寡黙なグアヤキ・インディアン達は自ら望んだものではないにせよ、「解体」と消滅の瀬戸際にあった。クラストルの到着当時、新旧両グループ計百名程あったその人口は、一九六三年九月、クラストルが調査地を離れる時点で、事故死（ジャガーに襲われるなど）、病死などのために既に七十五名程に減少していた（一年弱で二十五名の減少！）。

その翌年クラストルは、白人との接触を拒んでいたグアヤキの他のグループとの接触を試みる。森の中に彼らが通過した跡を探り物品を残しておくと、やがて彼らがそれを持ち去ってゆく、しかしついに姿を見せることなく、クラストルは追跡を諦める。その後、一九七二年、白人による迫害と虐殺によってグアヤキ・インディアンは壊滅的な打撃を受け、事実上消滅したとされる。

クラストルにとって最初の調査地は、こうして、ひとつの社会ひとつの民族の死に立ち合う場でもあった。

自ら消滅しようとするセイレーン達の声を聞きとった者達、クラストルの周囲にいた人々をそう呼ぶこともできるかも知れない。一九六三年、クラストルとセバーグを追って現地で合流する予定であったメトローは、遂にその約束を実現しなかった。莫大な業績を残したこのヴェテランのアメリカニストは自ら命を絶ったのである。クラストルとの共同調査でグアヤキの女性の夢の問題に専心したセバーグは、その後ボリビアのインディアン、アヨレオ族のシャーマニスムを調査した後帰国し自殺する。クラストルにとってかけがえのない協力者、「オーストラリア出身で、パラグアイに社会主義共同体を築こうと望んだ両親から生まれ、英語とグアラニ語を母語とし」建築技師から独学で民族誌学を身につけ、グアラニの口頭伝承の秀れた研究者となったレオン・カドガンは一九七三年に死ぬ。「〔……〕一九七二年のグアヤキ・インディアンの野蛮な虐殺が彼を苦渋と悲しみで満たした。カドガンは最後の最後までこの民族虐殺を防ごうと努力した。彼はその試みに失敗した後生き続けることはできなかったのである」（クラストル「レオン・カドガン」）。

クラストルの問いは、グアヤキ、グアラニ、そして師、友人達の交叉する複数の声を深く聞きとるところから生まれて来たに違いない。

＊

最後に、クラストルの軌跡をより詳細にたどりうるよう執筆一覧を掲げておく。この一覧は、本年（一九八七年）刊行予定のクラストルに献げられた論文集（*L'Ésprit des lois sauvages*, éd. par Miguel Abensour, Paris, Éditions du Seuil, à paraître）のためにクラストル夫人が作成したものに補足したものである。

著書

1972 *Chronique des Indiens Guayaki*, Paris, Plon, 358 p. (Collection "Terre humaine")

1974 *La société contre l'État. Recherches d'anthropologie politique*, Paris, Éditions de Minuit, 190 p. (Collection "Critique")

—— *Le Grand Parler. Mythes et chants sacrés des Indiens Guarani*, Paris, Éditions du Seuil, 144 p. (Collection "Recherches Anthropologiques")

1980 *Recherches d'athropologie politique*, Paris, Éditions du Seuil, 247 p. (Hors collection)

論文

1962 « Échange et pouvoir: philosophie de la chefferie indienne », *L'Homme* II (1), pp. 51–65, repris dans *La société contre l'État*.（以下 *SCE* と略記）

1963 « Indépendance et exogamie. Structure et dynamique des sociétés indiennes de la forêt tropicale », *L'Homme* III (3), pp. 67–87, repris dans *SCE*.

1964 « Compte-rendu de mission chez les Indiens Guayaki », *L'Homme* IV (2), pp. 122–125.

1965 « Entre silence et dialogue », *L'Arc* 26, Numéro spécial consacré à Claude Lévi-Strauss, pp.

76–78.（「沈黙と対話の間に」青木保・中林伸浩訳、『レヴィ＝ストロースの世界』みすず書房、一九六八所収）

1966 « L'Arc et le panier », *L'Homme* VI (2), pp. 13–31, repris dans *SCE*.

1967 « Ethnologie des Indiens Guayaki. La vie sociale de la tribu », *L'Homme* VII (4), pp. 5–24.

—— « Mission au Paraguay et au Brésil », *L'Homme* VII (4), pp. 101–108.

—— « De quoi rient les Indiens? », *Les Temps Modernes* 253, pp. 2179–2198, repris dans *SCE*.

1968 « Ethnographie des Indiens Guayaki », *Journal de la Société des Américanistes* T. 57, pp. 8–61.

1969 « Une ethnographie sauvage », *L'Homme* IX (1), pp. 58–65, repris dans *Recherches d'anthropologie politique*.（以下 *RAP* と略記）

—— « Prophètes dans la jungle », *L'Éphémère* 10, pp. 232–242, repris dans *SCE*.

—— « Copernic et les sauvages », *Critique* 270, pp. 1000–1015, repris dans *SCE*.

1970 Introduction au *Dictionnaire Guayaki-Espagnol* de L. Cadogan, Publication de Journal de la Société des Américanistes.

1971 « Le dernier cercle », *Les Temps Modernes* 298, pp. 1917–1940, repris dans *RAP*.

—— « Le clou de la croisière », *Les Temps Modernes* 299–300, pp. 2345–2350, repris dans *RAP*.

1972 « De l'un sans le multiple », *L'Éphémère* 19–20, pp. 308–314, repris dans *SCE*.

—— « The Guayaki », in *Hunters and Gatherers Today*, M. G. Bicchieri ed., New York, Holt, Rinehart and Winston, Inc., pp. 138–174.

—— comptes-rendus des livres de Lancaster, R., Père Caron, Wachtel, N., et Hurault, J., *L'Homme* XII (1), pp. 142–146.

1973 « Éléments de démographie amérindienne », *L'Homme* XIII (1–2), pp. 23–36, repris dans *SCE*.

—— « De la torture dans les sociétés primitives », *L'Homme* XIII (3), pp. 114–120, repris dans *SCE*.

—— « Le devoir de parole », *Nouvelle Revue de Psychanalyse* 8, pp. 83–85, repris dans *SCE*.

1974 « Léon Cadogan », *L'Homme* XIV (2), pp. 135–136.

—— « De l'ethnocide », *L'Homme* XIV (3–4), pp. 101–110, repris dans *RAP*.

1975 « Martchenko », *Textures* 10–11.

1976 « La question du pouvoir dans les sociétés primitives », *Interrogations* 7, pp. 3–8, repris dans *RAP*.

—— Préface au livre de M. Sahlins: *Âge de pierre, âge d'abondance*, Paris, Gallimard, repris dans *RAP* sous le titre "L'économie primitive".

—— « Liberté, malencontre, innomable », in *La Boétie et la question du politique* (inclus dans de La Boétie: *Le discours de la servitude volontaire*, Paris, Payot), pp. 229–246, repris dans *RAP*.

1977 « Le retour des Lumières » (Réponse à P. Birnbaum), *Revue française de science politique* 1, repris dans *RAP*.

—— « Archéologie de la violence », *Libre* 1, pp. 137–173, repris dans *RAP*.（「暴力の考古学」円生谷貴志・千葉成隆訳、『GS』第4号、一九八六所収）
—— « Malheur du guerrier sauvage », *Libre* 2, pp. 69–109, repris dans *RAP*.
1978 « Les marxistes et leur anthropologie », *Libre* 3, pp. 135–149, repris dans *RAP*.
1981 « Mythes et rites des Indiens d'Amérique du Sud », in *Dictionnaire des mythologies*, Paris, Flammarion, repris dans *RAP*.

共同執筆論文

Clastres, P., et Sebag, L. 1963 « Cannibalisme et mort chez les Guayakis (Achén) », *Revista do Museu Paulista* XIV, pp. 174–181.
Clastres, P., et Lizot, J. 1978 « La muerte y la idea del cannibalismo entre los yanomami » (trad. par M. C. de Lovison), *Boletin de indigena venezolana* XVIII, pp. 107–142.
Clastres, P., Cadogan, L., et Münzel, M. 1980 « Les Mbya, kotyu. Les Paî Tavyterã. Les Aché », in *La Tête dedans*, Paris, Maspero, pp. 133–160.

未刊

1965 *La vie sociale d'une tribu nomade: les Indiens Guayaki du Paraguay*. (thèse de 3e cycle. Paris, Sorbonne.)

解説――レヴィ＝ストロースにおける倫理的態度とその開かれ

森山工

『闘うレヴィ＝ストロース』の「はじめに――異なるものへの態度」において、渡辺公三はクロード・レヴィ＝ストロースの一枚のセルフ・ポートレートに着目している。『ブラジルへの郷愁』（一九九四年）の裏表紙を飾る、レヴィ＝ストロース若かりし日（一九三八年撮影）のブラジルでのセルフ・ポートレートである。その肖像の左肩には小さな猿が乗っており、その猿を支えるように、レヴィ＝ストロースの左手が添えられている。

「静謐な眼に比して猿を支えるレヴィ＝ストロースの指には微妙な表情があるように思える。〔……〕力ずくでおさえるのではない、子猿の存在に優しく添えられた手」（本書一〇頁。以下、本書からの引用については頁数のみを記す）。

子猿に添えられた指に「微妙な表情」を探り当て、そこに手の「優しさ」を見て取る渡辺の感性に、わたしは不意を突かれる。それは、渡辺の感受性の豊かさ、あるいは小さな、一見取るに足りないと見えるものにも開かれた、渡辺の感受性の開放性を物語っているかのようだ。

しかしながら、右に引用した文章においてさらに目を止めるべきなのは、渡辺の感性が捉えた「微妙な表情」をたたえるこの手指が、レヴィ＝ストロースの「静謐な眼」と対比されていることである。その「眼」は、やや離れたところに設置され、みずからを撮影するカメラのレンズをじっと見つめている。ある意味でレヴィ＝ストロースは、レンズを通して自分自身を見つめているといえるかもしれない。みずからを見つめる「静謐な眼」と、子猿に添えられた手指の「優しさ」との対比。ここから渡辺は、次のような対比を導き出す。

「レヴィ＝ストロースにおける、離れたものを見る（ここでは自分を写し取るカメラを見ている）冷静なまなざしと、触れるものへの親密な接触の対比、あるいは自らへの醒めたまなざしと、異なるものとの親密な触れあいの対比」（一〇—一一頁）。

一方では自に対して距離をとり、それを「醒めたまなざし」によって見つめること。他方では他なるもの、異なるものに近づき、それとのあいだに「親密な触れあい」を図ること。この対比は、レヴィ＝ストロースの生き方にとって、そして構造主義という学術的思考にとって、本質的な意義をもっている。本書は、その意義を描き出すために捧げられた一書といっても過言ではない。それが、渡辺のみずみずしい感性に捕捉されたレヴィ＝ストロースの手指の表情から説き起こされていることは、まことに印象的である。

レヴィ＝ストロースの業績を振り返ったとき、そこに三つの巨大な峰があることは見て取りやすい。第一の峰は、『親族の基本構造』（一九四九年）がかたちづくる峰であり、そこにおいてレヴィ＝ストロースは、交差イトコ婚に主要な関心を注ぎつつ、婚姻（女性の交換）を通じた社会単位のあいだのコミュニケーションと連帯という主題を明確に描き出した。それはまた、インセストの禁止が自然から文化への移行の、いわば蝶番《ちょうつがい》の位置づけを与えられるべきことの主張とも相即的なものであった。

第二の峰は、『野生の思考』（および、その序説ともいうべき『今日のトーテミズム』。ともに一九六二年）によって画される峰であり、ここでレヴィ＝ストロースは、近代化され、栽培化された思考との対比において野生の思考を取り出し、そうした思考に通底するある論理を描き出した。それは、人間が野生の思考において、みずからをとりまく世界をどのように認識し、把握しているのかという問いと不可分な関心に導かれたものであった。

第三の峰は、『神話論理』四部作（一九六四―七一年）がかたちづくる峰であり、そこにおいてレヴィ＝ストロースは、やはり人間がみずからをとりまく世界をどう捉えるのかという問いに肉薄するために、南北アメリカの神話に着目し、膨大な神話群をコーパスとしつつ、神話単位（神話素《ミテーム》）の関係づけと変換の様相を描き出した。それはまた、野生の思考が自然から文化への移行をどのように捉え、どのように意味づけてきたのかを、神話分析を通じて明らかにするものでもあった。

レヴィ＝ストロースの業績をこのような三つの峰として捉え返した上で、その一つひとつについて学術的な解説や読解を加える書物は、フランス語で書かれたものであれ日本語で書かれたものであれ、あるいはそれ以外の言語で書かれたものであれ、多数存在する。そうした類書のなかで、渡辺公三の『闘うレヴィ＝ストロース』が異彩を放つのは、これら三つの峰を峰として正当に設定しつつ、その上でなお、峰から峰への移行に眼を凝らしている点である。それは、レヴィ＝ストロースが学生時代、ブラジル滞在時代、ニューヨーク亡命時代などを通じ、どのような活動と思索を経て最初の峰に到達することになったのかを検討することからはじまっているのである。

たとえば渡辺は、社会主義の学生活動家であったレヴィ＝ストロースが、現実の政治的な課題に対してさまざまな評論を展開するなかで、第一次世界大戦後の植民地体制に批判的な考察をほどこしていることを紹介している。それに続いて渡辺は、レヴィ＝ストロースが一九三一年、ポール・ニザンの『アデン・アラビア』に対する書評を書いていることに触れ、次のように述べる。

「いずれにせよ、レヴィ＝ストロースの植民地体制への関心は、国際秩序の制度への関心という水準を離れて、世界のリアリティとしての「異なった世界」への関心に急速に変貌したように見える。そのきっかけが、ニザンの言葉に励まされた民族学への関心であり、おそらくニザンが描いてみせたアデン・アラビアの現実だったのではないだろうか」（六四頁）。

ここには、最初の峰へといいたる長い助走の段階で、レヴィ＝ストロースが民族学へと関心を移してゆく過程がたどられている。文明世界が、文明世界によって非文明と見なされた他の世界を支配してきたこと（植民地はその典型である）。その支配の矛盾に満ちた構図が文明世界に反転して世界大戦を惹起したこと。したがって、この矛盾を解決するためには、支配の構図を解体する必要があること。社会主義活動家としてのレヴィ＝ストロースのこのような状況認識が、文明世界から外部化され、文明世界の余白に生きることを余儀なくされた人々の生のあり方へと向けられたとき、そこに民族学者としてのレヴィ＝ストロースが懐胎された。そのようにいうことができるのではないだろうか。そこにあって、レヴィ＝ストロースがブラジルで民族学的調査をおこない、カデュヴェオ人やボロロ人、ナンビクワラ人などの先住民と出会ったことは、大きな転機となったはずである。

もちろん、民族学者としてのレヴィ＝ストロースが自己成形するにあたっては、言語学者ロマン・ヤコブソンとの出会い、それを通じた構造言語学（音韻論）との出会いが決定的な役割を果たしている。レヴィ＝ストロースが構造概念を彫琢し、構造主義を確立するのはこの出会いがあってのことだからである。ただし、渡辺も触れているように、レヴィ＝ストロースはそれに先だって、野生の花を目にして構造の直観を得たとも回想している。いずれにしても、レヴィ＝ストロースが構造概念を自分のものとしたことによって、三つの峰に通ずる民族学的な探究への道が開かれたことは間違いない。

こうして民族学者として生成したレヴィ＝ストロースについて、渡辺は先述のとおり、学生時代のレヴィ＝ストロースを起点としつつ、第一の峰を築くにいたる過程を丹念に跡づけ、また、第一の峰から第二の峰へ、そして第三の峰へと移行する過程を綿密に追っている。とくに、第二の峰（『野生の思考』）は第三の峰（『神話論理』四部作）への準備段階として位置づけられており、第三の峰の前提条件となるものを確定する業績という評価を与えられている。次のような渡辺の記述を見てみよう。

「第二次世界大戦というカタストロフィーを、レヴィ＝ストロースはアメリカへの亡命によって切り抜けた。〔……〕カタストロフィーを生み出し、カタストロフィーに見舞われた西欧からはもっとも遠い他者の、もうひとつの豊かさの思考を我がものとする意欲……。『悲しき熱帯』に描かれた彼らとの出会いではいわばブラックボックスとして残されていた「彼ら」の思考に到達するための外枠は『親族の基本構造』によって描き出された。彼らは彼らをとりまく世界をどのようにとらえているのか、というブラックボックスのなかにどう接近するか。そうした課題こそ持続する営為を支えたものではなかったか」(一四六—一四七頁)。親族関係・姻族関係を主軸としつつ社会の構造を取り出すことによって、レヴィ＝ストロースの問題意識の「外枠」が画された。その確固とした「外枠」の内部には、「彼らは彼らをとりまく世界をどのようにとらえているのか」という問いが存在している。この問いこそ、レヴィ＝ストロースが『親族の基本構造』という峰に続いて対峙した問いであること、そして、その対峙のなかから『野生の思考』という第二の峰、さらにはその発展型としての『神話論理』四部作という第三の峰が築き上げられたことを、渡辺は説得的に論じている。

このように、巨大な三つの峰を設定し、そのそれぞれに適切な解説と論評を加えつつ、なおかつ峰から峰への移行にも注意をはらう。渡辺の行論は、コンパクトななかにも要点を的確に捉え当てており、また、レヴィ＝ストロースをとりまく思想的・学術的な文脈への目配りも行き届いていて、じつに啓発的である。さらに重要なのは、こうした峰と、峰から峰への移行とをたどりながら、渡辺が終始、その最深部に通底する主題を探り当てていることである。それはあたかも、レヴィ＝ストロースの構造概念の特徴の一つ、「変化するもの」のさなかにあって「不変のもの」を探り当てるかのようだ。そうして探り当てられたものこそ、冒頭に触れた「自らへの醒めたまなざしと、異なるものとの親密な触れあいの対比」という主題ではないだろうか。

この主題は、本書のなかで何度か表現をかえて提示されている。「同類に対する徹底した異化の作用と、異人に対するときの彼らの自意識をカッコに入れた共感の作用の対比、あるいは、異なった者への接近と近い者からの離脱の相反する方向のひとりの人間のなかでの交差」(一一八頁)。「同時代の自分の世界へのある違和感と、ブラジルで出会った人々へのある共感」(二五六頁)。それはまた、「徹底した相対主義」(一七三頁)として、あるいは、「「野蛮人」への共感と「文明人」への批判という、自他関係の存在論と文化相対主義の表裏一体となったレヴィ＝ストロースの展望」(一七五頁)として、ことばを与えられてもいる。ユネスコによる反人種主義キャンペーンの一環として著された『人種と歴史』に触れながら、渡辺がレヴィ＝ストロースの思想をたどるとき、そこには構造概念に依拠しながら冷静かつ緻密な事象分析をおこなうレヴィ＝ストロースの認識論的な態度の底に、そうした態度へとレヴィ＝ストロースを突き動かす自と他に対するある倫理的な態度が一貫して持続していたことが、明瞭に取り出されている。そうした倫理的態度をもって自と他とに相対すること、そしてそうした倫理的態度を自と他に分かちもたせること、それこそがレヴィ＝ストロースにとっての「闘い」であったと、渡辺は主張しているのではないだろうか。

以上のように、簡単ながら『闘うレヴィ＝ストロース』の論述を追った上で、ここではあくまでも私見として、渡辺の議論に二つの補いをつけておきたい。

第一は、渡辺が本書で触れていない点の補足である。『親族の基本構造』後のレヴィ＝ストロースの親族論・社会組織論の展開のなかで、人類学（民族学）や歴史学の分野で大きな影響力を発揮した議論がある。それは「家」社会論である。(1)

レヴィ＝ストロースがコレージュ・ド・フランスでおこなった講義の要録集である『パロール・ドネ』（中沢新一訳、講談社、二〇〇九年）を見ると、すでに一九六一―六二年度に、レヴィ＝ストロースは「親族と婚姻に関する研究」と題された講義をおこなっており、ここでいわゆる共系体系（父系もしくは母系の出自を一義的に指定する単系体系とは異なり、父方・母方の対等な認識にもとづいて出自をたどる体系）について検討している。『親族の基本構造』ではいわば脇に置かれていた共系体系に関して、レヴィ＝ストロースは、その理解のためには新たな類型論を導入することが必要であるとし、共系体系が安定した出自規則との関係においてではなく、土地権利体系との関係において存続することを指摘している。その上で、このような体系が個人の選択の自由を許容すること、したがって、膨大な個人の選択を示す統計学的な変動に左右されることを論じている。渡辺は本書において、親族の基本構造と複合構造との違い、ならびに前者から後者への移行に関するレヴィ＝ストロースの議論を整理しているが（一三七―一四一頁)、それを参照すれば、個人の選択に焦点を当てるこの共系体系に関する議論が、親族の複合構造に親和的であることは見て取れよう。

時代をやや下って一九七〇年代後半から八〇年代はじめになると、単系体系によって有意に特徴づけることのできない社会に関するレヴィ＝ストロースの考察は、「家」という概念に結晶化するようになる。その嚆矢は、コレージュ・ド・フランスでの一九七六―七七年度の講義「「家」という概念」である。この講義は、その後一九八一―八二年度まで毎年度継続され、インドネシア、メラネシア、ポリネシア(ニュージーランドを含む)、マダガスカル、ミクロネシア、アフリカの社会組織について検討がほどこされている(2)。

レヴィ＝ストロースによる「家」の定義は以下のようなものである。第一に、家は権利・義務の主体たる法人である。第二に、家は所有財をもつ。第三に、その所有財は物質的な財と非物質的な財からなる。第四に、家は名前や富や称号を、現実の、もしくは仮構的な系統によって継承することで永続化する。第五に、こうした連続性が親族関係もしくは姻族関係のことばによって表現されるかぎりで、家は正統性を得る。第六に、多くの場合には、連続性が親族関係および姻族関係のことばの双方によって表現されるかぎりで、家は正統性を得る(3)。

一九八三年六月にマルク・ブロック記念講演でおこなった講演の原稿「歴史学と民族学」で、レヴィ＝ストロースは歴史学者ブロックを意識して歴史学と民族学との協働の可能性と必要性を強調しながら、次のように論じている。[4] 社会というものはすべからく歴史的なものであり、歴史性の度合いはすべての社会で同じである。しかしながら、歴史を意識し、歴史に自己を開く度合いは社会によって異なる。社会はいつ、どのようにして、歴史というものを現在に働きかけ、現在を変革するための道具とみなすようになるのか。この臨界点を見きわめるためには、ある種の極限事例を分析する必要がある。

このような考察に続いてレヴィ＝ストロースは、『源氏物語』に依拠しつつ、平安時代の日本の宮廷社会に事例を求めている。[5] そこでレヴィ＝ストロースは、イトコ婚（近くとの婚姻）と遠くとの婚姻とを対比させつつ、イトコ婚が社会構造の単純な再生産に資するものであり、社会秩序への侵害に対処し、社会秩序を防衛する方向に作用すること、それに対して遠くとの婚姻は、危険な賭の要素を含むことで、歴史に動揺をもたらすことを論じている。その上で、歴史と対峙しあうような社会においては、イトコ婚から意識的に離反する方向性が強まると主張する。さらにレヴィ＝ストロースは、基本構造に取り憑かれた社会（社会構造を永続化させる社会）と、基本構造の限界を意識化した社会（既存の社会構造を破壊し、それを再編する社会）との対比を設定し、後者においては各人がみずからに益するように関係を操作する自由をもつと述べる。父方の系統と母方の系統のいずれか一つに社会構造の基軸を見ることをやめ、両者がどのような関係をもつかが社会構造にとって重要になるというのである。

平安時代の日本の宮廷社会からはじめて、フィジー、マダガスカル、南アフリカへと事例を逍遥しつつ、レヴィ＝ストロースは、そのような社会では親子関係（出自にもとづく関係）を通じた財や威信や権力の獲得と継承のみならず、縁組み関係（婚姻にもとづく関係）を通じたその獲得と継承が重要性をもつことを示している。妻としての、娘としての、姉妹としての、母としての女性の地位を媒介にして、こうした獲得と継承がなされるからである。したがって、ここに親族関係・姻族関係の大胆な操作がなされることになり、父方の系統と母方の系統とを均衡させようと図る社会状態が生まれることになる。それは、親子関係が縁組み関係と等価であり、縁組み関係が親子関係と等価であるような社会である。レヴィ＝ストロースはこうした社会を、「家」社会として特徴づけるのである。

以上に瞥見したとおり、共系体系の考察にはじまり、「家」社会論にいたるレヴィ＝ストロースの考察には、単純な社会から複合的な社会への移行と、そこにおける歴史のあり方、より正確にいうならば社会が歴史に対してもつ態度のあり方が焦点化されている。「構造」と「歴史」との関係を正面からあつかう行論とは文脈を異にしているが、レヴィ＝ストロースの歴史認識を示すものとして注目すべきものであろう。渡辺が本書において、レヴィ＝ストロースの歴史の捉え方に何度か立ち返っていることに鑑みるなら、レヴィ＝ストロースのこのような研究動向は、渡辺の議論を補足するものとして一定の意義をもつであろうと考える。

渡辺の議論に補いをつけたい第二の点は、レヴィ＝ストロースの構造分析の特質についてである。先に触れたとおり、レヴィ＝ストロースは野の花のシンメトリックな形態に目を惹かれて構造の直観を得たという。もちろん、構造概念を練り上げるにあたっては構造言語学との出会いが決定的な意義をもっているわけであるが、花の形態から構造の直観を得たというこの挿話からわたしが思うのは、レヴィ＝ストロースの得た構造概念が、ある種のアブダクションの所産ではないかということである。

経験的な帰納とも合理的な演繹とも異なる第三の推論の作法としてのアブダクション。これは、個別の経験的事象を適切に説明する仮説を導き出す論理的推論であり、それはまた発見的《ヒューリスティック》な仮説生成でもある。経験的事象にかかわるという点では帰納と同じであるが、帰納が限られた数の経験的事象からありうるかぎりの経験的事象を推測するというかたちで一般化を図るのに対し、アブダクションは経験的事象を説明づける何らかの仮説を発想するというかたちで推論をおこなう。たとえば、リンゴの果実が樹から落ちるのをいくら経験したとしても、そこから帰納的に推測できるのは、次にはあの果実も落下するであろうということくらいである。せいぜい、支えのない物体は落下するという一般化を導くことくらいである。ところがそこに、「重力」という考え方を挿入したとしたらどうだろうか。ここには、きわめて大きな思考の跳躍が作用している。なぜなら、落下する果実とは異なって、重力それ自体は見たり触ったりすることができないものなのだから。(6) だが、その跳躍によってこそ、「重力」という問題の発見が遂げられる。経験的な個別の事象に、それ自体としては経験から確証することのできないある仮説的な説明がつけられることになる。野の花のシンメトリックな形態に目を奪われて「構造」の直観を得たとき、レヴィ゠ストロースのなかでもこのような発見的な思考の跳躍が作用していたということはできないだろうか（「重力」と同じで、「構造」それ自体を見たり触ったりすることはできないのだ）。

「重力」の例からも分かるとおり、アブダクションとは、感覚に訴えるさまざまな経験的事象を相互に関連づけ、その関連づけの深層（それ自体としては経験的に確証することのできない深層）へと跳躍し、それによって深層にある問題を発見的に把捉することにほかならない。レヴィ゠ストロースの「構造」がアブダクションの所産であり、発見的な仮説生成によるものであるという私見が正しいとするなら、その構造概念に依拠して展開されるレヴィ゠ストロースの構造分析には、ある無視しえない特質が見いだされるように思われる。

レヴィ゠ストロースの構造分析の精髄は、思いがけない要素間に二項対立の対を見いだすこと、つまりは、思いがけない要素間に関係づけを見いだすこと、そしてそうした二項対立の対を別の二項対立の対とさらに関係づけ、そこに相同や対立や変換の関係を見て取ることにある。

そうした関係づけや相同・対立・変換のあり方を、レヴィ＝ストロースは親族関係を主軸とした社会の構造のなかに見て取り（『親族の基本構造』）、非近代的な世界認識と思考の構造のなかに見て取り（『野生の思考』）、神話論理の構造のなかに見て取る（『神話論理』四部作）。このようなレヴィ＝ストロースの構造分析の手法は、右に提示したアブダクションのプロセスを思わせないだろうか。

そう、レヴィ＝ストロースがアブダクティヴなプロセス（経験的事象の関係づけと深層への跳躍）によって見いだしたであろう「構造」に依拠して構造分析をおこなうとき、その分析はレヴィ＝ストロースのなかで生起したアブダクティヴなプロセスを反復しているのである。いいかえるなら、アブダクティヴなプロセスと、レヴィ＝ストロースの構造分析のプロセスとは同型性を備えている。このため、レヴィ＝ストロースが社会構造や野生の思考構造や神話論理の構造を抽出し、そうした構造が社会組織なり野生の思考なり神話論理なりに備わっていると提示するとき、わたしたちはそれがレヴィ＝ストロース自身の思考のアブダクティヴな所産であるのか、それとも社会や思考や神話に備わった独自の存在様態の表現であるのかを判別することができなくなるのである。

付言すれば、レヴィ＝ストロースは『やきもち焼きの土器つくり』の「序」において、「思ってもみない領域のあいだに照応関係を見出す意表を衝く思考には、私は強い印象を受ける」

（渡辺公三訳、みすず書房、一九九〇年、一頁）と告白している。「思ってもみない領域のあいだに照応関係を見出す」ことへの志向性は、レヴィ＝ストロース自身の思考の特質であるのだろうか。それとも、野生の思考や神話論理に内在した特質であるのだろうか。アブダクティヴなプロセスと構造分析のプロセスとの同型性により、この点が判別しがたいものになっているとはいえないだろうか。

渡辺は、「レヴィ＝ストロースによれば変換群としての神話は閉じている」（二一一頁）と述べている。構造分析をほどこされた結果として析出する「変換群としての神話」が「閉じている」とするなら、アブダクティヴなプロセスと構造分析のプロセスとが同型的であると見えるレヴィ＝ストロースの思考も、「閉じている」ということになるのだろうか。この点について、わたしは論評する力をもたない。ただ、ここでいうレヴィ＝ストロースの思考は、民族学的に設定された他の社会や思考や神話を捉えるものであり、その意味でレヴィ＝ストロースの認識論的な態度を示すものである。これに対して、先に「レヴィ＝ストロースを突き動かす自と他に対するある倫理的な態度」とわたしが述べたものは、明らかに他に対して開かれている。それは、「文化の多様性を擁護することが重要だ」（一七六頁）という倫理的態度と一体をなすものだからである。そうであるばかりではない。その「開かれ」は、異なる人々に対する開かれであるのみならず、自然に対して、また世界に対して開かれた倫理的な態度でもあった。そうした倫理的な態度が下地にあってこそ、レヴィ＝ストロースの文化認識は、渡辺が論評するように、「自然から文化への移行の一線を限りなく自然の側へと近づけることになる。あるいは文化を自然のなかに深く根づかせる」（一九三頁）ことになるのではないだろうか。

認識論的な態度の底にあり、その態度を支え続けたレヴィ＝ストロースの倫理的な態度が、つねに他に対して開かれたものであったこと。そしてそのことを、レヴィ＝ストロースの手指の「微妙な表情」から語り起こした渡辺が、本書で一貫して明確に提示していること。このことをわたしは、わたし自身の悦びとしたい。

（もりやま たくみ／文化人類学）

注

（1） レヴィ＝ストロースの「家」社会論は、以下に展開されている。Claude Lévi-Strauss, L'Organisation sociale des Kwakiutl. In *La Voie des masques: édition revue, augmentée, et rallongée de Trois Excursions*. Paris: Plon, 1979, pp. 141-164; Histoire et ethnologie. In *Annales. Économies, sociétés, civilisations*, 38e année, n. 6, 1983, pp. 1217-1231; Maison. In P. Bonte et M. Izard, éds., *Dictionnaire de l'ethnologie et de l'anthropologie*. Paris: Presses Universitaires de France, 1991, pp. 434-436. Pierre Lamaison et Claude Lévi-Strauss, La notion de maison: entretien avec Claude Lévi-Strauss par Pierre Lamaison. In *Terrain*, n. 9, 1987, pp. 34-39. クロード・レヴィ＝ストロース『パロール・ドネ』中沢新一訳、講談社、二〇〇九年、二四二―三〇九頁。

また、レヴィ＝ストロースの「家」社会論に触発されて活性化した研究動向のうち、ここでは代表的な以下の文献を挙げておく。Janet Carsten and Stephen Hugh-Jones, eds., *About the House: Lévi-Strauss and Beyond*. Cambridge: Cambridge University Press, 1995. 信田敏宏・小池誠編『生をつなぐ家――親族研究の新たな地平』風響社、二〇一三年。

（2）渡辺公三の別著『レヴィ＝ストロース――構造』（講談社、一九九六年、二九七頁）においても、この講義の動向が挙げられているのみで、渡辺はレヴィ＝ストロースの「家」社会論についての要約や論評をおこなっていない。

（3）Claude Lévi-Strauss, Maison. In P. Bonte et M. Izard, éds., *Dictionnaire de l'ethnologie et de l'anthropologie*. Paris: Presses Universitaires de France, 1991, p. 435.

（4）Claude Lévi-Strauss, Histoire et ethnologie. In *Annales. Économies, sociétés, civilisations*, 38e année, n. 6, 1983, pp. 1217–1231.

（5）「家」や「家」社会という語彙を用いてはいないものの、『源氏物語』を典拠の一つとしたレヴィ＝ストロースの社会論は以下にも展開されている。クロード・レヴィ＝ストロース「おちこちに読む」『はるかなる視線1』（三保元訳、みすず書房、一九八六年、一〇六―一二九頁）。そこでの論点と行論、ならびに取り上げられている事例には、ここで参照している「歴史学と民族学」と重なる部分が多い。「社会の変化」ならびにそれに随伴する「主観的な態度」（歴史に参入することの意識的な受容）が中心的な主題だからである。

（6）ここでの重力の例は、米盛裕二『アブダクション――仮説と発見の論理』勁草書房、二〇〇七年、からとっている。

レヴィ＝ストロース略年譜

一九〇八年　一一月、父親が仕事のため滞在中のベルギー・ブリュッセルで生まれる。

一九二五年　コンドルセ高校、エコール・ノルマル受験準備課程に入学。在学中、フロイトを読む。また、ベルギー労働党の若い活動家にマルクスを教えられ熱心に読む。

一九二六年　九月、エコール・ノルマル受験をあきらめ、パリ大学で法学、哲学専攻に登録。フランス社会党（SFIO）に加入。準備課程で書いたレポート『グラックス・バブーフと共産主義』をベルギー労働党の出版局から刊行。

一九二七年　SFIOのエコール・ノルマル社会主義学生集団（GES）の事務局長となる。

一九二八年　哲学士号取得。社会主義学生全国連合の事務局長となり、『社会主義学生』誌に定期的に寄稿しはじめる。

一九二九年　哲学教授資格試験の実習でボーヴォワール、メルロ＝ポンティと一緒になる。法学士号取得。

一九三〇年　社会党若手代議士、ジョルジュ・モネの政策秘書を務める。『社会主義学生』書評担当となる。

一九三一年　哲学教授資格試験《アグレガシオン》に三位で合格。秋、アルザスで兵役につく。エコール・ノルマルの一〇人の若手活動家と「建設的革命」グループを作る。

一九三二年　『建設的革命』誌刊行、レヴィ＝ストロースは結局執筆せず。一〇月、結婚し、南仏のモン・ド・マルサンの高校に哲学教師として赴任。

一九三三年　ヴィオ『白人の降架』の書評を最後に『社会主義学生』書評担当から外れる。ローウィ『原始社会』を読み、感嘆する。

一九三五年　先行き、同じことの反復に耐えられず高校教師を辞職。ブラジル行きを決める。二月、サンパウロ大学に社会学講師として赴任。最初から休暇中にインディアン調査を試みるつもりであったらしい。が同時に、生成途上のサンパウロという都市に強い関心を寄せる。一一月―三六年三月、大学休暇中、カデュヴェオ族、ボロロ族調査。

一九三六年　五月、パリにおける総選挙、人民戦線内閣の成立を短波放送で聞く。モネ、農業相に就任。論文「ボロロ・インディアンの社会組織研究への寄与」を書き、『アメリカ学会誌』に掲載される。これが最初の人類学論文。暮にパリへ戻る。

一九三七年　「マット・グロッソのインディアン展」を開く。モースなどの支援を得る。また、次の長期調査旅行の資金などを獲得。サンパウロ大学の任期終わる。いったんフランスに帰国して再渡航の準備をする。

一九三八年　再びブラジルへ。五月、クイアバで調査旅行の準備。六月、ナンビクワラ族調査。一一月、トゥピ＝カワヒブ族の一団と遭遇。

一九三九年　年の初め、調査旅行を終えた町で、ミュンヘン協定の締結、フランスにおける動員令を四か月遅れの新聞で知る。フランスへの帰国直前、サントスの港町で、メトローとはじめて会う。帰国後、最初の妻と離婚。開戦後、動員されルクセンブルク国境のマジノ線に配属される。

一九四〇年　五月、花を見ていて「構造」の直観を得る。ドイツ軍と交戦、所属する部隊は南仏に退却後、兵役解除される。南仏に滞在し、一時高校教師を務めるが、ユダヤ系市民排除のため失職。グラネ『古代中国における結婚のカテゴリーと近親関係』を読み、さまざまな着想を得る。

一九四一年　ニューヨーク「新社会研究院」講師としてアメリカへ亡命。船上でブルトンと出会う。「研究院」で南米の現状について、社会学的考察を講義する。ナンビクワラ族の論文を書きはじめる。アメリカ民族学局の出版物を知り、買いはじめる。『アメリカ・インディアン・ハンドブック』南米篇に参加し、いくつかの論文を書く。エルンストなどシュルレアリストと交流しはじめる。ボアズに会う。トムソン『生物のかたち』を読む。

一九四二年　亡命フランス人学者が中心となった「自由高等研究院」に参加、親族関係の問題について講義。ヤコブソンと出会い、その『音と意味についての六章』の講義を聴く。

一九四三年　ヤコブソンの勧めで『親族の基本構造』を書きはじめる。

一九四五年　パリ解放後、一時帰国。その間にアグレガシオン以来会っていなかったメルロ＝ポンティと再会する。春、文化参事官としてニューヨークに戻る。

一九四七年　このころ、『親族の基本構造』完成。年末にパリに戻る。その後、人間博物館副館長に着任。レリスを知る。論文審査を受ける。現妻と同居（五四年結婚）。

一九四九年　コレージュ加入に失敗、社会科学高等研究院《エコール・プラティック・デ・オートゼテュード》講師着任（フェーヴルの推薦）。『親族の基本構造』刊行。

一九五〇年　ユネスコの依頼で東パキスタン調査をおこなう。再度コレージュ加入に失敗。高等研究院（宗教研究部門）教授に着任。

一九五二年　ユネスコから『人種と歴史』刊行。

一九五三年　ユネスコ社会科学国際委員会（ISS）事務局長に着任。

一九五四年　一〇月―五五年五月、『悲しき熱帯』執筆。一二月―五五年一月、カイヨワのレヴィ＝ストロース批判「さかしまの幻想」が『新フランス評論』に掲載。

一九五五年　『現代』誌にカイヨワへの反批判「寝そべったディオゲネス」を掲載。『悲しき熱帯』刊行。

一九五六年　『構造人類学』に収録されるいくつかの論文を執筆、公刊。

一九五八年　『構造人類学』刊行。パリにおける構造主義の流行が始まるという。

一九五九年　メルロ＝ポンティの助力もあってコレージュ・ド・フランス教授に選任される。

一九六〇年　一月、コレージュ・ド・フランス教授開講講義。

一九六一年　『人間』誌創刊。シャルボニエとの共著『レヴィ＝ストロースとの対話』刊行。六―一〇月、『野生の思考』執筆。

一九六二年　『今日のトーテミスム』『野生の思考』刊行。サルトルの『弁証法的理性批判』への批判が注目される。六月―六三年七月、『生のものと火にかけたもの』執筆。

一九六四年　『生のものと火にかけたもの』刊行。五月―六五年七月、『蜜から灰へ』執筆。

一九六六年　『蜜から灰へ』刊行。二月―六七年九月、『食卓作法の起源』執筆。

一九六七年　一〇月、『食卓作法の起源』脱稿後ただちに『裸の人』執筆にとりかかる。

一九六八年　『食卓作法の起源』刊行。『ニューヨーク・タイムズ』紙がブラジル・インディアン保護局

一九七〇年　（ＳＰＩ）についての調査報告内容を報道。ブラジル大統領への公開書簡（三月二六日付）。
一九七一年　五月、フランス「五月革命」。構造主義の流行が終わるという。
一九七二年　九月、『裸の人』書き終える。
一九七三年　『裸の人』刊行。
一九七四年　三月、アメリカで講演。
一九七五年　カナダのブリティッシュ・コロンビア旅行。『構造人類学２』刊行。
一九七七年　学士院、アカデミー・フランセーズに選出される。カイヨワとの演説でのやりとりがあった。夏、カナダのブリティッシュ・コロンビアへの二度目の旅行。
一九七八年　『仮面の道』刊行。
一九七九年　一〇月、来日講演。壱岐、九州、韓国を旅行。
一九八二年　一二月、カナダのラジオで「神話と意味」の講演。
一九八三年　サントリー財団主催シンポジウムに参加するため、二度目の来日。
一九八四年　コレージュ・ド・フランス退官。
一九八五年　『はるかなる視線』刊行。前年に死去したヤコブソンに献じる。五月、三度目の来日。一二月―八五年四月、『やきもち焼きの土器つくり』執筆。
　コレージュ・ド・フランスでの講義要録を中心とした『パロール・ドネ』刊行。イスラエル訪問。
　『やきもち焼きの土器つくり』刊行。ミッテラン大統領に同行し、ほぼ五〇年ぶりにブラジル再訪。軽飛行機でボロロの村を訪ねようと試みるが、離着陸が困難なため断念。

一九八六年　四月、経団連の招きで来日、「現代世界と人類学」講演。
一九八八年　五度目の来日。エリボンとの対談『遠近の回想』刊行。
一九八九年　一九〇年、『大山猫の物語』執筆。
一九九一年　『大山猫の物語』刊行。
一九九三年　『みるきくよむ』刊行。
一九九四年　『ブラジルへの郷愁』（一九三〇年代調査時の写真集）刊行。
一九九五年　『サンパウロへの郷愁』（サンパウロの情景を集めた写真集）をブラジルで刊行。
一九九八年　パリ日本文化センターで開催された「縄文――日本芸術の根源」展カタログに「序言」を寄せる。
二〇〇〇年　「狂牛病の教訓」（一九九六年、イタリアの『レプブリカ』紙初出）を『シャン・リーブル』紙に掲載。
二〇〇四年　『エルヌ』誌がレヴィ＝ストロース特集号刊行。
二〇〇五年　フランスの「ブラジル年」に際して開催された「ブラジル・インディアン展」カタログに「序言」を寄せる。レヴィ＝ストロースがブラジル調査時に収集してブラジルに残した物質文化も展示される。
二〇〇六年　ケ・ブランリ美術館開館式に出席。式典は館の「レヴィ＝ストロース記念ホール」でおこなわれる。
二〇〇八年　生誕一〇〇年を記念したさまざまな催しがおこなわれる。プレイヤード版『著作集』刊行。
二〇〇九年　一〇月三〇日、パリで死去、リニュロルに埋葬される。

旅』（2001）創元社■
« Hourgalss Configuration », in *Double Twist*, ed. Maranda, P., University of Tronto Press

2002

« Avant-propos », in Franz Boas, *Indian Myths and Legends from the North Pacific Coast of America* (trad. de l'édition de 1895), Talonbooks, Vancouver◆
« De gré ou de force », *L'Homme. Revue française d'anthropologie*, 163●

2003

« Le "sentiment de la nature", un besoin fondamental », *Ethnies*, 29–30■
« Manuela Carneiro da Cunha & Mauro Barbosa de Almeida, eds., *Enciclopedia da floresta. O Alto Jurua-praticas e conhecimentos das poplacoes* », *L'Homme*, 167–168◆

2004

« 1963–2003: L'anthropologue face à la philosophie », *Esprit*, 2004.04▲ →「1963〜2003年　哲学に面した人類学」合田正人訳,『みすず』520（2004）
Les grands entretiens de Bernard Pivot, Gallimard/Ina.(DVD)▲

2005

« Préface », Catalogue de l'exposition, *Brésil indien; les arts des Amerindiens du Brésil*, Réunion des Musées Nationaux◆

2006

「『神話論理』誕生の道すじをたどる」（聞き手：渡辺公三）▲, 木村秀雄・渡辺公三編『レヴィ＝ストロース「神話論理」の森へ』（2006）みすず書房

2008

Œuvres, Chronologie, Vincent Debaene, Frédérick Keck, Marie Mauzé, Martin Rueff (eds.), nrf Gallimard, éd. Pléiade
« De Cuiabá à Utiarity (Carnets, 6–16 juin 1938) », *id.* ●→「クイアバからウチアリティへ――手帖1938年6月6日－16日」港千尋訳,『思想』1016（2008）
« Triste tropiques » roman (1938–1939), *id.* ●→「小説『悲しき熱帯』（1938–39年）」管啓次郎訳,『思想』1016（2008）
« Note sur "Olympia" », *id.* ●→「《オランピア》に関するノート」渡辺公三訳,『思想』1016（2008）

略号

●：論文（雑誌・論集収録の論文）
■：短論文, 追悼文, 書簡, 事典項目など
◆：書評, 解題, 序文, 跋文など
◇：雑誌評（1920–30年代）
★：学会報告, 講義要録
▲：講演, 対談, インタヴューなど

＊　ここにあげたもの以外に, 約100篇の書評（ほとんどが *L'Homme* に掲載されたもの）があるが省略した。L'École des Hautes Études en Sciences Sociales のホームページにリストがある。
＊　本リストは泉克典作成のリストをもとに著者が加筆・修正した。

すず書房
« Introduction », in *Sengaï, Moine zen 1750–1837*, Paris-Musée◆
« L'italia é megliodisunita », *La Repubblica*, 21 giugno■
« Due miti e un incesto », *La Repubblica*, 29 dicembre■

1995

« Préface », in Marie-France Williamez et Michel Revelard, eds., *Planète des masques*, Direction générale de la culture et de la communication, Binche◆
« Quell'intenso profumo di donna », *La Repubblica*, 3 novembre 1995■→「女性のセクシュアリティと社会の起源」泉克典訳,『みすず』509（2003）

1996

Saudades de São Paulo, Companhia des letras, São Paulo →『サンパウロへのサウダージ』（2008）今福龍太訳, みすず書房
« La mucca è pazza e un po' cannibale », *La Repubblica*, 24 novembre■→「狂牛病の教訓——人類が抱える肉食という病理」川田順造訳・解説,『中央公論』116 (4)（2001）

1997

« Quei parenti così arcaici », *La Repubblica*, 24 dicembre= « Le retour de l'oncle maternel », *L'Herne 82 Lévi-Strauss*, 2004, Éditions de L'Herne, Paris■
« L'Homme de L'Homme », *L'Homme. Revue française d'anthropologie*, 143■

1998

« Avant-propos à Documents sur l'Asie du Sud », *Revue internationale des sciences sociales*, 157◆
« Préface », in Louis Frois, *Européen et japonais: traité sur les contradictions et différences de mœurs*, Éditions Chandeigne, Paris◆
« Préface », in Françoise Grenand, Pierre Grenand, et Jean-Marcel Hurault, *Indiens de Guyane: Wayana et Wayampi de la forêt*, Éditions Autrement◆
« Préface », in Catalogue de l'exposition. *JÔMON: l'art du Japon des origines*, Maison de la culture du Japon à Paris◆→「縄文展カタログ序文」矢田部和彦訳,『くくのち』1（1999）
« Retour en arrière », *Les Temps Modernes*, 598■→「過去に立ち戻る」泉克典訳,『みすず』no. 507（2003）

1999

« I miti: uno sguardo dentro la loro origine », *La Repubblica*, 16 aprile■
「自然との関係を取り戻すために——クロード・レヴィ＝ストロース　インタヴュー」（聞き手：中沢新一・港千尋),『くくのち』1（1999）▲

2000

« Apologue des amibes », in Jean-Luc Jamard, Emmanuel Terray, Margaritha Xanthakou, eds., *En substances: textes pour Françoise Héritier*, Fayard■→「アメーバの譬え話」出口顕訳,『みすず』529（2005）
« Postface », *L'Homme. Revue française d'anthropologie*, 154–155 ‹Questions de parenté›◆
« L'uomo, malattia del pianeta terra », *La Repubblica*, 9 maggio■

2001

« Productivité et condition humaine », *Études Rurales*, 159–160■
「サルタヒコ神についての若干の考察」篠田知和基訳, 鎌田東二編『サルタヒコの

Pre-literate Societies, The Israël museum◆
« La deduzione della gru », *Quaderni di antropologia e semiotica*, 6■
« Mercanti in fiera quindicimila annni fa », *La Repubblica*, 13 novembre■
« Contadio chissà perché », *La Repubblica*, 14 novembre■

1991

L'Histoire de Lynx, Plon, Paris →『大山猫の物語』(2016) 渡辺公三監訳，福田素子・泉克典訳，みすず書房
« Lebensspender Schmuck », *Ornamenta*, 1■
「序文」，塩谷敬『シラノとサムライたち』白水社◆
« Boas », « Maison », in Pierre Bonté et Michel Izard éds., *Dictionnaire de l'ethnologie et de l'anthropologie*, Presses Universitaires de France, Paris■
« Lettres » addressée à Luc de Heusch, *Cobra en Afrique*, Éditions de l'université libre de Bruxelles, Bruxelles■
« Photographies exposées au Musée Niepce de Chanon-sur-Saône, décembre 1989–mars 1990 », *Ethnographie*, 87 (1)■
« Un entretien avec Claude Lévi-Strauss » (avec Roger-Pol Droit), *Le Monde*, 8 octobre▲→「知は進歩すればするほど，なぜ自分がゴールに到達できないのか，ますます理解できるようになる」，ル・モンド・エディション編『哲学 科学 宗教――「ル・モンド」インタビュー集』(1995) 丸岡高弘訳，産業図書
« Ma perché ci mettiamo I gioielli », *La Repubblica*, 21 maggio■
« Gli unomini della nebbia e del vento », *La Repubblica*, 9 octobre■

1992

« Postface », in Marc Augé, *Territoires de la mémoire: les collections du patrimoine ethnologique dans les écomusée*, Thonon-les -Bains; Présence du livre; Salins-les-bains, Fédération des écomusée◆
« Le point de vue de l'anthropologie », in *Développement de l'enfant et engagement professionnel des mères* (Colloque de Lassay), Édition■
« 1492: Découverte de l'Amérique », in *Célébrations nationales 1992*, Ministère de la culture, direction des archives de France, Paris◆
« La statua che divenne madre », *La Repubblica*, 23 febbraio■
« Come Montaigne scoprí l'America », *La Repubblica*, 9 novembre■

1993

Regarder, écouter, lire, Plon Paris →『みる きく よむ』(2005) 竹内信夫訳，みすず書房
« Aux gens de Tokyo », *Le Magazine littéraire*, 311■
« Un autre regard », *L'Homme. Revue française d'anthropologie*, 126–128●
« L'ultimo degli Irochesi », *La Repubblica*, 7, 8 febbraio= « Pensée Mythique et pensée scientifique », *L'Herne 82 Lévi-Strauss*, 2004, Éditions de L'Herne, Paris■
« Siamo tutti canibali », *La Repubblica*, 10 octobre= « Nous sommes tous des cannibales » dans *L'Herne 82 Lévi-Strauss*, 2004, Éditions de L'Herne, Paris■ →「われらみな食人《カニバル》種」泉克典訳，『思想』1016 (2008)
« Présentation », *Ethinies*, 14, Chroniques d'une conquête■
「20世紀の出口で」(談話) 川田順造構成，渡辺公三訳，『中央公論』108 (7)■

1994

Saudades do Brazil, Plon, Paris →『ブラジルへの郷愁』(1995) 川田順造訳，み

antropologica e historia, Mexico▲

« Avant-propos », in Paul Bouissac, Micheal, Micheal Hertfeld et Ronald Posner eds., *Iconicity. Essays on the Nature of Culture. Festshrift for Thomas A. Sebeok on his 65th birthday*, Stauffenburg verlag, Tübingen◆

« Préface », in *Histoire de la famille*, Armand Colin, Paris◆

1987

« Trois images du folklore japonais » (en collaboration avec Maurice Coyaud), in *De la voûte céleste au terroir, du jardin au foyer. Textes offerts á Lucien Bernot*, Éditions de l'École des hautes études en sciences sociales, Paris●

« Hérodote en mer de chine », *Poikilia Études offerets à Jean-Pierre Vernant*, Éd. de l'École des hautes études en sciences sociales, Paris●→「シナ海のヘロドトス」中村忠男訳,『象徴図像研究』7（1993）

« De la fidélité au texte », *L'Homme. Revue française d'anthropologie*, 101●

« Musique et identité culuturelle », *Inharmoniques*, 2

« Le Cadre et les œuvres », *Le Débat*, 44■

« Raymond Lévi-Strauss », *Catalogue de la Biennale 1987*, Grand Palais, Société nationale des Beaux-arts◆

1988

De près et de loin, (avec Didier Eribon), Odile Jacob, Paris →『遠近の回想』（1991）竹内信夫訳，みすず書房

« Exode sur *Exode* », *L'Homme. Revue française d'anthropologie*, 106–107●

« …Nous avons lui et moi essayé de faire à peu près la même chose », in *André Leroi-Gourhan ou les voies de l'homme*, Albin Michel, Paris●

« La figlia del fratello del padre. Il matrimonio nel mondo arabo », *Uomo & Culutura. Rivista di Studi Anthropologici*, 41–44■

「混合と独創の文化 世界の中の日本文化の位置」大橋保夫訳,『中央公論』（1988）（国際日本文化研究センターにおける講演）▲

« Allocution prononcée à l'occasion de la remise de l'épée », in *Discours de réception de Georges Duby à l'Académie française*, Gallimard, Paris▲

« On ne peut pas penser à tout », *L'Express*, 27 mai■

1989

Des symboles et leur doubles, Plon, Paris

« Préface », in Bill Reid et Robert Bringhust, *Le Dit du corbeau*, Alpha Bleue, Paris◆

「神話と歴史の間」（江藤淳との対談),『諸君』21(1)（1900）▲

« Il segreto delle donne », *La Repubblica*, 14 novembre■

« Se il mondo è alla rovescia », *La Repubblica*, 6–7 agosto■

1990

De près et de loin, éd. ang. →『遠近の回想』（増補新版，2008）竹内信夫訳，みすず書房

« Exposé devant le Groupe 1985 (9 mai 1963) », in *Modernisation ou décadence*, Publications de l'Université de Provence, Aix-en-Provence■

« The Brendts: an appreciation », in R. T. Tonkinson and M. Howard, eds., *Going it Alone? Prospects for Aboriginal Autonomy,* Aboriginal Press, Canberra◆

« Introductory address », in Dan Eban, ed., *Art as Means of Communication in*

るかなる視線』（第１分冊，1986）三保元訳，第５章の初出の一部分

« De la possibilité mythique à l'existence sociale », *Le Débat*, 19●→「神話の可能性から社会的実存へ」『はるかなる視線』（第２分冊，1988）三保元訳，第11章の初出

« Résumé des cours et travaux (1981–1982, Comparaisons sur l'Afrique) », *Annuaire du Collège de France*, 82ᵉ année★ =*PD* 5ᵉ partie. 6

1983

Le Regard éloigné, Plon, Paris →『はるかなる視線1・2』（1986/1988）三保元訳，みすず書房

« Histoire et ethnologie », *Annales, Économies, sociétés, civilisations*, 38 (6)● →「歴史学と文化人類学」吾郷健二・西村牧夫・小熊和郎訳，『西南学院大学フランス語フランス文学論集』20（1984）→「歴史学と民族学」杉山光信訳・解説，『思想』727（1985）

« Mito e società », *Prometeo*, I (1)■

« A statement », in *A Tribute to Roman Jakobson 1896–1982*, Mouton, Berlin, New York■

1984

Paroles données, Plon, Paris (=*PD*) →『パロール・ドネ』（2009）中沢新一訳，講談社選書メチエ

« Du mariage dans degré rapproché », in Jean-Claude Galay ed., *Différences, valeurs hiérarchie: textes offertes à Louis Dumont*, Éditions de l'École des hautes études en sciences sociales, Paris●→「近親等者の婚姻」『はるかなる視線』（第１分冊，1986）三保元訳，第６章の初出

« Un témoignage de Claude Lévi-Strauss sur Franz Boas », *Études/Inuit/studies*, 8■

« Necrologie de Raymond Aron », *Annuaire du Collège de France*, 84ᵉ année■

1985

La Potière jalouse, Plon, Paris →『やきもち焼きの土器つくり』（1990）渡辺公三訳，みすず書房

« D'un oiseau l'autre: un exemple de transformation mythique », *L'Homme. Revue française d'anthropologie*, 25(1)●

« Quand mythe devient histoire. Où finit la mythologie et où commence l'histoire », *Le Magazine Littéraire*, 223●

1986

『現代世界と人類学　第三のユマニスムを求めて』（東京での講演録）川田順造・渡辺公三訳，サイマル出版会，東京 →『レヴィ＝ストロース講義――現代世界と人類学』と改題のうえ平凡社ライブラリー（2005）

« Fernand Braudel », *Esprit*, 111■

« Discours de M. Claude Lévi-Strauss », in *Discours de réception de M. Fernand Braudel de l'académile Française et réponse de Maurice Druon*, Arthayd, Paris▲

« Allocution de Claude Lévi-Strauss prononcée lors de la cérémonie d'hommage à Georges Henri Rivière le 26 novembre 1985 », *Ethnologie française*, 16 (2)▲

« Carta dirigida a los participantes en el simposio "Palabra devueltas", 28, 29, y 30 de noviembre de 1984 », in Jesús Jauregui et Yves-Marie Gourio eds., *Parabras devient: homenaje a Claude lévi-Strauss, Instituto nacional de*

« Réponse de M. Claude Lévi-Strauss », in *Discours de réception de M. Geroges Dumézil à l'Académie française et réponse de M. Claude Lévi-Strauss,* Gallimard, Paris▲→「デュメジルへの賛辞」吉田敦彦訳,『みすず』232, 234, 235

« La condition humaine à la lumière des connaissances anthropologiques », *Revue des travaux de l'Académie des science morales et politiques*, 132e année● →「民族学者と人間の条件」『はるかなる視線』(第2分冊, 1988) 三保元訳, 第2章の初出

« Exposé de M. Claude Lévi-Strauss », à la séance du samedi 13 octobre 1979, séance du clôture de colloque *Les Études japonaises en France*, Paris▲→「日本研究の意義」朝吹亮二訳,『日仏文化』40

« Résumé des cours et travaux (1978–1979, Les Problèmes de la Mélanésie) », *Annuaire du Collège de France*, 79e année★ =*PD* 5e partie. 3

1980

« À un jeune peintre », in *Anita Albus. Aquarelle 1970 bis 1980. Katalog zur Ausstellung in der Stuck-Villa München*, Insel Verlag, Frankfurt am Main◆ →「若い画家に」松枝到訳,『現代思想』13 (4) →「ある若き画家へ」『はるかなる視線』(第2分冊, 1988) 三保元訳, 第19章の初出

« Une petite énigme mythico-littéraire », *Le temps de la réflexion*, 1●→「神話＝文学のある小さな謎」『はるかなる視線』(第2分冊, 1988) 三保元訳, 第16章の初出

« Blasons indiens » (en collaboration avec Jean-Marie Benoist), *Connaissance des arts*, 338●

« Anthropologie, ethnologie, ethnographie », in *Le Livre blanc de la recherche*, 8■

« Résumé des cours et travaux (1979–1980, Mélanésie (suite) et Polynésie) », *Annuaire du Collège de France*, 80e année★ =*PD* 5e partie. 4

1981

« Culture et nature. La condition humaine à la lumière de l'anthrpologie », *Commentaire*, 15●

« Trois souvenirs de Wilson Duff », in Donald N. Abbott ed., *The World is as Sharp as a Knife: an anthology in honor of Wilson Duff*, British Columbia Provincial Museum, Victoria◆

« Chanson madécasse », in *Orients: pour Georges Condominas*. Sudestasie/Privat, Paris/Toulouse●→「おちこちに読む」『はるかなる視線』(第1分冊, 1986) 三保元訳, 第5章の初出の一部分

« Le métier perdu », *Le Débat*, 10■

« La biologie, science exemplaire », *Le Nouvel Observateur*■→「生物学, 範例としての科学」浜名優美訳,『現代思想』10 (6) (1982)

« Avant-propos », in Victor Klagsbald, *Catalogue raisonné de la collection juive du musée de Cluny*, Édition de la Réunion des Musées Nationaux, Paris◆

« Résumé des cours et travaux (1980–1981, Comparaisons: Nouvelle-Zélande, Madagascar, Micronésie) », *Annuaire du Collège de France*, 81e année★ =*PD* 5e partie. 5

1982

« L'adieu à la cousine croisée », in *Les Fantaisies du voyageur, XXXIII variations Schaeffer, Société française de Musicologie*●→「おちこちに読む」『は

Centre Georges Pompidou. Musée national d'art moderne, 1er juin–19 septembre, Paris■→「ニューヨーク・あと追いと予示の町」『はるかなる視線』（第２分冊，1988）三保元訳，第20章の初出→「後示——予示形象としてのニューヨーク」加川順治訳，『GS』6（1987）
« Les dessous d'un masque », *L'Homme. Revue française d'anthropologie*, 17 (1)■
« Réponse à Edmund Leach », *L'Homme. Revue française d'anthropologie*, 17 (2–3)■
「レヴィ＝ストロース『悲しき熱帯』を語る」川田順造訳・構成，『中央公論』92 (11)▲
「民族学者の責任（講演要旨）」（渡邊守章訳・要約），『朝日ジャーナル』19 (46)（1900）▲
« Résumé des cours (1976–1977, La Notion de maison) », *Annuaire du Collège de France*, 77e année★＝*PD* 5e partie. 1

1978

Myth and Meaning: Five Talks for Radio, Toronto University Press, Toronto →『神話と意味』（1996）大橋保夫訳，みすず書房
« Une préfiguration anatomique de la gémellité », in *Systèmes de signes. Textes réunis en hommage à Germaine Dieterlen*, Hermann, Paris●→「双生児出産の解剖学的予示」『はるかなる視線』（第２分冊，1988）三保元訳，第15章の初出
« Science forever incomplete », *Johns Hopkins Magazine*, 29■
「神話とは何か」大橋寿美子訳，『みすず』215（1978）（東京日仏学院における講演，1977. 11. 22）▲
「構造主義再考」三好郁朗訳，『海』10 (2)▲→『構造・神話・労働——レヴィ＝ストロース日本講演集』みすず書房
「未開と文明」（大橋保夫との対談）大橋寿美子訳，『季刊人類学』9 (2)▲→『構造・神話・労働——レヴィ＝ストロース日本講演集』（1979）みすず書房
« Deuxième entretien avec Claude Lévi-Strauss », in Raymond Bellour, *Le Livre des autres*, Bourgois, Paris▲→「レヴィ＝ストロースとの対話——その２」，レーモン・ベルール『構造主義との対話』（1980）古田幸男・川中子弘訳，日本ブリタニカ
« Résumé des cours et travaux 1977–1978, Considérations sur l'Indonésie », *Annuaire du Collège de France*, 78e année★＝*PD* 5e partie. 2

1979

『構造・神話・労働　レヴィ＝ストロース日本講演集』（78年来日時の講演集）大橋保夫編，三好郁朗他訳，みすず書房
« Pythagoras in America », in R. H. Hook, ed., *Fantasy and Symbol. Studies in Anthropological Interpretation* (*Essays in Honor of Georges Devereux*), Academic Press, London, New York, San Francisco●→「アメリカのピタゴラス」『はるかなる視線』（第２分冊，1988）三保元訳，第14章の初出
« Noble Savages », in *Culture science et développemenet: Contribution à une histoire de l'homme. Mélanges en l'honner Charles Morazé*, Privat, Toulouse●
« Et indiannersamfund og dets stil », *Hikuin*
« Margaret Mead », *MSN informations*, 28■
« Remembering Margaret Mead », *The UNESCO Courier*, 32■
« Crisis in Social Science », *Society*, 60■

男・渡邊守章，渡辺公三訳，ちくま学芸文庫

« Propos retardataires sur l'enfant créateur », *La Nouvelle Revue des deux mondes*, janvier●→「創造的児童あと追いの記」『はるかなる視線』（第２分冊，1988）三保元訳，第21章の初出

« De Chrétien de Troyes à Richard Wagner, Parsifal », *Programmhefte der Bayreuther Festspiele*, 19●→「クレティアン・ド・トロワからリヒアルト・ワーグナーへ」『はるかなる視線』（第２分冊，1988）三保元訳，第17章の初出

« Mythe et oubli », in Julia Kristeva ed., *Langue, discours, société. Pour Émile Benveniste*, Le Seuil, Paris●→「神話と失念」『はるかなる視線』（第２分冊，1988）三保元訳，第13章の初出

« Anthropologie », *Diogène*, 90●→「人類学」松田清訳，『ディオゲネス』11（1980）

« Histoire d'une structure », in W. E. A. Van Beek and J. H. Scherer, eds., *Explorations in the Anthropology of Religion. Essays in honor of Jan Van Baal*, Martinus Nijhoff, The Hague●

« Anthropologie, histoire, idéologie » (en collaboration avec Marc Augé et Maurice Godelier), *L'Homme. Revue française d'anthropologie*, 15 (3–4)▲→「人類学，歴史，イデオロギー」（M. オジェ，M. ゴドリエとの対談）岩野卓司訳，『現代思想』13 (4)（1985）

« Résumé des cours (1974–1975, Cannibalisme et travestissement rituel) », *Annuaire du Collège de France*, 75e année★ =*PD* 3e partie. 7

1976

« Cosmopolitisme et schizophrénie », in Jean Poirier et François Raveau, eds., *L'Autre et l'ailleurs. Hommage á Roger Bastide*, Berger-Levrault, Paris●→「宇宙性と分裂病」『はるかなる視線』（第２分冊，1988）三保元訳，第12章の初出

« Préface », in Roman Jakobson, *Six Leçons sur le son et le sens*, Minuit, Paris◆→「序」『音と意味についての六章』所収（1977）花輪光訳，みすず書房→「言語学の教訓」『はるかなる視線』（第２分冊，1988）三保元訳，第９章の初出

« Réflexions sur la liberté », *La Nouvelle Revue des deux mondes*, novembre●→「自由についての考察」『はるかなる視線』（第２分冊，1988）三保元訳，第21章の初出

« Structuralisme et empirisme », *L'Homme. Revue française d'anthropologie*, 16 (2–3)●→「構造主義と経験主義」『はるかなる視線』（第１分冊，1986）三保元訳，第８章の初出

« Anthoropologia », in *Enciclopedia del Novecento*, Instituto dell' enciclopedia Italiana■

« Hommage à Émile Benveniste », *L'Homme. Revue française d'anthropologie*, 16 (4)■

« Résumé des cours (1975–1976, Ordre et désordre dans la tradition orale) », *Annuaire du Collège de France*, 76e année★ =*PD* 3e partie. 8

1977

Identité, séminaire interdisciplinaire dirigé par Claude Lévi-Strauss, Grasset, Paris

Behind the Masks (Film produced by National Film Board of Canada) 36 min. 40 s.

« New York post- et préfiguratif », Catalogue de l'exposition. *Paris-New York*,

« Préface » à *L'invention du monde chez les indiens pueblos,* par Sébag, L., Maspéro◆
« De quelques rencontres », *L'Arc*, 46 →「いくたびかの出会い」塙嘉彦訳，『現象学研究』（1976）
« Résumé des cours (1970–1971, L'Homme nu 4) », *Annuaire du Collège de France*, 71ᵉ année★ =*PD* 2ᵉ partie. 9

1972

« La mère des fougères », in Jacqueline Thomas, Lucien Bernot eds., *Langues et techniques, nature et société. Mélanges offerts à André G. Haudricourt*, Klincksieck, Paris●
« Structuralisme and ecology », Gildersleeve lecture delivered March 28 at Barnard College, New York▲→「構造主義と生態学」『はるかなる視線』（第1分冊，1986）三保元訳，第7章の初出
« Religion, langue et histoire: à propos d'un texte inédit de Ferdinand de Saussure », in *Mélanges en l'honneur de Fernand Braudel. 2. Méthodologie de l'histoire et des sciences humaines*, Privat, Toulouse●→「宗教・言語・歴史——フェルディナン・ド・ソシュールの未刊原稿をめぐって」『はるかなる視線』（第2分冊，1988）三保元訳，第10章の初出
« Interview with Claude Lévi-Strauss », *Psychology Today*, 5▲→「構造人類学の父レヴィ＝ストロース（インタヴュー）」篠崎実訳，『現代思想』13 (4)（1985）
« Résumé des cours (1971–1972, Discussions sur l'atome de parenté) », *Annuaire du Collège de France*, 72ᵉ année★ =*PD* 4ᵉ partie. 2

1973

Anthropologie structurale deux, Plon, Paris=*AS2*
« Réflexions sur l'atome de parenté », *L'Homme. Revue française d'anthropologie*, 13 (3)● =*AS2* chap. 7
« Le problème des sciences humaines au Collège de France », *La nouvelle Revue des deux mondes*, novembre■
« Discours de Claude Lévi-Strauss », *Praemium Erasmianum* MCMLXXII, Stichting Praemium Eramianum, Amsterdam▲
« Musique Universelle », in *Musique en jeu*, 12, Le Seuil, Paris■→「普遍的音楽」伊東晃訳，『エピステーメー』4 (10)（1978）
« Résumé des cours (1972–1973, État actuel des études bororo) », *Annuaire du Collège de France*, 73ᵉ année★ =*PD* 4ᵉ partie. 3

1974

Discours prononcés dans la séance publique tenue à l'Académie française pour la réception de Claude Lévi-Strauss à l'Académie française le jeudi 27 juin 1974, Institut de France, Paris
« Eveline Lot-Falck (1918–1974) », *Annuaire de l'École pratique des hautes études (sciences religieuses)*, 1973–1974■
« Bill Reid », in *Bill Reid*, Vancouver art gallery◆
« Résumé des cours (1973–1974, Le Graal en Amérique) », *Annuaire du Collège de France*, 74ᵉ année★ =*PD* 3ᵉ partie. 6

1975

La voie des masques, Éditions d'art Albert Skira (Les sentiers de la création), Genève →『仮面の道』（1977/2018）山口昌男・渡邊守章訳，新潮社／山口昌

食卓作法の起源』（2007）渡辺公三他訳，みすず書房
« Religions comparées des peuples sans écriture », in *Problèmes et méthodes d'histoire des religions*, Presses Universitaires de France, Paris●=*AS2* chap. 5
« Hommage aux sciences de l'homme », *Informations sur les sciences sociales*, 7 (2)■
« The concept of primitiveness », Richard Lee and Irven Devore, eds., *Man the Hunter*, Aldine, Chicago●
« Événement et schéma (discussion) » (en collaboration avec Jean Guiart), *L'Homme. Revue française d'anthropologie*, 8 (1)■
« La Grande aventure de l'ethnologie », *Le Nouvel Observateur*, 166■
« The savage mind », Letter, *Man*, 3 (3)◆
« Résumé des cours (1967–1968, L'Homme nu 2) », *Annuaire du Collège de France*, 68e année★=*PD* 2e partie. 6
« Lettre », in Catherine Backès-Clément, *Claude Lévi-Strauss ou la structure de malheur*, Seghers, Paris■→「ブラジル共和国大統領・アルトゥール・コスタ・エ・シルバ将軍閣下への公開状」伊藤晃訳，バケス＝クレマン『レヴィ＝ストロース　構造と不幸』（1974）大修館書店
1969
« Résumé des cours (1968–1969, Interlude: brouillard et le vent) », *Annuaire du Collège de France*, 69e année★=*PD* 2e partie. 7
1970
« Champignon dans la culture. À propos d'un livre de R. Gordon Wasson », *L'Homme. Revue française d'anthropologie*, 10 (1)●=*AS2* chap. 12
« Extrait », in Catherine Backès-Clément, *Claude Lévi-Strauss ou la structure de malheur*, Seghers, Paris■→「構造主義と人間科学――インセスト・神話・コード」伊藤晃訳，『現代思想』1–5（1973）→「未刊のテクスト」，バケス＝クレマン『レヴィ＝ストロース　構造と不幸』（1974）伊藤晃訳，大修館書店
« Résumé des cours (1969–1970, L'Homme nu 3) », *Annuaire du Collège de France*, 70e année★=*PD* 2e partie. 8
1971
Mythologique IV. L'Homme nu, Plon, Paris→『神話論理 IV　裸の人』（第 1 分冊，2008，第 2 分冊，近刊）吉田禎吾他訳，みすず書房
« Race et culture », *Revue internationale des sciences sociales*, 23 (4)▲→「人種と文化」『はるかなる視線』（第 1 分冊，1986）三保元訳，第 1 章の初出
« Comment meurent les mythes », *Esprit*, 39=*AS2* chap. 14●
« Rapports de symétrie entre rites et mythes de peuples voisines », in Thomas O. Beidelman, ed., *The translation of Culture. Essays to E. E. Evans-Pritchard*, Tavistock Publications, London●=*AS2* chap. 13
« L'Express va plus loin avec Claude Lévi-Strauss », *L'Express*, 15–21 mars▲→「レヴィ＝ストロースは語る」久米博訳，『みすず』141（1971）
« Les temps du mythe », *Annales, Économies, sociétés, civilisations*, 26 (3–4)●
« Boléro de Maurice Ravel », *L'Homme. Revue française d'anthropologie*, 11 (2)■→「ラヴェルのボレロ」笠羽映子訳，『現代思想』13 (4)（1985）
« The deduction of the crane », in Pierre and Elli K. Maranda, eds., *The Structural Analysis of Oral Tradition*, University of Pennsylvania Press, Philadelphia●

=*AS2* chap. 15
« Présentation du Laboratoire d'anthropologie sociale », *Revue de l'enseigement supérieur*, 3◆
« Les sources polluées de l'art », *Arts-losirs*, 7-13 avril■
« The archaic illusion », *Journal of History and the Social Science*, 1 (1)■
« Entretien avec M. Delahaye et Jacques Rivette », *Les Cahiers du cinéma*, 26◆→「スペクタクルの快感を求めて――レヴィ＝ストロース映画を語る」仲川譲訳，『中央公論』3 (1)（1971）
« Résumé des cours (1964-1965, Esquisse pour un bestiaire américain) », *Annuaire du Collège de France*, 65e année★ =*PD* 3e partie. 3
1966
Mythologique II. Du miel aux cendres, Plon, Paris →『神話論理 II　蜜から灰へ』（2007）早水洋太郎訳，みすず書房
« The work of the Bureau of Americcan Ethnology and its lessons », in S. Dillon Ripley, ed., *Knowledge Among Men: Eleven Essays on Science, Culture and Society Commemorating the 200th Anniversary of the Birth of James Smithson*, Simon and Schuster, New York◆ =*AS2* chap. 4
« À propos d'une rétrospective », *Arts*, 60◆ =*AS2* chap. 15
« Durables vérités du monde », *Cahiers de l'Institut de la vie*, 4■
« The scope of anthropology », *Current Anthropology*, 7 (2)●
« A conversation with Claude Lévi-Strauss »（interview with George Steiner), *Encounter*, 4◆→「クロード・レヴィ＝ストロースとの対話」田島節夫訳・解説，『みすず』86（1966）
« Anthropology: its achivement and future », *Current Anthropology*, 7 (2)●→「人類学，その成果と将来」田島節夫訳，『みすず』93（1967）
« The disapperance of man », *The New York Review*, 28, juillet■
« Résumé des cours (1965-1966, L'Homme nu 1) », *Annuaire du Collège de France*, 66e année★ =*PD* 2e partie. 4
1967
The Scope of Anthropology, Cape, London
Les Structures élémentaires de la parenté (nouvelle édition revue et corrigée), La Haye, Mouton, Paris
« Vingt ans après », *Les Temps Modernes*, 256■
« Le sexe des astres », in *To honor Roman Jakobson. Essays on the Occasion of his Seventieth Birthday*, 11 October 1966, La Haye, Mouton=*AS2* chap. 11●→「天体の性別」『構造主義』（1978）光延明洋訳，研究社出版
« Entretien avec Claude Lévi-Strauss » (avec Raymond Bellour), *Les lettres françaises*, 1165▲→「レヴィ＝ストロースとの対話――その1」，レーモン・ベルール『構造主義との対話』（1980）古田幸男・川中子弘訳，日本ブリタニカ
« The savage mind », *Man*, 2 (3)◆
À propos de « Lévi-Strauss dans le XVIIIe siècle », *Cahier pour l'analyse*, 8■
« L'anthropologie sociale », *Science*, 47■
« Résumé des cours (1966-1967, L'Origine des manières de table 2) », *Annuaire du Collège de France*, 67e année★ =*PD* 2e partie. 5
1968
Mythologique III. L'Origine des manières de table, Plon, Paris →『神話論理 III

ソー」塙嘉彦訳,『現代人の思想15　未開と文明』(1969) 平凡社
« Les limites de la notion de structure en ethnologie », in Roger Bastide, éd., *Sens et usages du terme structure*, *La Haye*, Mouton●
« L'ethnologue avant l'heure », *Les Nouvelle littéraires*, 29 novembre■
« Résumé des cours (1961–1962, Le Cru et le cuit/Recherches sur la parenté et le mariage) », *Annuaire du Collège de France*, 62e année★ =*PD* 2e partie. 1/ 4e partie. 1

1963

« Les discontinuités culturelles et le développement économique et social », *Information sur les sciences sociales*, 2 (2)◆ =*AS2* chap. 17
« Réponses à quelque questions », *Esprit*, 11◆→「構造主義とは何か——レビ＝ストロースは答える」, J. ＝ M. ドムナック編『構造主義とは何か——そのイデオロギーと方法』(1968) 伊東守男訳, サイマル出版会→平凡社ライブラリー, 2004年
« Marques de propriété dans deux tribus sud-américaines », *L'Homme. Revue française d'anthropologie*, 3 (3)●
« A. Métraux (1902–1963) » (en collaboration avec R. d'Harcourt), I, 52■
« The bear and the barbar. *The Henry Myers Memorial Lecture 1962* », *Journal of the Royal Anthropological Institute of Great Britain and Ireland*, 93 (1)◆
« Résumé des cours (1962–1963, Du miel aux cendres) », *Annuaire du Collège de France*, 63e année★ =*PD* 2e partie. 2

1964

Mythologique I. Le Cru et le Cuit, Plon, Paris →『神話論理 I　生のものと火を通したもの』(2006) 早水洋太郎訳, みすず書房
« Critère scientifiques dans les disciplines sociale et humaines », *Revue internationale des sciences sociales*, 16 (4)● =*AS2* chap.16
« Reciprocity, the essence of social life », in Rose L. Coser, ed., *The Family: its Structures and Functions*, St. Martin's Press, New York●
« Hommage à Alfred Métraux », *L'Homme. Revue française d'anthropologie*, 4 (2)■
« Alfred Métraux 1902–1963 », *Annales de l'Université de Paris*, 1■
« Lucien Sebag », *Journal de la Société des Américanistes*, 53■
« Sur quelque problèmes posés par l'étude des classifications primitives », in *Mélanges Alexandre Koyré*, Herman, Paris●
« Résumé des cours (1963–1964, L'Origine des manière de table 1) », *Annuaire du Collège de France*, 64e année★ =*PD* 2e partie. 3

1965

« The future of kinship studies. *The Huxley Memorial Lecture 1965* », Proceeding of the Royal Anthropological institute of Great Britain and Ireland◆ →「親族研究の未来」近藤宏訳,『思想』1016 (2008)
« Le triangle culinaire », *L'Arc*, 26●→「料理の三角形」西江雅之訳,『レヴィ＝ストロースの世界』(1968) みすず書房
« L'art en 1985 », *Arts*, 713, avril◆ =*AS2* chap. 15
« Réponse à un questionnaire sur la critique littéraire », *Paragone*, 182◆ =*AS2* chap. 15
« Civilisation urbaine et santé mentale », *Cahiers de l'Institut de la vie*, 4◆

d'anthropologie sociale, Paris=*AS2* chap. 1 →「人類学の課題」『今日のトーテミスム』(1970) 所収, 仲澤紀雄訳, みすず書房

« Four Winnebago myths. A structural sketch », in Stanley Diamond ed., *Culture in Hisotry: Essays in Honor of Paul Radin*, Columbia University Press, New York=*AS2* chap. 10●→「ウィネバゴ族の四つの神話——構造論的素描」井上兼行訳,『ユリイカ』2 (12) (1970)

« Ce que l'ethnologie doit à Durkheim », *Annales de l'Université de Paris*, 1◆ =*AS2* chap. 3

« Le problème de l'invariance en anthropologie », *Diogène*, 31●→「人類学における不変の問題」『ディオゲネス』1 (1980) 石毛直道・稲浦嘉頴訳, 河出書房新社

« Les trois sources de la réflexion ethnologique », *Revue de l'enseignement supérieur*, I■

« L'anthropologie sociale devant l'histoire », *Annales, Économies, sociétés, civilisations*, 15 (4)●

« On manipulated sociological models », *Bijdragen tot de Taal-, Land-, en Volkenkunde*, 116 (1)● =*AS2* chap. 6

« La structure et la forme. Réflexions sur un ouvrage de Vladimir Propp », *Cahiers de l'institut de science économique appliquée*, 9● =*AS2* chap. 8

« Méthodes et conditions de la recherche ethnologique françaies en Asie », *Colloque sur les recherches des instituts français de sciences humaines en Asie*, Fondation Singer Polignac, Paris ★

« Résumé des cours (1959–1960, L'avenir d'ethnologie/Trois dieux hopi) », *Annuaire du Collège de France*, 60e année ★ =*PD* 1e partie. 1/3e partie. 1

1961

Entretiens avec Claude Lévi-Strauss, (avec Georges Charbonnier), Plon-Juillard, Paris →『レヴィ＝ストロースとの対話』(1970) 多田智満子訳, みすず書房

« La crise moderne de l'anthropologie », *Le Courrier de l'UNESCO*, 14e année (11)■

« Le métier d'ethnologue », *Annales, Revue mensuelle des lettres françaises*, 129■

« La chasse rituelle aux aigles », *Annuaire de l'École pratique des hautes études (sciences religieuses)*, 1959–1960◆ =*PD* annexe. 9

« Les Nombreux visages de l'homme », *Le Théâtre dans le monde*, 10 (1)

« Résumé des cours (1960–1961, Le Totémisme aujourd'hui et la Pensée sauvage/Un Mythe iroquois) », *Annuaire du Collège de France*, 61e année ★ =*PD* 1er partie. 1/ 3e partie. 2

1962

Totémisme aujourd'hui, Presses Universitaires de France, Paris →『今日のトーテミスム』(1970) 仲澤紀雄訳 , みすず書房

La Pensée sauvage, Plon, Paris →『野生の思考』(1976) 大橋保夫訳, みすず書房

« Les "Chats" de Charles Baudelaire » (en collaboration avec Roman Jakobson), *L'Homme. Revue française d'anthropologie*, 2 (1)●→「シャルル・ボードレールの『猫たち』」『詩の記号学のために』(1985) 花輪光編, 書誌風の薔薇／水声社

« Jean-Jacques Rousseau, fondateur des sciences de l'homme », in *Jean-Jacques Rousseau*, La Baconnière, Neuchâtel◆ =*AS2* chap. 2→「人類学の創始者　ル

« Sur les rapports entre la mythologie et le rituel », *Bulletin de la société française de philosophie*, 50 (3)●
« La fin des voyages », *L'actualité littérature*, 26■
« Jeu de société », *United States Lines, Paris Reviw*, special number on games■ =*L'Herne 82 Lévi-Strauss,* 2004, Éditions de L'Herne, Paris

1957

Titres et Travaux Projet d'enseignement, Centre de documentation universitaire, Paris
« The principle of reciprocity: the essence of life », in Lewis A. Coser and Bernard Rosenberg, eds., *Sociological Theory. A Book of Readings*, Mcmillan, New York●
« Le symbolisme cosmique dans la structure sociale et l'organisation cérémonielle de plusieurs populations nord et sud-américaines », in *Le symbolisme cosmique des monuments religieux, série orientale* Roma, 14, Institut pour l'étude de l'orient et de l'extrême orient ★
« Recherches récentes sur la notion d'âme », *Annuaire de l'École pratique des hautes études (sciences religieuses)*, 1956–1957★ =*PD* annexe. 6
« These cooks did not spoil broth », *The UNESCO Courier*, 10■
« Lettre à André Breton », in André Breton et Gérard Legrand, *L'art magique*, Club français du livre, Paris■→「アンケート」鈴木雅雄訳，アンドレ・ブルトン『魔術的芸術』巖谷國士監修，河出書房新社（1997）

1958

Anthropologie structurale, Plon, Paris →『構造人類学』（1972）荒川幾男他訳，みすず書房
« One world, many societies », *Way Forum*, March■
« Le dualisme dans l'organisation sociale et les représentations religieuses », *Annuaire de l'École pratique des hautes études (sciences religieuses)*, 1957–1958★ =*PD* annexe. 7
« Documents Tupi-Kawahib », in *Miscellanea Paul Rivet*, Mexico■
« Préface », in Marcel le Bouteiller, *Sorciers et jeteurs de sort*, Plon, Paris◆

1959

« Marcel Mauss », *Encyclopedia Britannica*, 14■
« Passage Rites », *Encyclopedia Britannica*, 17■
« La geste d'Asdiwal », *Annuaire de l'École pratique des hautes études (sciences religieuses)*, 1958–1959● =*AS2* chap. 9 →「アスディワル武勲詩」西澤文昭訳，『現代思想』1 (5)（1973→『アスディワル武勲詩』（1974），西澤文昭・内堀基光訳，青土社
« Amérique du nord et Amérique du sud », in catalogue de l'exposition. *Le Masque*, Musée Guimet décembre 1959–septembre 1960, Éditions des Musée nationaux, Paris■
« Préface », in D. C. Talayesva, *Soleil hopi*, Plon, Paris◆
« Le problème des relations de parenté », in *système de parenté: entretien interdisciplinaires sur les sociétés musulmanes*, École des hautes études, sixième section: Sciences économiques et sociales★

1960

Leçon inaugurale faite le mardi 5 janvier, Collège de France, Chaire

supplement to International Journal of American Linguistics, 19 (2.2), org. ver, « Toward a general theory of communication », paper submitted to the *International conference of linguistics and anthropologists*, 3, University of Indiana, Bloomington, (miméographié, 1952)★→「言語学と人類学」佐々木明訳,『構造人類学』(1972) 第4章の初出

1954

« Place de l'anthropologie dans les sciences sociales et problèmes posés par son enseignement », in *Les Sciences sociales dans l'enseignement supérieur*, UNESCO, Paris● →「社会科学における人類学の位置，および，人類学の教育が提起する諸問題」川田順造訳,『構造人類学』(1972) 第17章の初出

« Recherches de mythologie américaine (2) », *Annuaire de l'École pratique des hautes études (sciences religieuses)*, 1953–1954★=*PD* annexe. 3

« L'art de déchiffrer les symboles », *Diogène*, 5■

« Qu'est-ce qu'un primitif? », *Le Courrier de l'UNESCO*, 8–9■

« Notice nécrologique de Maurice Leenhardt », *Annuaire de l'École pratique des hautes études*■

1955

Tristes Tropiques, Plon, Paris →『悲しき熱帯（上・下)』(1977) 川田順造訳, 中央公論社

« Diogène couché », *Les Temps Modernes*, 110●

« Les mathématiques de l'homme », Bulletin international des sciences sociales, 6 (4)=repris dans *Cahier de L'Herne 82 Lévi-Strauss*, 2004, Édition de L'Herne, Paris●→「人間の数学」泉克典訳,『思想』1016

« The structural study of myth », *Journal of American Folklore*, 68 (270)★→「神話の構造」田島節夫訳,『構造人類学』(1972) 第11章の初出

« Rapport entre la Mythologie et le rituel », *Annuaire de l'École pratique des hautes études (sciences religieuses)*, 1954–1955★=*PD* annexe. 4

« Les structures élémentaires de la parenté », in *La Progénèse*. Centre international de l'enfance (Travaux et documents 8), Masson, Paris◆

« How the gift started », *The UNESCO Courier*, 8■

« Réponse à Roger Caillois », *Les Temps Modernes*, 111■

« Des indiens et leur ethnographe », *Les Temps Modernes*, 116●

1956

« The Family », in Harry L. Shapiro, ed., *Man, Culture and Society*, Oxford University Press, New York●→「家族」『文化人類学リーディングス』(1968) 原ひろ子訳, 誠信書房→「家族」『レヴィ＝ストロース——変貌する構造』(1987) 芳川泰久訳, 国文社→「家族」『はるかなる視線』第3章の初出

« Les organisations dualistes existent-elles? », *Bijdragen tot de Taal-, Land-, en Volkenkunde*, 112 (2)●→「双分組織は存在するか」生松敬三訳,『構造人類学』(1972) 第8章の初出

« Structure et dialectique », in Morris Halle, ed., *For Roman Jakobson. Essays on the Occasion of his Sixtieth Birthday*, Mouton, The Hague● →「構造と弁証法」田島節夫訳,『構造人類学』(1972) 第12章の初出

« Les prohibitions du mariage », *Annuaire de l'École pratique des hautes études (sciences religieuses)*, 1955–1956★=*PD* annexe. 5

« Sorciers et psychanalyse », *Le Courrier de l'UNESCO*, 7–8■

l'Inde », *Syria*, 27●
« Les prohibitions matrimoniales et luer fondement psychologique », *Journal de psychologie normale et pathologique*, 43■
« Les trois humanismes », *Demain*, 354◆ = *AS2* chap. 15
« Préface », in Katherine Dunham, *Danses d'Haiti*, Fasquelle, Paris◆
« Préface », in Catherine H. Brendt, *Women's Changing Ceremonies in North Australia*, Hermann, Paris◆

1951

« Language and the analysis of social law », *American Anthropologist*, 53 (2)● →「言語と社会」佐々木明訳,『構造人類学』(1972) 第３章の初出
« Avant-propos », *Bulletin international des sciences sociales, n° spécial Asie du Sud-est*, 3◆
« Les sciences sociales au Pakistan », *id.* ■
« Miscellaneous notes on the Kuki of the Chittagong Hill tracts, Pakistan », *Man*, 51■
« Le Pakistan, foyer spiritual, réalité nationale », *Le Courrier de l'UNESCO*■

1952

Race et Histoire, UNESCO, Paris →『人種と歴史』(1970) 荒川幾男訳　みすず書房
« Kinship systems of three Chittagong Hill tribes (Pakistan) », *Southwestern Journal of Anthropology*, 8●
« Le syncrétisme religieux d'un village mogh du territoire de Chittagong », *Revue de l'histoire des religions*, 141●
« La Notion d'archaïsme en ethnologie », *Cahiers internationaux de sociologie*, XII●→「人類学におけるアルカイスムの概念」山口昌男訳,『現代人の思想15 未開と文明』(1969) 平凡社 →「民族学におけるアルカイスムの概念」生松敬三訳,『構造人類学』(1972) 第６章の初出
« Le Père Nöel supplicié », *Les Temps Modernes*, 77●→「火あぶりにされたサンタクロース」『サンタクロースの秘密』(1995) 中沢新一訳, せりか書房
« Les structures sociales dans le Brésil central et oriental », *Proceedings of the 29th International Congress of Americanists*, 3●→「中部および東部ブラジルにおける社会構造」生松敬三訳,『構造人類学』(1972) 第７章の初出
« L'Asie possède sur l'Europe une créance matérielle et morale », *Le Courrier de l'UNESCO*■
« La visite des âmes », *Annuaire de l'École pratique des hautes études* (*sciences religieuses*), 1951–1952★ =*PD* annexe. 1

1953

« Panorama de l'ethnologie (1950–1952) », *Diogène*, 2●
« Recherches de mythologie américaine (1) », *Annuaire de l'École pratique des hautes études (sciences religieuses)*, 1952–1953★ =*PD* annexe. 2
« Social structure », in Alfred L. Kroeber, ed., *Anthropology Today*, University of Chicago Press, Chicago★→「民族学における構造の概念」川田順造訳,『構造人類学』(1972) 第15章の初出
« Contributions to discussion », in Sol Tax et al., eds., *An Apparaisal of Anthropology Today*, University of Chicago Press, Chicago■
« Chapter one », *Results of the Conference of Anthropologists and Linguists*,

« French sociology », in Georges Gurvitch and Wilbert E. Moore, eds., *Twentieth Century Sociology*, Philosophical library, New York● →「フランス社会学」『二十世紀の社会学』所収（1959）加藤正泰訳，誠信書房
« Le dédoublement de la représentation dans les arts de l'Asie et de l'Amérique », *Renaissance. Revue trimestrielle publiée par École libre des hautes études*, 2 et 3● →「アジアとアメリカの芸術における図像表現の分割性」荒川幾男訳，『構造人類学』（1972）第13章の初出

1946

« The name of the Nambikwara », *American Anthropologist*, 48 (1)■
« Technique du bonheur », *Esprit*, 127●

1947

« La théorie du pouvoir dans une société primitive », *Les Doctrines politiques modernes*, Brentano's, New York●

1948

La Vie familiale et sociale des Indiens Nambikwara, Presses Universitaires de France, Paris
« The Tupi-Cawahib », « The tribes of the Upper Xingu River », « The Nambikwara », « The Tribes of the right bank of the Guaporé River », in Julian Steward ed., *Handbook of South American Indians 3*, Bureau of American Ethnology, Smithsonian Institution, Washington■
« Sur certains similarités morphogiques entre les langues chibcha et nambikwara », in *Actes du XXVIIe Congrès international des Américanistes*★
« Le serpent au corps rempli de poissons », *ibid.* ■ →「魚のつまった胴体をもつ蛇」荒川幾男訳，『構造人類学』（1972）第14章の初出
« La vie familiale et sociale des indiens Nambikwara », *Journal de la Société des Américaniste*, 37●

1949

Les Structures élémentaires de la parenté, Presses Universitaires de France, Paris →『親族の基本構造』（2000）福井和美訳，青弓社（底本は1967年刊の第２版）
« L'efficacité symbolique », *Revue de l'histoire des religions*, 85 (1)● →「象徴的効果」田島節夫訳，『構造人類学』（1972）第10章の初出
« Histoire et ethnologie », *Revue de métaphysique et de morale*, 54● →「歴史学と民族学」生松敬三訳，『構造人類学』第１章の初出
« Le sorcier et sa magie », *Les Temps Modernes*, 41● →「呪術師とその呪術」田島節夫訳，『構造人類学』（1972）第９章の初出
« La politique étrangère d'une société primitive », *Politique étrangère*, 2●

1950

« Introduction à l'œuvre de Marcel Mauss », in Marcel Mauss, *Sociologie et Anthropologie*, Presses Universitaire de France, Paris◆→「マルセル・モース論文集への序文」『社会学と人類学Ｉ』（1973）有地亨訳，弘文堂
« Marcel Mauss », *Cahiers internationaux de sociologie*, VIII■
« The use of wild plants in tropical South America », in Julian Steward ed., *Handbook of South American Indians 6*, Bureau of American Ethnology, Smithsonian Institution, Washington■
« Documents rama-rama », *Journal de la Société des Américanistes*, 39■
« Sur certains objets en poterie d'usage douteux provenant de la Syrie et de

municipal, 3 (27), São Paulo●
« Contribution à l'étude de l'organisation sociale des Indiens Bororo », *Journal de la Société des Américanistes*, 28 (2)●
« Os mais vastos horizontes do mundo », *Filosofia, ciências e letras*, 1, São Paulo■
« Entre os selvagems civilizados », *O estado de São Paulo*■
1937
Indiens du Matto-Grosso (Mission Claude et Dina Lévi-Strauss, novembre 1935–mar 1936). Guide-Catalogue de l'exposition organisée à la galerie de la ‹ Gazette des Beaux Arts › et de ‹ Beaux Arts ›, 21 janvier–3 février 1937, Muséum national d'histoire naturelle, Musée de l'Homme, Paris
« A propósito da civilização chaco-santiaguens », *Revista do arquivo municipal*, 4 (42), São Paulo■
« La Sociologie culuturelle et son enseignement », *Filosofia, ciências e letras*, 2, São Paulo■
« Poupées Karaja », *Bolteim de la sociendade de etnografia e de folklore*, 1, São Paulo■
1937–38
« Os contos de Pereault e sua significação sociológia », *Anuário da faculdade de filosofia, ciências e letras*, 1■
1942
« Guerra e comércio entre os indios da América do Sul », *Revista do arquivo municipal*, 8 (87), São Paulo●
« Indian cosmetics », *VVV*, 1■
« Souvenir of Malinowski », *VVV*, 1■
1943
« Guerre et commerce chez les Indiens de l'Amérique du sud », *Renaissance. Revue trimestrielle publiée par l'École libre des hautes études* (New York), 1, (1–2)● →「南米のインディオにおける戦争と交易」原毅彦訳,『GS』4（1986）
« The social use of kinship terms among brazilian indians », *American Anthropologist*, 45 (3)■
« The art of the northwest coast at the american museum of natural history », *Gazette des beaux-arts*, 6ᵉ série, 24●
« Simmons Leo, W., ed. *Sun Chief — The Autobiography of a Hopi Indian* », *Social Research*, 10◆
1944
« On dual organisation in South America », *America Indígena*, 4 (1)■
« The social and psychological aspects of chieftainship in a primitive tribe: the Nambikwara of northwestern Mato Grosso », *Transactions of the New York Academy of Sciences*, 7 (1)■
« Reciprocity and hierarchy », *American Anthropologist*, 46 (2)■
1945
« L'œuvre d'Edward Westermarck », *Revue de l'histoire des religions*, 129●
« L'analyse structurale en linguistique et en anthropologie », *Word, Journal of the Linguistic Circle of New York*, I (2)● →「言語学と人類学における構造分析」佐々木明訳,『構造人類学』（1972）第 2 章の初出

mars◆
« Constant Burniaux: Pages choisies », *L'Étudiant socialiste*, 6, mars◆
« Les humbles », *L'Étudiant socialiste*, 6, mars◇
« M. Bakounine: Confession », *L'Étudiant socialiste*, 7, avril◆
« G. Salvemini: Mussolini diplomate », *L'Étudiant socialiste*, 7, avril◆
« Capitalisme et sexualité », *L'Étudiant socialiste*, 7, avril◆
« Henri De Man: *Réflexions sur l'économie dirigée*, L'Églantine », *L'Étudiant socialiste*, 7, avril◆
« André Chamson. Héritages », *L'Étudiant socialiste*, 9, juin–juillet◆
« Ludwig Lewisohn: Crime passionnel », *L'Étudiant socialiste*, 2, novembre◆
« Otto Rank-Don Juan et une étude sur le double », *L'Étudiant socialiste*, 2, novembre◆→渡辺公三訳,「青年活動家レヴィ＝ストロース 4——1932年, 精神分析の研究書への書評」『みすず』576（2009）
« Europe », *L'Étudiant socialiste*, 3, décembre◇
« Les humbles », *L'Étudiant socialiste*, 3, décembre◇
« Réflexions sur la social-démocratie », *Éveil de la Meuse*, 25, décembre◆

1933

« Compte rendu de Louis-Ferdinand Céline, *Voyage au bout de la nuit* », *L'Étudiant socialiste*, 4, janvier◆→「ルイ＝フェルディナン・セリーヌ『夜の果てへの旅』」有田英也訳,『みすず』529（2003）
« A. Thibaudet: les idées politiques de la France », *L'Étudiant socialiste*, 4, janvier◆
« Israël Querido: le Jordaan », *L'Étudiant socialiste*, 5, février◆
« Les relations internationals des industries de guerre », *L'Étudiant socialiste*, 5, février◆
« Europe », *L'Étudiant socialiste*, 5, février◇
« Monde », *L'Étudiant socialiste*, 5, février◇
« Europe », *L'Étudiant socialiste*, 6, mars◇
« Monde », *L'Étudiant socialiste*, 6, mars◇
« Marianne », *L'Étudiant socialiste*, 6, mars◇
« Controverse », *L'Étudiant socialiste*, 6, mars◇
« Socialisme et Laïcité. Discours prononcé à St-Martin de Seignaux (Landes) à l'occasion de l'inauguration d'une école laïque », *L'Étudiant socialiste*, 7, avril◆
« Histoire de la guerre », *L'Étudiant socialiste*, 7, avril◆
« *Déposition de Blanc* de J. Viot », *L'Étudiant socialiste*, 7, avril◆→渡辺公三訳,「青年活動家レヴィ＝ストロース 2——1933年の書評, ジャック・ヴィオ『白人の降架』」『みすず』574（2009）
« Le désert cévenol », *L'Étudiant socialiste*, 7, avril◆

1935

« O cubismo e a vida cotidiana », *Revista do arquivo municipal*, 2 (18), São Paulo■
« Em prol de um instituto de antoropologia física e cultural », *Revista do arquivo municipal*, 2 (18), São Paulo■

1936

« Contribuição para o estudo da organisação social bororo », *Revista do arquivo*

ア『社会主義の展望』」『みすず』575（2009）
« Marcel Déat, *Perspectives socialistes* », *L'Étudiant socialiste*, 6, mars◆→同上
« *Europe* (le 15 février): Compterendu de *La Lettre à un ouvrier sur la culture et la révolution par* Jean Guéhenno », *L'Étudiant socialiste*, 6, mars◇
« L'espoir du monde », *L'Étudiant socialiste*, 6, mars◇
« Les humbles », *L'Étudiant socialiste*, 6, mars◇
« La revue anarchiste », *L'Étudiant socialiste*, 6, mars◇
« La nouvelle revue mondiale », *L'Étudiant socialiste*, 6, mars◇
« L'avenir social », *L'Étudiant socialiste*, 6, mars◇
« A. Cuvillier: Manuel de philosophie », *L'Étudiant socialiste*, 8, mai◆
« Paul Nizan, *Aden Arabie* », *L'Étudiant socialiste*, 8, mai◆→渡辺公三訳,「青年活動家レヴィ＝ストロース——1931年,『アデン・アラビア』への書評から」『みすず』573（2009）
« Les humbles », *L'Étudiant socialiste*, 8, mai◇
« Manuel de philosophie », *L'Étudiant socialiste*, 9, juin◆
« Claude Mc Kay: Banjo », *L'Étudiant socialiste*, 2, novembre◆
« Hele-Grace Carlisle: Chair de ma chair », *L'Étudiant socialiste*, 2, novembre◆
« Émile Zola raconté par sa fille », *L'Étudiant socialiste*, 2, novembre◆
« A. C. Aygueparse: Derniers feux à terre », *L'Étudiant socialiste*, 2, novembre◆
« Maurice Laudrain: vers l'ordre social », *L'Étudiant socialiste*, 2, novembre◆
« André Philip: *Socialisme et christianisme* », *L'Étudiant socialiste*, 2, novembre◆

1932

« Le processus d'auto-punition en psychologie », *L'Étudiant socialiste*, 4, janvier◆→渡辺公三訳,「青年活動家レヴィ＝ストロース 4 ——1932年, 精神分析の研究書への書評」『みすず』576（2009）
« Le Cœur aux fenêtres ouvertes », *L'Étudiant socialiste*, 4, janvier◆
« Europe », *L'Étudiant socialiste*, 4, janvier◇
« L'avenir sociale », *L'Étudiant socialiste*, 4, janvier◇
« La Critique social », *L'Étudiant socialiste*, 4, janvier◇
« Les humbles », *L'Étudiant socialiste*, 4, janvier◇
« La parole universitaire », *L'Étudiant socialiste*, 4, janvier◇
« La république des enfants », *L'Étudiant socialiste*, 5, février◆
« L'alliance franco-russe », *L'Étudiant socialiste*, 5, février◆
« Pourquoi me tairais-je? », *L'Étudiant socialiste*, 5, février◆
« Le vagabond », *L'Étudiant socialiste*, 5, février◆
« La situation dans la russie des soviets », *L'Étudiant socialiste*, 5, février◆
« L'illustration juive », *L'Étudiant socialiste*, 5, février◆
« A Vincennes sans invitation », *L'Étudiant socialiste*, 5, février◆
« L'espoir du monde », *L'Étudiant socialiste*, 5, février◇
« National-Socialisme », *L'Étudiant socialiste*, 6, mars◆
« Pour sauver la paix », *L'Étudiant socialiste*, 6, mars◆
« Pour la paix sans aucune réserve », *L'Étudiant socialiste*, 6, mars◆
« Contre la guerre avec Einstein », *L'Étudiant socialiste*, 6, mars◆
« Les cahiers de contre-enseignement prolétarien », *L'Étudiant socialiste*, 6,

レヴィ＝ストロース著作・論文リスト

1926
Gracchus Babeuf & le communisme, Maison nationale d'édition L'Églantine, Bruxelles
1927
« Une nouvelle tendance dans le socialisme belge », *La Nouvelle Revue Socialiste*, 18■
1928
« Littérature prolétarienne », *L'Étudiant socialiste*, 7, juillet-août■
« Réponse à Monde », *L'Étudiant socialiste*, 1, octobre■
« Alerte! », *L'Étudiant socialiste*, 2, novembre■
1929
« Le socialisme et la colonisation », *L'Étudiant socialiste*, 1, octobre■
1930
« Les Humbles », *L'Étudiant socialiste*, 2, novembre◇
« La lutte des classes », *L'Étudiant socialiste*, 2, novembre◇
« Georges Vidal: Aventure, poèms », *L'Étudiant socialiste*, 2, novembre◆
« Jours sombres », *L'Étudiant socialiste*, 2, novembre◇
« Souvenirs d'un socialiste-chrétien », *L'Étudiant socialiste*, 2, novembre◆
« Socialisme et christianisme », *L'Étudiant socialiste*, 2, novembre◇
« Conférence faite par M. Déat aux instituteurs et institutrices de l'Aube », *L'Étudiant socialiste*, 2, novembre■
« Les Humbles », *L'Étudiant socialiste*, 3, décembre◇
« Le jeune européen », *L'Étudiant socialiste*, 3, décembre◇
« La revue anarchiste », *L'Étudiant socialiste*, 3, décembre◇
« La lutte des classes », *L'Étudiant socialiste*, 3, décembre◇
« H. H. Lewis: Red renaissance », *L'Étudiant socialiste*, 3, décembre◆
1931
« L'espoir du monde », *L'Étudiant socialiste*, 4, janvier◇
« Les humbles », *L'Étudiant socialiste*, 4, janvier◇
« Notre temps », *L'Étudiant socialiste*, 4, janvier◇
« Das freie wort », *L'Étudiant socialiste*, 4, janvier◇
« Monde », *L'Étudiant socialiste*, 4, janvier◇
« Dix ans au bahut », *L'Étudiant socialiste*, 4, janvier◆
« L'églantine », *L'Étudiant socialiste*, 4, janvier◇
« La vie ouvriè », *L'Étudiant socialiste*, 4, janvier◇
« Europe », *L'Étudiant socialiste*, 4, janvier◇
« Menchen », *L'Étudiant socialiste*, 4, janvier◇
« L'espoir du monde », *L'Étudiant socialiste*, 5, février◇
« Les humbles », *L'Étudiant socialiste*, 5, février◇
« Le combat républicain », *L'Étudiant socialiste*, 5, février◇
« L'avenir social », *L'Étudiant socialiste*, 5, février◇
« Marcel Déat, *Perspectives socialistes* », *L'Étudiant socialiste*, 5, février◆→渡辺公三訳,「青年活動家レヴィ＝ストロース 3——1931年の書評, マルセル・デ

渡辺公三「アメリカ人類学の発生現場を検証する」『身体・歴史・人類学II——西欧の眼』言叢社，2009年

『大山猫の物語』

1991 « Plaidoyer pour le Nouveau Monde », *Nouvel Observateur*, 5–11, sep., p. 93

1991 *L'Histoire de Lynx*

オオヤマネコとコヨーテ

1991 *L'Histoire de Lynx*（邦訳，45頁）

分岐とネットワーク

1991 *L'Histoire de Lynx*

南北アメリカ神話の共鳴——双子としての兄弟

1991 *L'Histoire de Lynx*（邦訳，68頁）

不可能な双子

1991 *L'Histoire de Lynx*（邦訳，265, 274–275頁）

おわりに——自然・歴史・芸術

1963 « Réponses à quelque questions »（邦訳，53頁，訳文は変えてある）

1991 *L'Histoire de Lynx*（邦訳，285頁）

M. モンテーニュ『エセー』（三）原二郎訳，岩波文庫，1996年，319頁

Mauss, M., *Manuel d'ethnographie*, Petite bibliothèque Payot, 1950

1979 « La condition humaine... »

E. バンヴェニスト「ことばにおける主体性について」『一般言語学の諸問題』岸本通夫監訳，1983年，みすず書房，245頁

1993 « Siamo tutti canibali »

1996 « La mucca è... »

2003 « Manuela Carneiro da Cunha & Mauro Barbosa de Almeida, eds., *Enciclopedia da floresta. O Alto Jurua-praticas e conhecimentos das poplacoes* »

あとがき

Le Monde, 1999. 1. 29

種操作媒体から他者としての生物へ
2004 *Les grands entretiens de Bernard Pivot*, Liner Note（2006「『神話論理』誕生の道すじをたどる」参照）

第四章　もうひとつの豊かさの思考——神話論理の森

探検のルートマップ
1964 *Mythologique I. Le Cru et le Cuit*（邦訳，5頁，訳文は変えてある）
Id.（邦訳，6頁，訳文は変えてある）
神話による自然から文化への移行
1964 *Mythologique I. Le Cru et le Cuit*（邦訳，239頁）
神話研究の旅程
1966 « The work of the Bureau... »
1984 *Paroles données*（邦訳，312頁）
Id.（邦訳，317–323頁）
Id.（邦訳，331–332頁）
Id.（邦訳，340頁）
1960 « Four Winnebago myths. A structural sketch »
1959 « La geste d'Asdiwal »
1955 *Tristes Tropiques*（邦訳，I，76頁）
1984 *Paroles données*（邦訳，122頁）
Id.（邦訳，130頁）
Id.（邦訳，99–106頁）
Id.（邦訳，139–142頁）
変換のネットワーク
渡辺公三「エピグラフの楽しみ——『食卓作法』を読みながら」『みすず』555，2007年
『生のものと火にかけたもの』と『蜜から灰へ』
1964 *Mythologique I. Le Cru et le Cuit*（邦訳，51頁）
Id.（邦訳，98頁）
Id.（邦訳，100頁）
Id.（邦訳，419頁）
1966 *Mythologique II. Du miel aux cendres*
『食卓作法の起源』
1968 *Mythologique III. L'Origine des manières de table*（邦訳，27頁）
『裸の人』と『やきもち焼きの土器つくり』
1971 *Mythologique IV. L'Homme nu*
Id.（邦訳，5頁）
Id.（邦訳，393–394頁）
1985 *La Potière jalouse*
「発見」の五〇〇周年
1991 « Plaidoyer pour le Nouveau Monde », *Nouvel Observateur*, 5–11, sep., p. 91–92
Id., p. 92
Pertusati, L., *In Defense of Mohawk Land*, State University of New York Press, 1997
Morgan, L. H., *Ho-De-No-So-Ne, League of Iroquois*, 1851 (repr.)

ユネスコ事務局長レヴィ＝ストロース

2008　*Œuvres*, Chronologie, XLV

Métraux, A., *Itinéraires 1*, Payot, 1978, p. 42–43

Stoczkowski, W., *Anthropologie rédemptrice*, Herman, 2008, p. 23–

Id., p. 27

1955　*Tristes Tropiques*（邦訳，Ⅱ，419頁以下）

Metraux, A., *Itinéraire 1*, Payot, 1978, p. 350, 397, 477

1952　*Race et Histoire*

1988　*De près et de loin*（邦訳，117頁）

『人種と歴史』

1952　*Race et Histoire*（邦訳，18頁）

1955　*Tristes Tropiques*（邦訳，Ⅱ，116頁）

1952　*Race et Histoire*（邦訳，18頁，訳文は変えてある）

Id.（邦訳，40頁）

Caillois, R., « Illusions à rebours », *Nouvelle Revue Française*, n.s. no. 24, 1954, p. 1010–1024, no. 25, 1955, p. 58–70

1955　« Diogène couché »

渡辺公三『レヴィ＝ストロース――構造』講談社，1996年，143–148頁

Césaire, A., « Discours sur le colonialisme »（邦訳，『帰郷ノート／植民地主義論』砂野幸稔訳，平凡社，1997年，163–170頁）

「文化的不連続性」という問題

1951　« Le Pakistan, foyer spirituel, réalité nationale »

1952　« L'Asie possède sur l'Europe une créance matérielle et morale »

1961　« La crise moderne de l'anthropologie »

1963（1961）　« Les discontinuités culturelles et le développement économique et social »

Stoczkowski, W., *Anthropologie rédemptrice*, Herman, 2008

1963（1961）　« Les discontinuités... », p. 367–368

K. マルクス『フランス語版資本論』下巻，江夏美千穂・上杉聰彦訳，法政大学出版局，1979年，442，453頁

M. サーリンズ『石器時代の経済学』山内昶訳，法政大学出版局，1984年

E. ウォーラーステイン『近代世界システム』川北稔訳，岩波書店，1981年

生命の多様性という主題

1984　*Paroles données*（邦訳，341頁）

Id.（邦訳，44–62頁）

2008　*Œuvres*, Notice, p. 1787

『野生の思考』1 ――野生を生きる

1962　*La Pensée sauvage*（邦訳，56–88頁）

1984　*Paroles données*（邦訳，341頁以下）

1962　*Totémisme aujourd'hui*

『野生の思考』2 ――自然のなかの社会と歴史のなかの社会

1962　*La Pensée sauvage*（邦訳，192–259頁）

Id.（邦訳，260–293頁）

Aron, R., « Le paradoxe du même et de l'autre », *Echauges et Communications*, II, Mouton, 1970

1976 « Préface », in Roman Jakobson, *Six Leçons sur le son et le sens*（邦訳，9–10頁）

交換の規則と自由

1949 *Les Structures élémentaires de la parenté*（邦訳，100–101頁）

Id.（邦訳，791–792頁）

1977 « New York post- et préfiguratif »（邦訳，394頁）

『親族の基本構造』概要

1945 « L'analyse structurale en linguistique et en anthropologie »

1949 *Les Structures élémentaires de la parenté*（邦訳，75–96頁）

Id.（邦訳，766頁，訳文は変えてある）

『親族の基本構造』からの展開

1965 « The future of kinship studies »

1956 « The Family »（邦訳，89–90頁，訳文は変えてある）

第三章 野生の思考へ向かって——模索の時代

構造と幻想

F. ケック「レヴィ＝ストロースにおける主体の解体と生態的カタストロフィー」渡辺公三訳，『思想』1016, 2008年

1976 « Préface », in Roman Jakobson, *Six Leçons sur le son et le sens*

1945 « L'analyse structurale en linguistique et en anthropologie »

1949 *Les structures élémentaires de la parenté*（邦訳，395–408頁）

1956（1958） *Anthropologie structurale*, Ch. 5（邦訳，100頁）

親族体系・言語体系・神話体系

1949 *Les Structures élémentaires de la parenté*（邦訳，788–790頁）

2008 *Œuvres*, Chronologie, XLVIII

1951 « Language and the analysis of social law »（邦訳，70, 72頁）

1953 « Chapter one », in *Results of the Conference...*

言語相対主義への批判

1953 « Chapter one », in *Results of the Conference of Anthropologists and Linguists*（邦訳，82, 84頁）

音韻論の第二の啓示と神話の構造

1955 « The structural study of myth »

1971 « Préface » à *L'invention du monde chez les indiens pueblos*

1984 *Paroles données*（邦訳，317–323頁）

1976 « Préface », in Roman Jakobson, *Six Leçons sur le son et le sens*（邦訳，16頁）

神話と生存の諸条件

1955 « The structural study of myth »

1956 « Structure et dialectique »

1960 « Four Winnebago myths. A structural sketch »

1984 *Paroles données*

Id.（邦訳，31頁）

構造化された感性の体系としての文化

1956（1958） *Anthropologie structurale*, Ch. 5（邦訳，97–98頁）

1964 *Mythologique I. Le Cru et le Cuit*（邦訳，239頁）

国際的内戦の時代

1943 « Simmons Leo, W., ed. *Sun Chief: The Autobiography of a Hopi Indian* », p. 515–517

Stoczkowski, W., *Anthropologie rédemptrice*, Herman, 2008, p. 186–190

1932 « National-Socialisme », *ES*

ブラジル——未知の世界へ

1936 « Contribuição para o estudo da organisação social bororo », « Contribution a l'étude de l'organisation sociale des Indiens Bororo »

1937 *Indiens du Matto-Grosso* (*Mission Claude et Dina Lévi-Strauss, novembre 1935–mar 1936*)

1955 *Tristes Tropiques*（邦訳，Ⅱ，2頁）

1975 *La voie des masques*

1945 « Le dédoublement de la représentation... »

原初の人間

川田順造『無文字社会の歴史』岩波同時代ライブラリー，1990年

J. デリダ『根源の彼方に——グラマトロジーについて』足立和浩訳，現代思潮社，1972年

1955 *Tristes Tropiques*（邦訳，Ⅱ，168–237頁）

Id.（邦訳，Ⅱ，178–179頁）

Id.（邦訳，Ⅱ，189–190頁）

Id.（邦訳，Ⅱ，158頁）

Id.（邦訳，Ⅱ，186頁）

Id.（邦訳，Ⅱ，191頁）

1994 *Saudades do Brazil*（邦訳，13–16頁）

2005 « Préface »

文明世界の戯画

1955 *Tristes Tropiques*（邦訳，Ⅱ，137頁）

Id.（邦訳，Ⅱ，137–138頁）

Id.（邦訳，Ⅱ，139頁）

Id.（邦訳，Ⅱ，140頁）

Id.（邦訳，Ⅰ，9–10頁）

1990 *De près et de loin*（邦訳，176頁）

野生への親密さ

1955 *Tristes Tropiques*（邦訳，Ⅱ，161頁）

1994 *Saudades do Brazil*（邦訳，190頁）

1994 *Saudades do Brazil*（邦訳，180–181頁）

1954 « Place de l'anthropologie dans les sciences sociales... »（邦訳，407頁以下）

『親族の基本構造』の探究へ

1948 *La Vie familiale et sociale des Indiens Nambikwara*

1943 « The social use of kinship terms among brazilian Indians »

1944 « On dual organisation in South America »

M. モース『贈与論』有地亨訳，勁草書房，1962年

「親族の基本構造」による自然から文化への移行

F. エンゲルス「サル〔猿〕が人間化するにあたっての労働の役割」『自然の弁証法』田辺振太郎訳，岩波文庫，1956年

Clouet, S., « Une jeunesse française socialiste: Claude Lévi-Strauss », *L'Herne*, 2004, p. 84
1931 « Paul Nizan, *Aden Arabie* », *ES*
一九三二年 1 ——兵役と「建設的革命」
G. ルフラン『フランス人民戦線』高橋治男訳，白水社（クセジュ文庫），1969年
Pajon, A., « Claude Lévi-Strauss: D'une métaphysique socialiste a l'ethnologie », 1 et 2, *Gradhiva*, 28, 29, 2000, 2001
Id., p. 15
1932 « Réflexions sur la social-démocratie », *Éveil de la Meuse*
Viot, J., « N'encombrez pas les colonies », *Surréalisme au service de la révolution*, 1, p. 43–45
一九三二年 2 ——精神分析と政治
1932 « Le processus d'auto-punition en psychologie », *ES*
1932 « Otto Rank-Don Juan et une étude sur le double », *ES*
1932 « Ludwig Lewisohn: Crime passionnel », *ES*
1932 « National-Socialisme », *ES*
1932 « Réflexions sur la social-démocratie », *Éveil de la Meuse*
1932 « L'avenir sociale », *ES*
1932 « Henri De Man: *Réflexions sur l'économie dirigée*, L'Églantine », *ES*
一九三三年——『白人の降架』
1933 « Compte rendu de Louis-Ferdinand Céline, *Voyage au bout de la nuit* », *ES*
1933 « Socialisme et Laïcité. Discours prononcé à St-Martin de Seignaux (Landes) à l'occasion de l'inauguration d'une école laïque », *ES*
1933 « Histoire de la guerre », *ES*
Peltier, P., « Paris-Nouvelle-Guinée 1925–1935, Jacques Viot, les Maro de Tobati et la peinture moderne », *Gradhiva*, 8, 1990, p.42
1933 « *Déposition de Blanc* de J. Viot », *ES*
1971 *Mythologique IV*（邦訳，第2分冊，779頁）
Martin du Gard, M., « Les livres et l'Empire », *Les nouvelles littéraires*, 11 mars, 1930

第二章　批判的人類学の誕生——修業時代

トランス・アトランティック・ノマド
1955 *Tristes Tropiques*
1988 *De près et de loin*（邦訳，43頁）
1996 *Saudades de São Paulo*（邦訳，17頁注1「〔……〕ましてやブラジル滞在中にいかなる形であれ政治的な意見を表明したこともなかった。」）
M. グラネ『古代中国における結婚のカテゴリーと近親関係』谷田孝之訳，渓水社，1993年（原著は1939年刊）
1977 « New York post- et préfiguratif »
1976 « Préface », in Roman Jakobson, *Six Leçons sur le son et le sens*
政治へのスタンス
1988 *De près et de loin*（邦訳，105頁）

第一章　学生活動家レヴィ＝ストロース——社会主義のモラルを求めて

一八歳のポートレート

1991　« Plaidoyer pour le Nouveau Monde », *Nouvel Observateur,* 5-11, sep., p. 93
1993　*Regarder, écouter, lire*
1926　*Gracchus Babeuf...*
柴田三千雄『バブーフの陰謀』岩波書店，1968年，299頁
平岡昇『平等に憑かれた人々』岩波新書，1973年，132頁
1926　*Gracchus Babeuf...*, p. 36-37
2008　*Œuvres*, Chronologie, XLIII

『グラックス・バブーフと共産主義』から『社会主義学生』へ

1926　*Gracchus Babeuf...*
原毅彦「回帰するレドゥクシオン」『国立民族学博物館調査報告書31』2002年
1931　« Paul Nizan, *Aden Arabie* »
1933　« *Déposition de Blanc* de J. Viot »
1990　*De près et de loin*（邦訳，333頁）

一九二七―三〇年——学生活動家のデビュー

1990　*Deprès et de loin*（邦訳，21頁）
1926　*Gracchus Babeuf...*
1990　*De près et de loin*
Pajon, A., « Claude Lévi-Strauss: D'une métaphysique socialiste à l'ethnologie », 1 et 2, *Gradhiva*, 28, 29, 2000, 2001
1927　« Une nouvelle tendance... »
Henri de Man, *Au-delà du Marxisme*, Seuil, 1974 (re-éd.)
Pajon, A., *id.*, 29, p. 2-
Brélaz, M., *Henri de Man: une autre idée du socialisme*, p. 515
桜井哲夫『「戦間期」の思想家たち』平凡社新書，2004年，55頁以下
2008　*Œuvres*, XLIV
Étudiants socialistes (以下，*ES*), 1928, juillet-août
1928　« Littérature prolétarienne », *ES*
高橋治男「フランス・プロレタリア文学論争序説」『希望と幻滅の軌跡——反ファシズム文化運動』中央大学人文科学研究所研究叢書，1987年，20-23頁
1928　« Alerte! », *ES*
1929　« Le socialisme et la colonisation », *ES*
1930　Livres et revues, *ES,* nov. p. 13
1930　« Les Humbles », *ES*, 2, novembre

一九三一年 1 ——『社会主義の展望』

1990　*De près et de loin*（邦訳，29-30頁）
今橋映子『パリ・貧困と街路の詩学』都市出版，1998年
1931　« Marcel Déat, *Perspectives socialistes* »
Zyromski, J., « Au sujet des *Perspective Socialistes* de Marcel Deat », *ES,* 1931, mars

一九三一年 2 ——『アデン・アラビア』

1990　*De près et de loin*（邦訳，37頁）
1929　« Le socialisme et la colonisation », *ES*

参照・引用文献

レヴィ＝ストロースのテクストはその「著作・論文リスト」の初出年号およびタイトルでしめす。それ以外のものは編著者，タイトル，年号でしめす。引用した文献に限り頁数をしめす。

はじめに――異なるものへの態度

1994　*Saudades do Brazil*
2004　Izard, M., dir., *Cahier de l'Herne 82 Lévi-Strauss*

序章　ひとつの長く豊かな生

一〇〇歳を迎えた探究者

Le Monde, 26 nov. 2008
France Soir, 27 nov. 2008
渡辺公三「知の巨人，仏を賑わす」『朝日新聞』2008年12月６日

持続する速度と集中力

2008　« Note sur "Olympia" »
1936　« Contribution… »
1926　*Gracchus Babeuf…*

分野を超える問い

1986　『レヴィ＝ストロース講義』
　　Lowie, R., *Primitive Society*, 1919
1955　*Tristes tropiques*
1976　« Préface à… »
1949　*Les structures élémentaires…*
1958　*Anthropologie structurale*

逆説を豊かに生きる

1964　*Mythologique I. Le Cru et le Cuit*
1971　*Mythologique IV. L'Homme nu*
1990　*De près et de loin*

構造の逆説と歴史

1979　『構造・神話・労働』37–38頁

時代とひとつの生

1968　*L'Origine des manières…*（邦訳，588頁）
New York Times, 21 march 1968
1968　« Lettre »
渡辺公三『レヴィ＝ストロース――構造』講談社，1996年，25–28頁
「構造主義とは何か――レヴィ＝ストロースとその周辺」『中央公論』1968年３月（特集「現代世界の思想状況」第１回）
1988 *De près et de loin*（邦訳，342–343頁）

「退屈することはありません」

1990　*De près et de loin*（邦訳，81–82頁）
1988　*Id.*（邦訳，169頁以下）

[著者]
渡辺公三（わたなべ こうぞう）
1949年、東京生まれ。文化人類学者。東京大学大学院修士課程修了。博士（文学）。国立音楽大学音楽学部助教授、立命館大学大学院先端総合学術研究科教授、同研究部長、同学副総長などを歴任。著書に『レヴィ＝ストロース――構造』（講談社）、『司法的同一性の誕生』、『身体・歴史・人類学』（全3巻、以上、言叢社）、訳書に、レヴィ＝ストロース『やきもち焼きの土器つくり』、同『神話論理』（第Ⅲ、Ⅳ巻、共訳）、同『大山猫の物語』（監訳、以上、みすず書房）、同『レヴィ＝ストロース講義』（共訳、平凡社ライブラリー）など多数。2017年、京都市にて死去。

平凡社ライブラリー 886
増補《ぞうほ》 闘《たたか》うレヴィ＝ストロース

発行日…………2019年8月9日　初版第1刷

著者……………渡辺公三
発行者…………下中美都
発行所…………株式会社平凡社
〒101-0051　東京都千代田区神田神保町3-29
電話　(03)3230-6579［編集］
(03)3230-6573［営業］
振替　00180-0-29639

印刷・製本……株式会社東京印書館
ＤＴＰ…………平凡社制作
装幀……………中垣信夫

ISBN978-4-582-76886-2
NDC分類番号361.235　B6変型判(16.0cm)　総ページ368

平凡社ホームページ https://www.heibonsha.co.jp/